# 货币政策、资产价格与企业投资行为研究

韩鑫韬 刘 星 著

科学出版社

北 京

# 内 容 简 介

　　本书基于货币政策的资产价格传导机制、抵押担保渠道效应等基础理论，结合我国 20 世纪 90 年代初以来的经济环境变化，构建了"货币政策—资产价格—企业投资"的分析框架，对货币政策通过资产价格间接影响企业投资行为的传导机制进行了实证研究。全书包括 8 章，通过区分企业类型、货币政策传导渠道和资产价格类型，系统地揭示了货币政策通过资产价格间接影响企业投资行为的机理，为企业根据货币环境变化做出合理投资决策提供了依据，也为中央银行完善货币政策微观传导机制提供了新的思路。本书以资产价格为中介变量系统展示货币政策对企业投资行为的影响。

　　本书是会计财务理论研究人员、货币政策理论研究人员的重要参考资料，也可供企业投资管理人员和高等院校师生借鉴。

**图书在版编目（CIP）数据**

　　货币政策、资产价格与企业投资行为研究 / 韩鑫韬，刘星著. —北京：科学出版社，2022.3
　　ISBN 978-7-03-070839-7

　　Ⅰ. ①货… Ⅱ. ①韩… ②刘… Ⅲ. ①货币政策-研究-中国 ②资本市场-经济波动-研究-中国 ③企业-投资行为-研究-中国 Ⅳ. ①F822.0 ②F832.5 ③F279.23

　　中国版本图书馆 CIP 数据核字（2021）第 258107 号

责任编辑：李　嘉 / 责任校对：宁辉彩
责任印制：张　伟 / 封面设计：无极书装

科 学 出 版 社 出版

北京东黄城根北街 16 号
邮政编码：100717
http://www.sciencep.com

**固安县铭成印刷有限公司** 印刷
科学出版社发行　各地新华书店经销

\*

2022 年 3 月第 一 版　开本：720×1000　1/16
2022 年 12 月第二次印刷　印张：10
字数：199 000

**定价：102.00 元**

（如有印装质量问题，我社负责调换）

# 前　　言

　　货币政策通过传导机制可以对微观企业的投资行为产生影响，即中央银行运用利率政策、公开市场操作等货币政策工具，通过影响资产价格、信贷利率等中间变量，进而影响社会投资和消费，最终实现经济调控目标。最近 20 年来，全球出现了以房地产价格、股票价格等为主要代表的资产价格的大幅波动现象，随后的价格调整过程则造成了系统性金融风险的产生和实体经济的衰退。尤其在投资仍然推动我国经济增长的背景下，研究货币政策如何通过作用于资产价格，进而对企业投资行为产生影响具有重要意义。目前，关于货币政策对经济变量的影响研究大部分是基于宏观主体层面进行的，较少从微观主体层面展开，宏观与微观层面的研究存在一定程度的割裂。由于宏观数据自身存在的缺陷，学术界对货币政策如何影响微观企业行为的作用机制尚未有较为全面、清晰的认识。同时，少数研究货币政策与微观企业行为关系的文献也主要集中于讨论货币政策工具（如利率、货币供给量等）对企业投资的直接影响，忽视了货币政策通过资产价格进而间接影响企业投资行为的传导机制。

　　立足货币政策的资产价格传导机制、货币政策的企业资产负债表传导机制及抵押担保渠道效应等基础理论，结合我国 20 世纪 90 年代初以来宏观、微观经济环境变化，本书构建了"货币政策—资产价格—企业投资"的分析框架，分别从货币政策影响资产价格、资产价格影响企业投资行为、货币政策通过资产价格影响企业投资行为及金融危机后兴起的前瞻性货币政策（非常规货币政策的一种）四个层面对企业投资行为的影响开展实证研究，以厘清货币政策通过资产价格影响企业投资行为的传导机制。

　　从货币政策影响资产价格的角度看，货币政策对房地产价格和股票价格的传导渠道是畅通的，且对房地产价格传导效果最优。历史数据表明，我国价格型货币政策和数量型货币政策均对资产价格变化产生了积极影响，其中，利率与资产价格反向变化，货币供应量与资产价格同向变化。实证结果显示，宽松货币政策会助推房价增长率和股价增长率攀升，反之却不相同，房价增长率的提高会导致货币政策收紧，但股价增长率却对货币政策变化没有显著影响。由于房价对货币政策的反应效果远强于股价，因此，如果中央银行要关注资产价格，相对股价，可以更多关注房价的波动。

从资产价格影响企业投资行为的角度看，资产价格波动对企业投资行为没有显著的直接影响，但是通过影响企业所持资产的市场价值间接影响企业投资决策。以房地产市场为例，从房地产类型看，无论我国的住宅销售价格增长率还是商业用房销售价格增长率，与企业投资增长率均没有较强的直接关联，但是房价通过作用于房屋存量价值，进而影响企业投资行为的间接效应是显著的；从企业属性看，非国有上市企业持有房产的市场价值对其投资行为的影响效应强于国有上市企业；从行业类型看，制造业上市企业持有房产的价值对其投资行为的影响效应强于整体企业和民营企业。

从货币政策通过资产价格影响企业投资行为的角度看，货币政策的间接传导效应是显著存在的。实证研究结果表明，货币政策可以通过企业所持房屋的存量价值对其投资行为产生正向显著影响，且效果强于货币政策通过股票价格对企业投资行为的影响效应。从企业属性看，相对于国有上市企业，货币政策通过资产价格对非国有上市企业投资行为的影响程度更为强烈。此外，研究还发现，资本充足率增强了企业投资增长率对货币政策的反应效果，但逆周期资本充足率在实施前后对企业投资并无显著差异。

从前瞻性货币政策传导效应看，该政策无论是对企业投资行为的直接影响还是通过资产价格对企业投资行为的间接影响均基本有效。结合新古典资本需求理论和实际余额效应理论，将构造的企业投资综合状况指数引入扩展的前瞻性泰勒规则模型，实证研究结果表明，短期名义利率对于超过 80%行业的企业投资行为变化反应显著，但对不同行业的反应差异较大，即对企业投资状况比较稳定的行业反应较小，对企业投资状况波动较大的行业反应较充分。同时，研究还发现，提高前瞻性利率，通过作用于房地产价格和房屋存量价值，最后均会降低企业投资增长率。

本书在货币政策传导机制理论框架下，从资产价格属性入手，特别是创造性区分了房地产价格和房屋市场价值，深入分析了我国货币政策如何通过资产价格作用于企业投资行为的机理，进一步完善了宏观制度环境影响微观经济主体行为的公司财务与公司治理理论体系，具有一定的理论贡献。同时，本书在研究中紧密结合我国影子银行、货币政策波动特点与宏观审慎管理等实际情况，既丰富了中央银行货币政策决策体系，又为企业投资决策提供了宏观层面的参考价值，也具有一定意义的现实贡献。

韩鑫韬

中国人民银行重庆营业管理部

2020 年 8 月

# 目　　录

# 第1章 绪 论

## 1.1 货币政策微观传导的新趋势及值得关注的问题

### 1.1.1 货币政策微观传导的新趋势

自 Bernanke 和 Gertler（1989）结合金融加速器（financial accelerator）效应研究货币政策传导的企业资产负债表渠道以来，企业微观基础与货币政策的关系开始备受关注。货币政策的企业资产负债表传导机制实质是从宏观经济的角度阐述货币政策如何通过影响企业的投资变化进而影响宏观经济因素。Kiyotaki 和 Moore（1997）进一步分析了借款人财富中用于抵押担保的固定资产价值变化与经济景气循环之间的互动关系。随后，学界对"抵押担保渠道效应"形成了一个共识性的传导途径：资产价格波动—抵押品价值波动—公司融资能力变化—投资行为变动。所以，金融危机的深刻教训使得各国实务界和学术界开始关注货币政策对资产价格以及资产价格对微观企业的影响，因为货币政策会影响资产价格变化，资产价格变化又会影响企业投资行为决策，进而影响整体经济波动。

企业资产负债表微观传导效应存在的根本原因是货币政策冲击不仅影响市场利率，而且直接或间接地影响企业的财务状况（资产净值、流动性、当前和未来预期现金流）。企业财务状况的变动，一方面影响企业家投资行为，从而直接影响信贷需求；另一方面会影响企业外部融资成本，从而影响信贷需求。进一步，企业现金流和资产净值受货币政策冲击后，还可能增加或减少内部融资来源，影响总需求。Bernanke 和 Gertler（1995）提出的信用传导渠道认为货币政策的传导正是利用了企业资产负债表渠道和银行信贷渠道共同产生作用，改变了企业的外部融资成本，进而影响企业的投资行为。资产负债表渠道是指，在假设信息不对称的情况下，企业的资产净值越低，其发生逆向选择（adverse selection）和道德风险（moral hazard）的可能性就越高，银行会减少对该类企业的借贷；如果中央银行实施紧缩性货币政策，会促进价格水平下降和企业资产净值减少，进一步增加企业发生逆向选择与道德风险的可能性，从而促使银行减少对企业的借贷。其中，资产价格是影响企业净值的一个重要因素，进而影响企业的投资行为（Tobin，1969；Bernanke and Gertler，1989）。信贷渠道是指，中央银行通过使用相关货币政策工具，进而影响商业银行向企业和个人提供的贷款数量。同时，货币政策的利率传导机制会直接影响企业的投资行为，因为利率的高低直接决定了企业融资和投资的成本（价格）。但目前基于货币政策传导机制的大多数研究仍然集中于宏观数据和宏观经济主体层面的分析，传导机制的微观基础依然较弱。这可能产生两方面缺陷（Ogawa，2002）：一是宏观数据模型尚无法揭示宏观经济政策的微观传导机制及其作用效果；二是宏观数据模型尚无法展示市场的不完备性对企业投资行为的影响。所以，我国货币政策的传导效率仍需从资产价格、企业投资行为等微观层面来进一步探讨。

20世纪90年代以来，许多经济体突然出现了经济崩盘，诸如日本在20世纪末的"泡沫经济"、美国在2007年爆发的次贷危机等，都是资产价格"泡沫"破灭的结果。由这些具体事件所引发的思考是，随着全球经济和资金供给的快速增长，超过实体经济领域需求的剩余资金流向了各种金融市场，而金融市场通常具有较高的波动性和流动性，可以通过货币政策传导机制影响到微观企业的投资活动。以我国为例，2007~2016年，我国广义货币供应量（M2）的平均同比增速为16%，高出GDP（gross domestic product，国内生产总值）平均同比增速7.6个百分点，而CPI（consumer price index，消费价格指数）平均同比增速仅为2.7%，70个大中城市的新建住宅价格却增长了3.9%[①]，即过多的货币并没有造成物价相应的上涨，而是流入了房地产市场，推动了资产价格上涨，与此同时，微观企业会通过不断攀升的资产价格向金融机构抵押（或质押）融资，进而又影响企业的投资活动，即发生"抵押担保渠道效应"。20家上市银行年报数据显示，2008~2015年，新建住房价格增长了25%，而银行抵押贷款增长了2.3倍；上证综合指数上涨了94.3%，而银行质押贷款增长了1.6倍；与此同时，全社会固定资产投资完成额增长了5.3倍[①]。因此，资产价格在我国货币政策传导渠道中的作用正越来越重要，在一定程度上揭示了货币政策对资产价格产生作用，进而影响企业投资行为的传导过程。

## 1.1.2　值得关注的问题

与此同时，一个自然的疑问是，与货币政策对资产价格和企业投资较为成熟

---

① 资料来源：Wind数据库。

的传导机制不同，作为金融危机后才兴起的宏观审慎政策是否对微观企业的投资行为具有显著影响呢？虽然货币政策与宏观审慎政策的关注点不同，但是从两个政策运用的最终目的来看，都是为了经济、金融平稳健康发展，实际上两者相辅相成。货币政策以控制通货膨胀，并以此促进经济增长为目标，但货币政策会通过风险承担渠道对宏观审慎政策的实施效果产生影响。宏观审慎政策的主要目标是维护金融稳定，金融稳定是宏观经济平稳发展的重要前提条件，且宏观审慎政策也会对货币乘数造成冲击。货币政策只有与宏观审慎政策形成有效配合，才能更好地维护金融稳定，促进经济增长。从实际情况看，2017 年 10 月，习近平总书记在党的十九大报告中提到深化金融改革时要"健全货币政策和宏观审慎政策双支柱调控框架"，我国中央银行也建立了宏观审慎评估（macro prudential assessment，MPA）框架和专职宏观审慎管理部门。所以，基于宏观审慎视角的货币政策已成为我国中央银行未来政策的主要完善方向之一，这有助于实现货币政策与宏观审慎政策的协调搭配。另外，资产价格波动本身就会影响金融稳定，而维护金融稳定又是宏观审慎政策的主要目标。所以，在强调宏观审慎管理的背景下，研究货币政策的微观传导机制，可以将相关宏观审慎政策因素纳入货币政策的考虑中，然而目前宏观审慎视角下的货币政策对微观企业影响的研究相对少见。

另外，以往关于货币政策对资产价格和企业投资的影响，主要基于传统货币政策框架（凯恩斯主义、货币主义等）来讨论。在全球金融危机后，诸如前瞻性货币政策、量化宽松（quantitative easing，QE）政策等大量非常规货币政策工具兴起，但目前来看，从非常规货币政策角度，特别是从前瞻性货币政策的角度来研究货币政策微观传导机制的文献还不多。前瞻性货币政策是在理性预期理论的基础上发展起来的一种规则型货币政策，是指中央银行应当通过对未来经济判断来调控当前货币政策操作变量的原则，且此原则应在货币政策实施之前予以确定。2010~2017 年的中国人民银行总行工作会议均提出增强货币政策调控的前瞻性；2009 年和 2011 年的两次中美联合声明也提出采取前瞻性的货币政策。目前，国内外的大量文献显示货币政策对企业投资行为的影响是显著存在的，尤其是通过货币政策的企业资产负债表传导机制表现得尤为突出，但在前瞻性框架下对货币政策与企业投资行为的关系尚缺乏更系统、深入的探讨。

基于以上内容，本书从货币政策的资产价格传导渠道理论、资产价格的抵押担保渠道效应理论等出发，构建了一个"货币政策—资产价格—企业投资"分析框架，并提出以下研究问题：我国货币政策在传导过程中，是否对房地产价格和股票价格等主要资产价格产生显著影响；资产价格的变化对企业投资行为是否有显著影响，影响机制是怎样的；如果以上两种作用机制均存在，那么是否存在货币政策影响资产价格再间接影响企业投资行为的作用机理呢；如果存在，这种间接传导机制相比货币政策直接传导企业投资（如利率）又是怎样的呢；同时，除了探讨传统货币政策与企业投资行为的关系外，全球金融危机后兴起的一些基于宏观审慎视角的非传统货币政策是否也存在通过资产价格间接传导企业投资行为的机理？

## 1.2　核心概念界定

### 1.2.1　货币政策的资产价格传导机制

货币政策传导机制是指中央银行的货币政策决策通过各中介变量传导，并最终影响经济增长和物价水平的过程，其本质是属于货币渠道理论的一部分。货币政策传导的货币渠道理论认为，中央银行能够通过改变短期利率来影响企业和居民的资金成本，从而使固定资产投资、消费等行为受到影响，并最终影响社会总需求（Taylor，1995）。目前，学术界对货币政策传导机制的认识尚未形成一致意见。有的学者直接将货币政策传导至实体经济的机制描述为一个"黑箱"，如Bernanke 和 Gertler（1995）。从我国的研究文献看，货币政策传导机制的定义也各不相同。一些学者认为中央银行运用货币政策工具最终实现相关目标的作用过程就是货币政策传导机制，如李晓西和余明（2000）；另一些学者则认为，货币政策传导机制不仅使货币政策实现了其最终目标，还包括货币政策对各中介传导变量的影响等相关机理，如盛松成和吴培新（2008）。

货币政策的资产价格传导机制是指货币政策通过资产价格波动传导到实体经济的过程，是货币政策传导机制的一种重要类型。货币政策的资产价格传导机制主要分为两类：一类包括托宾 $Q$ 理论和信息不对称理论，主要从货币对投资影响的角度来分析货币政策与资产价格的关系；另一类包括财富效应理论和流动性效应理论，主要从货币对消费影响的角度来分析货币政策与资产价格的关系（图1.1）。托宾 $Q$ 理论（Tobin，1969）认为，货币政策通过影响证券价格从而使投资者在不同资产之间做出选择，进而影响经济活动。为此，托宾引入一个新概念"$Q$"，表示按照金融市场估价的企业价值与企业现有资产的税后重置成本的比率。托宾 $Q$ 值越高，意味着投资新厂房和设备的成本相对于购置旧厂房和旧设备的成本越低，因而企业会通过发行股票募集资金来增加投资，进一步促进经济增长。相反，如果托宾 $Q$ 值越低，则企业投资意愿也会越低，进一步抑制经济增长。信息不对称理论认为信息不对称会导致逆向选择和道德风险问题，造成银行对借款人资金运用的监督成本较高。当企业具有较高的资产净值时，其逆向选择风险会降低，银行会相应增加对它的信贷，从而增加企业投资。同时，企业拥有较高的资产净值，还意味着企业所有者投入企业的资金增加，企业所有者会更加谨慎进行投资决策，自然道德风险也将降低，导致银行增加对它的信贷。财富效应理论来源于 Modigliani 和 Ando（1963）的消费生命周期理论，是指金融资产价格的上涨会导致其持有者的财富增加，从而促进持有者增加消费。股票、房地产都是消费生命周期理论中金融财富的重要组成部分。资产价格上升，一方面使持有者的金融财富增长，相应扩大其消费支出；另一方面，金融财富的增长会提高居民对未来收入的预期，相应提高其边际消费倾向，进而促进消费支出。流动性效应理论认为，居民具有持有较高流动性资产以预防流动性危机的动机，而股票资产具有较高的流动性。如果股票价格上涨，居民预期陷入财务危机的可能性将降低，将增加购买耐用消费品，进而扩大投资；如果股票价格下降，居民的资产负债表可能恶化，进而减少消费，导致投资紧缩。

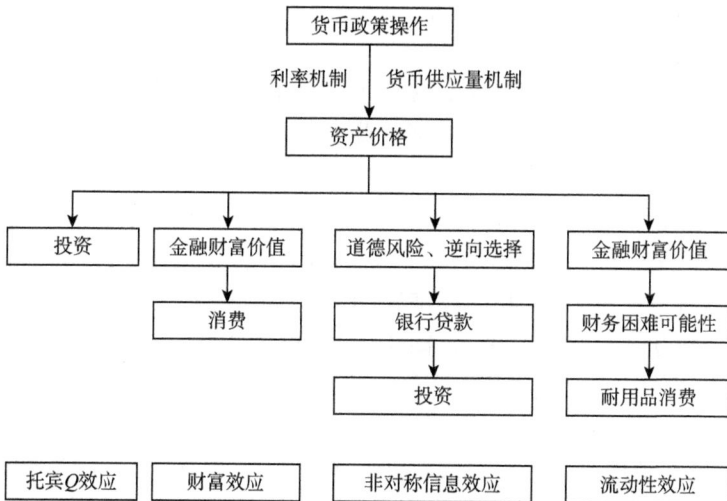

图 1.1　货币政策的资产价格传导机制

近年来，货币政策对企业投资行为的传导和影响逐渐成为研究热点。鉴于本书的研究主体是微观企业，因此，全书将货币政策的资产价格传导机制定义如下：货币政策管理部门运用相应的货币政策中介工具（如货币供应量），通过资产价格（主要是房地产价格和股票价格）传导，进而影响企业投资行为，并最终实现相关目标的机制。

### 1.2.2　资产价格

资产价格是指资产转换为货币的比例，也就是一单位资产可以转换为多少货币的问题。广义上的资产价格是指社会公众持有的股票、债券、房地产、外汇等资产的价格。狭义上的资产价格通常是指股票价格和房地产价格，因为房地产和股票是私人和机构持有的主要资产，其价格的变化代表了资产价格变动的主要趋势（周京奎，2006）。股票和房地产之所以成为资产，主要是因为股票和房地产都具有投资属性，可以被看作投资品（易宪容，2009）。当其作为投资品时，也就具有了资产的基本属性。股票价格和房地产价格的变动，会使社会价格体系出现波动，对货币流通速度产生影响，从而影响货币政策的有效性，因此，大部分学者基于股票价格或房地产价格来研究资产价格在货币政策传导机制中的作用（Bordo and Jeanne，2002；Goodfriend，2003；Ghossoub and Reed，2014；崔百胜，2017；刘金全等，2017）。对此，经济学家 Mishkin（2001）根据相关文献和机制推演总结出，股票价格和房地产价格对社会总需求存在显著影响，所以中央银行应该关注这两种资产价格。

同时，Mishkin（2001）认为汇率也是大家在讨论货币政策时最关注的资产价格之一，因为汇率价格的变化对通货膨胀有重要影响，尤其是对于小型开放经济体，所以一些国家的货币政策在实践中开始盯住（pegging）汇率价格。从我国实际情况来看，我国房地产市场和股票市场自 1998 年以来取得了长足发展，对实体经济产生了重要影响。例如，中国指数研究院（2010）测算我国房地产及其附属产业已经占据我国经济增加值的20%以上；我国 A 股在2016年末的市值超过 50 万亿元，较 1998 年末的市值增幅超 25 倍，占当年 GDP 的70%。但自 2005 年 7 月 21 日我国开始实施有管理的浮动汇率制度（非完全市场化）以来，除了 2015 年 8 月 11 日的汇率价格形成机制改革造成短期内人民币迅速贬值的现象外，整体来看，汇率波幅并不大，截至 2018 年 3 月末，人民币对美元仅累计升值23.11%，但我国贸易差额却大幅增长242.9%，其中一个主要原因是我国限制了人民币汇率中间价的波幅①，这说明汇率价格目前在我国还未完全市场化，相对股票价格和房地产价格而言，尚不能更清晰地反映真实的社会总需求。因此，汇率价格不适合作为我国货币政策资产价格传导机制的中介变量。

结合理论与我国现实国情，本书所指的资产价格在实际研究中主要针对房地产价格和股票价格，因为这两种资产价格可以对社会总需求产生显著影响，可以

---

① 目前，每日银行间即期外汇市场人民币兑美元的交易价可在中国外汇交易中心对外公布的当日人民币兑美元中间价上下 2%的幅度内浮动。

成为货币政策与企业投资传导关系的资产价格纽带。

### 1.2.3　企业投资行为

企业投资按照投资活动的具体对象不同，一般可以分为实物投资、无形资产投资和金融投资等。实物投资是指投资于固定生产设备、厂房等具有实物形态的资产；无形资产投资是指投资于专利技术、商标权、商誉等不具有实物形态的资产；金融投资则是指投资于有价证券等金融领域的资产。固定资产投资是实物资产的重要组成部分，也是当前我国经济发展的主要动力之一。这种投资也可以称为企业内部投资，主要是企业为扩大生产或服务而进行的投资。

目前，学术界对企业内部投资行为的定义尚存在一些争论。一些学者将其定义为企业投资效率，如杨丹等（2011）、Durnev（2012）、窦炜等（2016）；另一些学者将其定义为投资水平，如马君潞等（2008）、Panousi 和 Papanikolaou（2012）、饶品贵等（2017）、张先治和晏超（2018）。在投资水平方面，又衍生出投资过度、投资不足等方面的研究（Richardson，2006；Gulen and Ion，2016；张润宇等，2017）。关于投资水平的定义，有的用现金支出来表示（Gulen and Ion，2016；饶品贵等，2017），有的用固定资产投资来表示（李博等，2017），但即使是使用现金支出来表示的投资支出，实际上也包含了构建固定资产的现金支出（叶彦，2018）。总体来看，基于不同的研究目的，投资者对企业内部投资行为的定义不同，但固定资产投资始终是企业投资水平的重要组成部分。

本书的研究目的是探究货币政策环境对企业投资行为的影响，而货币政策关注的投资是社会整体投资水平，固定资产投资又占据社会整体投资的绝大份额。国家统计局数据显示，2005~2016 年，我国的固定资产投资占总投资的平均比重超过 95%，即使剔除房地产投资后的固定资产投资占总投资的平均比重也超过 66%。同时，企业的固定资产投资不仅是其生产经营活动的重要内容，也是全社会固定资产投资的重要组成部分。根据 Wind 数据库统计资料，2017 年剔除 129 家房地产上市企业后的其余 3 000 余家上市企业的固定资产净值增加值占非流动资产增加值的 6 成以上。可见，从经验逻辑和研究目的上来考虑，用固定资产投资水平来度量货币政策影响下的企业投资行为更具现实意义，有助于将宏观货币政策与微观企业行为较好地衔接起来。

基于此，本书中将所涉及的企业投资行为定义为固定资产及在建工程投资增长幅度，即企业决定在某时刻增加或减少企业投资的比例，用企业固定资产及在建工程之和的同比增长率来表示，反映了企业根据各种信息判断是否愿意增加固定资产投资，从而汇聚为实现整体经济投资的增长。

# 1.3　研究方法与基本结构

## 1.3.1　研究方法

本书拟在对相关文献开展综合评论的基础上，结合历史和当前的制度背景，综合运用定性与定量分析、规范与实证分析、动态与静态分析等研究方法，系统、全面地研究货币政策对资产价格和企业投资行为的影响机理、影响程度和经济结果，并在研究过程中考察宏观审慎政策和非常规性货币政策因素对传导机制的扰动和影响。

（1）理论分析法。首先，梳理和总结关于货币政策影响资产价格、资产价格影响微观企业以及货币政策传导微观企业等一系列传导机制及影响效应的国内外相关文献，并仔细分析涉及的相关核心理论和研究热点，为本书提出研究问题和把握研究方向打下基础；其次，通过对货币政策资产价格传导机制、货币政策企业资产负债传导机制等理论的系统梳理，构建本书研究的基本理论框架，为后文研究思路和研究路径的贯彻提供坚实的理论基础。

（2）实证研究法。为前文的理论分析和提出的相关问题提供经验证据与解决办法，本书以我国 A 股上市公司为样本，利用国泰安 CSMAR（China Stock Market & Accounting Research，中国经济金融研究）数据库、Wind 数据库和国家统计局数据库，运用描述性统计、$T$ 检验、非参数检验、主成分分析、动态面板回归、静态面板回归、时间序列回归等计量方法，通过实证研究方法，检验了我国货币政策对资产价格、资产价格对企业投资以及货币政策通过资产价格对企业投资影响的作用效果。

（3）理论建模法。关于传统货币政策对微观企业投资的传导机制已经有较为成熟的理论基础，但是全球金融危机后才兴起的前瞻性货币政策如何作用于企业投资尚无成熟的理论。因此，本书在第 7 章实证分析前，将结合新古典资本需求理论和投资行为理论来推导包含投资因素的前瞻性货币政策决策方程，从而为非传统货币政策的微观传导机制提供一定的理论支撑。

## 1.3.2　基本结构

全书共分为 8 章，基本结构如下。

第 1 章，绪论。绪论重点论述本书的研究背景、研究问题、核心概念，确定相关研究内容及结构布局。

第 2 章，理论基础与文献评述。这一章针对货币政策影响资产价格、资产价格影响企业投资行为、货币政策影响企业投资行为以及货币政策通过资产价格作用于企业投资行为等基础理论，回顾相关经典研究文献，并总结和评述国内外主要研究现状。

第 3 章，货币政策对资产价格和企业投资影响的制度背景。该章基于"货币政策—资产价格—企业投资"这一研究主题，对中国影子银行对货币政策和资产价格的影响、1990 年初以来的货币政策变化与资产价格波动、企业资产负债结构变化与融资能力变化以及全球金融危机后非常规货币政策和宏观审慎政策的兴起进行制度背景分析，夯实研究货币政策通过资产价格影响企业投资决策的基础。

第 4 章，货币政策与资产价格之间的相互影响研究。这一章根据货币政策与股票价格和房地产价格的关系，建立省际动态面板数据模型和省际静态面板数据模型，交互验证货币政策与资产价格的相互影响，并通过全国整体数据来进一步揭示货币政策与资产价格之间的作用机制。

第 5 章，资产价格变化对企业投资行为的影响研究。这一章主要根据企业持有的房产特点和财务统计特点，构造了企业持有的房屋市场价值，通过平衡面板计量模型实证研究房地产价格与企业投资行为的直接和间接关系。

第 6 章，货币政策、资产价格与企业投资行为的传导效应研究。这一章结合我国企业外部融资代理成本（agency cost）与企业投资行为以及国有企业和非国有企业具有不同的融资约束等现实国情，利用平衡面板计量模型实证研究货币政策对企业投资的直接影响效应以及货币政策通过资产价格对微观企业投资行为的间接影响效应。

第 7 章，前瞻性货币政策对企业投资行为的影响研究。这一章基于前瞻性预期的形式研究货币政策与微观企业投资行为的关系，通过理论模型推导和指数构建，估计前瞻性利率，并通过估计的前瞻性利率实证研究前瞻性货币政策通过资产价格对企业投资行为的影响。

第 8 章，结论与展望。最后一章总结了本书的主要研究结果，基于此，从企业和中央银行的角度分别提出相关政策建议，同时，指出本书研究存在的相关缺陷及未来研究的改进方向。

本书的整体研究设计遵循图 1.2 所示的技术路线。

```
┌─────────────────────────┐
│      研究背景及问题提出      │
└─────────────────────────┘
```

```
┌──────────────────┐              ┌──────────────────┐
│   理论基础与文献综述   │              │    制度演进与分析    │
└──────────────────┘              └──────────────────┘
```

```
┌────────────────────────────────────────────┐  ┌──────────────────────┐
│  ┌──────────┐        ┌──────────┐           │  │  ┌────────────────┐  │
│  │  理论基础  │        │  文献梳理  │           │  │  │  货币政策调控与资产  │  │
│  └──────────┘        └──────────┘           │  │  │    价格波动      │  │
│                                             │  │  └────────────────┘  │
│  ┌────────────────┐  ┌────────────────┐     │  │                      │
│  │ 货币政策传导基础理论 │  │  货币政策与资产价格  │     │  │  ┌────────────────┐  │
│  └────────────────┘  └────────────────┘     │  │  │  企业资产负债表结构  │  │
│                                             │  │  │    与融资能力    │  │
│  ┌────────────────┐  ┌────────────────┐     │  │  └────────────────┘  │
│  │ 货币政策、资产价格  │  │  货币政策与企业投资  │     │  │                      │
│  │ 与企业投资的影响机制 │  └────────────────┘     │  │  ┌────────────────┐  │
│  └────────────────┘                         │  │  │  金融危机后的货币政策 │  │
│                      ┌────────────────┐     │  │  │  变化与宏观审慎管理  │  │
│                      │  资产价格与企业投资  │     │  │  └────────────────┘  │
│                      └────────────────┘     │  │                      │
│                      ┌────────────────┐     │  │                      │
│                      │ 货币政策、资产价格  │     │  │                      │
│                      │   与企业投资    │     │  │                      │
│                      └────────────────┘     │  │                      │
└────────────────────────────────────────────┘  └──────────────────────┘
```

```
┌──────────────────────────────────────────────┐
│  货币政策、资产价格与企业投资行为的实证研究            │
└──────────────────────────────────────────────┘
```

```
┌─────────────┐  ┌─────────────┐  ┌─────────────┐  ┌─────────────┐
│   货币政策    │  │   资产价格    │  │   货币政策    │  │  前瞻性货币政策 │
│   与资产价格   │  │  与企业投资行为 │  │  与企业投资行为 │  │  与企业投资行为 │
└─────────────┘  └─────────────┘  └─────────────┘  └─────────────┘

┌─────────────┐  ┌─────────────┐  ┌─────────────┐  ┌─────────────┐
│ 动态面板、静态面板│  │  平衡面板计量模型 │  │  平衡面板计量模型 │  │ 主成分分析、广义矩 │
│   计量模型    │  └─────────────┘  └─────────────┘  │ 估计、面板模型   │
└─────────────┘                                     └─────────────┘
```

```
┌──────────────────────────┐
│   研究结论、启示与未来研究展望    │
└──────────────────────────┘
```

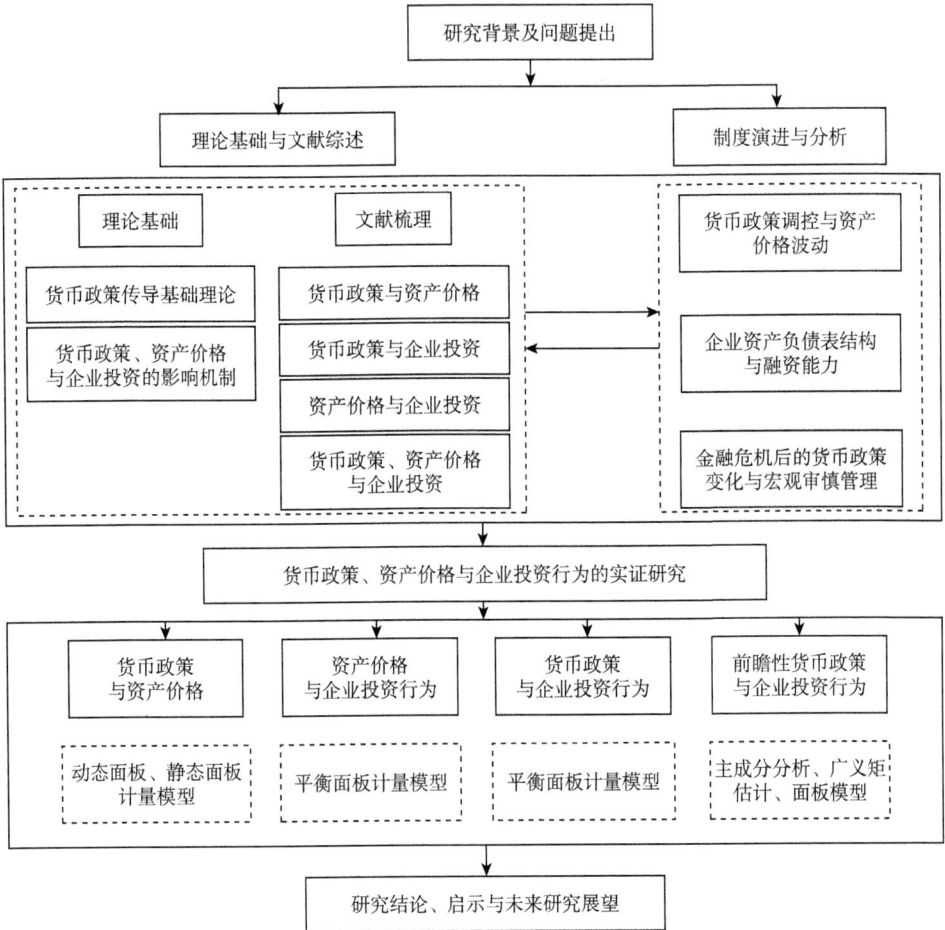

图 1.2　本书研究的技术路线

# 第 2 章　理论基础与文献评述

　　围绕本书研究主题，本章梳理相关经典基础理论，包括货币政策传导基础理论、委托–代理理论、信息不对称理论。接着回顾、总结、评述国内外主要研究文献，为在我国当前制度背景下研究货币政策通过资产价格影响企业内部投资行为的机理做好理论铺垫。

## 2.1　理　论　基　础

### 2.1.1　货币政策传导基础理论

#### 1. 货币数量论

　　货币数量论是货币政策传导机制的基础理论。在近代早期，形成了货币数量论的两个派别：一是 Fisher（1911）提出的现金交易数量论，根据交易方程 $MV=Py$ 来表述其货币数量论，式中，$y$ 表示实际收入，$P$ 表示价格水平，$M$ 表示货币量，$V$ 表示货币流通速度，并认为货币数量增加的正常影响之一是使物价按一般水平确切地按比例上涨；二是 Pigou（1917）在 Marshall 货币数量论基础上提出的现金余额论，通过 $M=kPy$ 来表示，式中，$y$ 表示实际收入，$P$ 表示价格水平，$Py$ 表示名义收入，$k$ 表示人们持有的现金量占名义收入的比率，所以货币需求是名义收入和人们持有的现金量占名义收入比例的函数。综合来看，传统货币数量论认为货币是中性的，即货币量的增减只会导致一般物价水平同方向、同比例变化，而不会带动实际收入水平的变化。Friedman（1956）所做的工作奠定了现代货币数量论的基础。他对传统货币数量论的现金交易数量论和现金余额论做了比较分析，认为现金余额论比现金交易数量论更适合于用 Marshall 的供求原理去说明货币与物价的关系，与此同时，对货币数量论重新进行了表述，提出了一个包含金融资产收益率、预期通货膨胀率、永久收入等与货币之间相互关联的多元货币需求函数。

### 2. 魏克赛尔货币理论

经济学家魏克赛尔（1997）的《利息与价格》中较为全面、系统地提出了新的货币理论，即魏克赛尔货币理论，其主要货币观点是认为货币政策的目标是价格稳定，而利率则是调节价格的工具，也即可以通过利率来调节经济。所以，魏克赛尔货币理论也被视为利率型货币政策理论的起源。魏克赛尔将价格水平分为相对价格水平和一般价格水平，相对价格水平由生产技术和资源丰富程度等因素决定，不应当对相对价格进行干预。对一般价格水平来说，其重要影响因素就是利率，并据此在一般价格水平上论述了货币对投资产出的重要意义，同时，还指出货币是非中性的，可以促进储蓄向投资的转化。魏克赛尔在《利息与价格》一书中提出了自然利息率的概念，并通过货币利率与自然利息率的差异揭示了其对相关经济活动的影响：当货币利率低于自然利息率时，则投资需求增加，物价上涨，并且只要货币利率低于自然利息率，投资需求和物价将不断上涨；反之，当货币利率高于自然利息率时，则投资水平和物价水平将不断下降；当货币利率等于自然利息率时，则投资和物价水平保持稳定。以上这个过程也被称为魏克赛尔累计过程。在这个过程中，中央银行可以通过调节货币利率来影响实际产出。

### 3. 凯恩斯主义货币政策理论

20世纪20年代末至30年代初爆发的经济危机对以市场自发调节为主的传统货币数量论产生了冲击。随后，凯恩斯在魏克赛尔货币理论的基础上进一步深化了相关研究，并于1936年出版了《就业、利息和货币通论》（以下简称《通论》），在《通论》中提出了国家干预经济的政策，即用国家的力量强制调控市场经济，用看得见的手帮助国家度过经济危机。凯恩斯在深入分析货币对经济影响的基础上，发现是有效需求对物价起决定性作用，而不是货币供应量，并提出了流动性偏好理论。流动性偏好理论认为，当公众的流动性偏好较强，愿意持有的货币量大于货币供给量时，利率会上升；反之，公众的流动性偏好较弱，愿意持有的货币量小于货币供给量时，利率会下降。同时，凯恩斯否定了储蓄和投资决定利率的理论，认为利率是非中性的，由货币数量和流动偏好这两个因素决定，即利率决定于货币的供求，并由此形成了货币政策理论。凯恩斯的货币政策理论认为，货币供给由中央银行控制，而货币需求由交易动机、预防动机和投机动机三个因素决定，前两个因素与收入有关，投机动机的货币需求是利率的减函数，对此，中央银行可以通过控制货币供给来影响利率，进而影响投资和产出。随后，托宾在1969年提出了著名的托宾$Q$理论，进一步补充了凯恩斯的货币政策理论，认为如果扩张性货币政策会造成股票价格上涨，从而提高$Q$值，在其他条件不变的情况下，企业可发行较少的股票而筹集更多资金，投资支出便会增加，进而刺激经济增长；反之，如果货币政策导致 $Q$ 值降低，即企业市场价值低于资本的重置成本，厂商将不会购买新的投资品，导致投资支出下降，进而抑制经济增长。随着不完全信息理论的建立，一些学者认为经济、金融环境的变化会影响银行信贷供给能力，考虑到市场存在逆向选择和道德风险，银行信贷供给能力的变化在货币政策传导机制中也会影响利率和投资（Stiglitz and Weiss，1981；Greenwald et al.，1984）。

4. 新凯恩斯主义理论

20 世纪 80 年代以来兴起的新凯恩斯主义经济学继承了传统凯恩斯主义关于货币影响实际产出的思想，同时针对凯恩斯主义在解释工资价格黏性时缺乏微观经济基础的这一问题，论证了货币在短期和长期中都是非中性的，即货币政策能够有效影响实际经济运行。因此，新凯恩斯主义再次强调了利率政策的重要作用，进一步完善了凯恩斯主义对产出波动及货币作用的解释，从而为货币政策有效论奠定了坚实基础。随着经济发展和研究进展，利率工具进一步引起许多经济体和学者的关注。美国等西方经济体在 20 世纪 90 年代初开始将货币政策的中介目标由货币供应量转向利率。美国经济学家 Taylor 在 1993 年更是提出了以利率作为中介目标的简单货币规则。随后，Clarida 等（1998）还基于泰勒利率规则，将简单货币规则拓展为前瞻性货币政策模型。

## 2.1.2　货币政策传导机制

自凯恩斯建立货币政策理论分析框架以来，许多经济学家从不同的观察角度和强调因素出发，建立了关于货币政策传导机制的许多理论流派。总体来看，货币政策传导机制可以分为凯恩斯货币政策传导机制理论和货币数量传导机制理论。凯恩斯货币政策传导机制理论是以利率为主要传导环节的货币政策传导机制理论；货币数量传导机制理论则认为货币供给是名义国民收入的基本决定力量，因而，货币供应量在其传导过程中是决定性因素。

1. 货币政策的利率传导机制

在传统的凯恩斯货币政策理论中，利率机制是最主要的货币传导机制。凯恩斯理论认为，利率是人们放弃资金便利性的报酬，是一种货币现象。利率的高低是由货币供求关系决定的。其中，货币供给量是外生变量，是由一个国家的中央银行决定的。凯恩斯的货币需求理论则用流动性偏好来描述，人们对货币的需求来源于三大动机：交易动机、预防动机和投机动机。在凯恩斯货币政策传导机制中，货币政策影响经济活动的传导过程由三个部分构成。第一部分是货币对利率的影响，货币供给相对于货币需求突然增加时，会造成利率下降；反之，会造成利率上升。第二部分是投资与利率之间的关系，由于投资是利率的反应函数，利率发生变化会造成社会投资水平发生变化，即在其他条件不变的情况下，利率上升，投资水平将下降；反之，投资水平将上升。第三部分是投资作用于产出等最终目标，一般而言，投资水平提高，产出水平将增加；反之，产出水平将降低。在整个货币政策传导过程中，利率是联结货币市场和产品市场的核心。货币政策的利率传导机制在货币供应量增加的时候可以用图2.1来表示。

| 货币供应量增加 | → | 利率下降 | → | 投资水平上升 | → | 产出增加 |

图 2.1 货币政策的利率传导机制

具体来说，在中央银行采取扩张性货币政策后，在货币需求量不变的前提下，货币供给量的增加会在一定程度上引起利率下降，而利率下降使得企业融资成本降低，从而使投资增加，在投资乘数效应的作用下，进而引起社会总支出成倍增加。凯恩斯理论最初是用利率传导机制来分析利率对企业投资决策的影响，后来逐步将其发展到分析消费支出、耐用消费品支出等方面。实际上，在上述传导机制中有三个隐含的因素：一是流动性偏好，即利率降低多少，人们相应地愿意持有货币的数量；二是资本的边际效率，即利率降低单位数量时，投资相应增加的数量；三是投资乘数，即投资增加单位数量时，总产出增加的数量。一旦以上三个因素中任何一个不成立或者发生作用不显著，经由利率的货币政策传导机制都将受阻。除此之外，货币政策的利率传导机制可能还会受到公众流动性偏好、边际消费等多方面因素的影响。

2. 货币政策的资产价格传导机制

一是汇率传导机制。由于全球各国经济贸易的相互关联性加强，某个国家的货币政策通过"溢出效应"，或将影响到其他国家的通胀水平、产出水平甚至金融风险等。同理，其他国家的货币政策也会通过"溢出效应"，将政策效果或多或少传导至某国，进而影响其物价、投资等方面。具体来说，汇率传导机制的基本原理是，某国中央银行实施扩张性货币政策，导致其利率下降，从而引发国内资本流出，该国货币出现贬值，进而导致净出口增加，最后总产出增加；反之，货币供应量收缩，将造成利率上升，引起净出口下降，进而减少总产出。货币政策的汇率传导机制在货币供应量增加的时候可以用图2.2来表示。

```
┌──────────┐   ┌────────┐   ┌────────┐   ┌────────┐
│货币供应量增加│──▶│利率下降│──▶│货币贬值│──▶│净出口增加│
└──────────┘   └────────┘   └────────┘   └────┬───┘
                                               │
                                               ▼
                                          ┌────────┐
                                          │产出增加│
                                          └────────┘
```

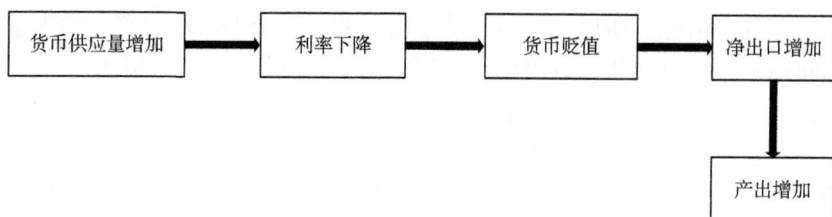

图 2.2　货币政策的汇率传导机制

与利率传导机制相似，汇率传导机制理论同样存在一些制约因素。在整个传导过程中，关键的步骤是，利率的变动如何影响汇率的变动以及汇率变化如何影响净出口的变化。其中，前者的变动取决于国际流动资本对于国内外实际利率差异的敏感度；后者的变动则取决于进出口商品的供给弹性和需求弹性。

二是托宾 $Q$ 理论传导机制。托宾 $Q$ 理论传导机制认为，货币与股票价格之间存在一定关系，货币供应量的增加使得股票价格上涨，从而提高企业的金融资产价值，企业就会增加投资，从而带动产出增长。托宾 $Q$ 值是企业的市场价值与资产重置成本之比。当托宾 $Q$ 值大于 1 时，即企业的市场价值比资产重置成本高时，企业就可以通过发行股票来增加投资，这样整个社会的投资增加，最终导致产出增加；当托宾 $Q$ 值小于 1 时，企业就不会选择投资新项目，而是会选择在市场上收购现有的企业进行扩张，这样整个社会新投资活动相对来说就会减少。托宾 $Q$ 理论的一个显著特征如下：金融市场和实体经济之间存在密切的联系，货币政策通过影响股票价格从而作用于实体经济的运行。在货币供应量增加时，货币政策的托宾 $Q$ 理论传导机制可以用图 2.3 来表示。

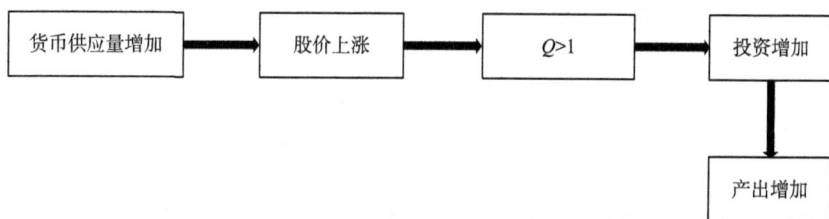

```
┌──────────┐   ┌────────┐   ┌────────┐   ┌────────┐
│货币供应量增加│──▶│股价上涨│──▶│ Q>1  │──▶│投资增加│
└──────────┘   └────────┘   └────────┘   └────┬───┘
                                               │
                                               ▼
                                          ┌────────┐
                                          │产出增加│
                                          └────────┘
```

图 2.3　货币政策的托宾 $Q$ 理论传导机制

当中央银行增加货币供应量时，会推动股票价格上升，从而托宾 $Q$ 值增加，当托宾 $Q$ 值增长到大于 1 的时候，企业就会通过发行股票增加新的投资，进而提高最终产出水平。

### 3. 货币政策的信贷传导机制

传统货币政策传导机制是建立在完美金融市场假设基础之上的，许多假设条件并不符合现实情况，所以，一些经济学家开始通过金融市场上存在的大量信息不对称问题来重新描述货币政策传导机制。由于信息不对称，货币政策有两类途径可以传导到实体经济：第一类通过影响银行信贷发挥作用；第二类通过企业和居民的资产负债表因素发挥作用。

第一类，银行信贷传导机制。银行信贷传导机制是从商业银行的角度分析了中央银行运用货币政策影响商业银行等金融中介机构的信贷，进而作用于货币政策目标的传导机制。在不完美的金融市场假设条件下，商业银行能比较好地解决金融市场中存在的信息不对称问题，因此，商业银行可以在货币政策传导的过程中发挥重要作用。从银行信贷传导机制来看，银行贷款与其他融资渠道之间不存在完全替代关系。一方面，银行贷款对中小企业十分重要，因为中小企业不能像大企业一样拥有其他可替代的融资渠道，从而只能更多地依赖银行信贷；另一方面，对于金融市场并不发达的国家，银行信贷这种间接融资方式在融资结构中所占比例较高。所以，银行信贷渠道在发展中国家无论对中小型企业还是大型企业都是至关重要的。在这种传导机制下，中央银行的货币政策可以通过调整商业银行在中央银行账户中的准备金来影响市场信贷情况。例如，中央银行可以在公开市场上向商业银行卖出证券，这样就减少了商业银行的存款准备金。如果商业银行不能弥补减少的存款准备金，商业银行可以用于借贷的资金就会减少，进而商业银行信贷资金将减少。在这种情况下，又由于缺乏其他可以替代的融资渠道，贷款依赖型企业的投资支出水平将下降，减少社会总产出；反之，货币供应量增加，将造成银行可贷资金增加，进而使得贷款依赖型企业的投资水平上升，增加社会总产出。以上过程就是货币政策银行信贷传导机制。从前面的分析可以看出，银行信贷传导机制可分为两个阶段：第一阶段是货币政策对商业银行贷款供给的影响，即中央银行货币政策传导至商业银行阶段；第二阶段是商业银行信贷资金供给波动影响借款人的投资，进而影响总产出，即商业银行传导至借款人阶段。整体来看，货币政策的信贷传导机制在货币供应量增加的时候可以表述为图2.4。

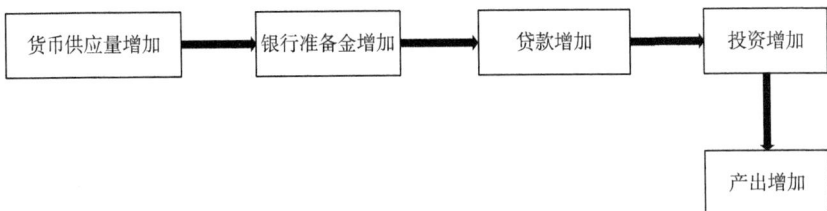

图 2.4　货币政策的信贷传导机制

实际上，货币政策的银行信贷传导机制在以上两个阶段的传导过程中需要依赖于两个前提：一是中央银行货币政策能对商业银行的信贷供给产生作用，商业银行的信贷行为要被中央银行货币政策有所刺激或约束；二是资金缺乏者必须依赖于商业银行贷款。只有在这种情况下，当中央银行的货币政策发挥作用时，银行信贷的变动才能够影响到资金缺乏者的资金获取情况，并影响到企业投资。如果在金融市场越来越发达、各种融资方式相对来说都越来越容易的情况下，商业银行不一定会受制于中央银行的货币政策变动。资金缺乏者也不一定依赖于商业银行的信贷，即使是中小企业，也并非完全依赖商业银行的贷款来满足自身的资金需求，而可以通过众多的非银行金融机构获得各种直接或者间接融资。所以，与货币政策的利率传导机制需要完美的金融市场环境相比，银行信贷传导机制产生显著作用的前提反而是融资方式并不完美的金融市场。

第二类，资产负债表传导机制。这种传导机制是指货币政策通过影响微观主体（企业和居民）的资产负债表，进而对物价、产出等最终目标产生影响。根据作用对象的不同，资产负债表传导机制可以划分为企业资产负债表传导机制和居民资产负债表传导机制。本书主要涉及企业资产负债表传导机制。货币政策的企业资产负债表传导机制是通过对企业投资发挥作用，进而实现传导实体经济。以扩张性货币政策为例，中央银行增加货币供应量，降低市场利率，从而改善企业资产负债表状况，增加企业的可抵押品价值及净现金流，有助于缓解信贷市场上的信息不对称问题。一般而言，企业资产净值是其向银行抵押贷款的基础，其资产净值越高，商业银行越相信企业不会引发逆向选择和道德风险，且贷款的违约率也会下降，因此，商业银行会增加信贷投放量，进而促进企业投资支出及最终社会总产出水平的上升。同时，企业的资产负债表传导机制还存在预期的因素，只有企业预期未来财务状况良好，它们才倾向增加投资。反之，在中央银行的货币供应量减少时，市场利率将上行，企业资产负债表情况恶化，净现金流减少，企业逆向选择和道德风险增加，商业银行就会收缩信贷，进而造成企业投资和社会总产出下降。在货币供应量增加的时候货币政策的企业资产负债表传导机制可以表示为图 2.5。

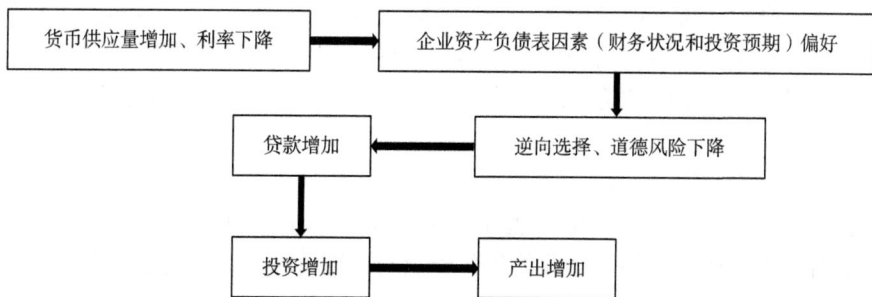

图 2.5 货币政策的企业资产负债表传导机制

### 2.1.3    委托-代理框架和信息不对称下的企业投资理论

投资决策受到未来投资回报净现金流的影响，同时由于市场非完美，许多决策依赖于众多不完全信息来判断，导致投资决策的不确定性较大。融资决策由于信息不完全，最后也可能为效益较差的项目融资或者没有为可以产生净回报的项目融资。接下来，本小节分完美市场和不完美市场，讨论投资与融资之间的相互关系。

1. 投资与融资的相关理论

1）无关论

在完美市场的假设情形下，资金将流向所有具有正的净回报的项目，抵押品价值、企业的规模、企业的资产负债率等都与投资无关。项目风险越高，其预期回报也越高，所以，市场能够自发出清。Modigliani 和 Miller（1958）首次研究发现，在完美市场经济环境中，企业无论以负债筹资还是以权益资本筹资都不影响企业的市场总价值。企业如果偏好债务筹资，债务比例相应上升，企业的风险随之增大，进而反映到股票的价格上，股票价格就会下降。即企业从债务筹资上得到的好处会被股票价格的下跌抵消，从而导致企业的总价值（股票加上债务）保持不变。此项研究结果也被称为 MM 定理，它奠定了现代企业投资理论的基础。MM 定理实际上也反映了投资与融资无关，投资不会受企业财务状况影响，其投资的是所有能为其产生净现值的项目。

MM 定理假设的完美市场是经济学模型中常见的没有摩擦力的市场，一般应具有以下六个特征：没有税收、没有交易成本（transaction costs）、信息对称（symmetric information）、没有代理成本、市场完全竞争（perfectly competitive market）及没有破产成本（bankruptcy costs）。因此，如果 MM 定理假设满足的话，企业的投资决策将由股东要求的收益最大化所驱动，而与其内部流动性、债务杠杆、股利支付等财务因素无关。MM 理论的发现为 Jorgenson（1967）提出的以资本服务的租金价格为基础的新古典投资理论的发展奠定了基础。在新古典投资理论中，企业的跨期最优化问题无须参考财务因素就可得到解决。

2）融资相关论

MM 理论在实际应用中遇到了许多困难，因为完美市场并不真实存在。例如，市场中存在的信息不对称问题和委托-代理问题使得企业外部融资成本普遍要高于内部资本成本，导致企业的外部资金与内部资金并不能完美替代，企业投资和融资之间存在相互影响（Myers，1977；Stein，2003；Faulkender and Wang，2006）。总体来看，主要有两类与信息相关的问题影响了完美市场的性质。一是逆向选择。Akerlof（1970）、Rothschild 和 Stiglitz（1976）分别在旧车市场和保险市场中较早研究了此类问题。一般而言，企业管理者拥有比投资者更多的信息，但由于市场信息不对称，企业外部融资成本增加，企业投资不可能实现 MM 最优（Myers, 1977）。同时，Myers 和 Majluf（1984）指出由于内部管理者和外部投资者关于投资决策的信息不对称，可能造成企业选择融资方式时存在过度投资和投资不足问题。例如，鉴于信息不对称，外部投资者通常会要求更高的资本溢价，致使企业外部融资成本高于内部资金成本，过高的外部融资成本又会迫使企业放弃一些原本较好的投资项目，因而产生了投资不足。这种现象也被称为逆向选择。二是道德风险。由于投资者无法时刻监督管理者的行为，可能导致管理者为了自身利益最大化，而放弃选择使股东财富最大化的投资水平的委托-代理问题（Grabowski and Mueller, 1972）。一些研究显示，管理者的收益与企业规模成正比，即企业规模越大，管理者获得收益的机会越多，因而管理者在代理过程中具有扩张企业规模的动机（Williamson, 1963; Murphy, 1985; Grossman and Hart, 1982）。这也说明，信息不对称会导致道德风险，进而引发企业的过度投资。

2. 融资约束理论

在现实世界中，由于信息不完全，对企业造成了事实上的融资约束，即外部融资成本高于内部融资成本，并对企业投资行为产生冲击（Hubbard, 1998）。Bernanke 和 Gertler（1989）开创性地将不对称信息引入资本市场，建立了企业投资与融资约束的研究框架。他们研究发现，外部资金成本普遍高于内部资金成本，并将此成本之差定义为外部融资代理成本，同时，研究发现，外部融资代理成本与企业的资产净值是负相关的。企业资产净值越高，则外部融资代理成本越低。反之，企业资产净值越低，则外部融资代理成本越高。在此基础上，Bernanke 和 Gertler（1989）提出了融资对投资产生影响的效应。在经济形势向好的情况下，借款人的资产负债表状况也会好转，导致外部融资代理成本降低，从而扩大企业投资需求，又进一步促进企业资产负债表状况好转。在经济状况差的情况下，借款人的资产负债表状况会恶化，导致外部融资代理成本上升，从而减少投资需求，接着又会进一步恶化企业资产负债表状况。此外，Jensen 和 Meckling（1976）从委托-代理的角度阐述了融资约束与投资的问题。在假设存在较高监督成本和较多激励约束问题的情况下，他们认为外部资金供应者会要求一个更高的报酬来弥补其监督成本，这样外部融资代理成本将增加，如果存在较好的投资机会，企业也会由于外部资金成本过高而放弃投资。综合来看，在不完美市场中，企业面临的信息不对称和委托-代理问题越严重，其外部融资代理成本越大，最后对投资增长的负面冲击也越大。

融资约束在企业投资决策中的作用一直是企业财务研究中的重要领域。Fazzari 等（1988）的一项研究被认为是这一领域的开创性成果。他们在研究中发现，融资约束越大的企业，其投资对现金流的敏感度也越高。同时，分析认为，由于信息不对称和委托-代理问题，企业外部融资的成本要高于内部资金成本，因此，融资受限的企业在投资决策中更依赖于内部资金，其投资更容易无效率。随后，Kaplan 和 Zingales（1995）通过研究企业融资情况的报告发现了相反证据，融资约束程度越低的企业反而拥有越高的投资/现金流敏感性。这引起了学术界关于投资/现金流敏感性是否可以真实反映融资约束的广泛争议（Fazzari et al.，2000；Hadlock and Pierce，2010）。不过，大多数实证研究均发现融资约束对企业投资行为有正向显著影响。Hoshi 等（1991）通过对日本那些与主办银行没有关联关系的企业进行研究发现，由于这些独立企业与银行之间的关系较弱，其投资对现金流量具有较高的敏感性。Goergen 和 Renneboog（2001）、Shin 和 Park（1999）根据英国、韩国等国的数据进行研究，发现融资约束程度越高的企业，其投资对现金流的敏感性也越高。

## 3. 货币政策对融资约束的影响

从信息不对称和委托-代理理论出发，货币政策是可以对融资约束产生影响的。Bernanke 和 Gertler（1989）在研究中发现，借款人的初始资产净值对于解决信息不对称问题有着非常重要的作用，并认为借款人的资产净值，与其外部融资代理成本呈负向关系。随后，Bernanke 和 Gertler（1995）通过研究货币政策传导的资产负债表渠道，注意到货币政策不仅会通过利率渠道影响企业投资，而且会通过影响公司的融资约束，进而影响企业投资，并借助紧缩货币政策仔细分析了货币政策对企业资产负债表的两方面影响：①借款人如果有未偿还的短期债务或浮动利率型债务，中央银行提高利率，将直接增加企业的利息支出，减少企业现金流，进而弱化企业的财务状况；②中央银行提升利率，将降低企业持有的资产价格，尤其是减少企业可抵押资产价值，同时，货币政策收紧会减少消费者的消费支出，使企业收入降低，而企业的一些成本并不会在短期内降低，导致企业的外部融资能力下降。在不完美市场上，由于信息不对称，当中央银行实行紧缩货币政策时，会造成企业资产负债表恶化，相应增加企业行为人的逆向选择和道德风险，导致企业借款成本增加。综合来看，中央银行的货币政策调控会直接增加企业的借款成本，同时还会增加外部融资成本，从而使企业面临的外部融资约束程度发生改变。

## 2.2　货币政策、资产价格与企业投资行为的影响机制

货币政策通过资产价格对企业投资的影响机制可以分解为货币政策通过资产价格影响企业投资最后作用于经济增长的传导机制。宏观经济学家在研究货币政策的资产价格传导机制中，实际上间接分析了货币政策通过资产价格对企业投资的影响，当然此时的企业投资是整体效应，而不仅仅指单个企业的投资，是所有单个企业投资效应的汇总，反过来看，货币政策对单个企业投资行为的影响机制也可以借此类推。根据 Mishkin（2001）对货币政策的资产价格传导机制归纳，结合我国实际，将资产价格分为股票价格和房地产价格两类（表 2.1）。

表 2.1　货币政策通过资产价格对企业投资的影响机制

| 资产价格类型 | 货币政策对投资的影响机制 | 对企业投资的影响方式 |
| --- | --- | --- |
| 股票价格 | 对投资的直接效应（托宾 $Q$） | 直接影响 |
|  | 企业资产负债表效应 | 直接影响 |
|  | 居民资产负债表效应（流动性效应和财富效应） | 间接影响 |
| 房地产价格 | 银行资产负债表效应 | 直接影响 |
|  | 家庭财富效应 | 间接影响 |
|  | 对房地产投资的直接影响 | 直接影响 |

### 2.2.1　股票价格传导机制

股票市场是资本市场的重要组成部分，中央银行货币政策可以通过作用于金融资产价格，进而影响市场参与者的消费和投资，即股票市场已逐渐成为新的货币政策传导途径（来志勤，2010；赵顺，2013）。货币政策通过股票价格对企业投资行为的影响机制有三种类型：①股票价格对投资的直接效应；②企业资产负债表效应；③流动性效应和财富效应。

一是股票价格对投资的直接效应。托宾 $Q$ 理论揭示了股票价格对投资的重要作用。托宾 $Q$ 值是企业市场价值与重置成本之比，托宾 $Q$ 值大于 1，显示企业市场价格高于重置成本，此时企业投资新建工厂或购买新设备的成本比企业市场价值低，即企业可以通过发行较少股票去投资新建工厂或购买设备，导致企业投资增加。假设一个扩张性的货币政策，将造成低利率环境，导致债券收益率低于股票收益率，进而导致股票需求量的上升，根据托宾 $Q$ 理论，更高的股票价格又会进一步促进投资。这个传导机制可以表示为，实施宽松货币政策导致股票价格上

涨，股票价格上涨又导致托宾 $Q$ 值增加，最后导致企业扩大投资。在另一种情况下，股票价格上涨，企业再投资的成本将相对下降，因为每发行一股股票将会获得更多的资本，在其他条件不变的情况下，企业会增加投资。同样，这个传导机制的表示如下：实施扩张性货币政策，导致股票价格上涨，进而降低企业的资本成本，并进一步导致投资支出增加。

尽管托宾 $Q$ 理论取得了开创性成果，但是托宾 $Q$ 值的计算要求资本市场是渐进有效的（如要求重置成本不变、市场反映基本面信息等），但此条件即使在金融发展较为成熟的欧美发达国家也难以完全满足，所以，一些实证发现托宾 $Q$ 理论与现实并不相符（Morck et al., 1990; Blanchard et al., 1993）。从我国的实际情况看，托宾 $Q$ 理论也存在一些争论。丁守海（2006）通过结构向量自回归（structural vector autoregression, SVAR）模型发现，无论是短期的冲击响应，还是长期的协整关系，托宾 $Q$ 假说均不成立，反而存在明显的反托宾 $Q$ 现象，说明我国投资具有相当的非理性成分。但是刘一楠（2016）通过对高杠杆企业的研究发现，托宾 $Q$ 值越低，其对高杠杆企业投资的抑制作用越强。总体来看，在2005 年股权分置改革后，我国股票市场逐步趋于成熟，托宾 $Q$ 假说逐渐显现（扈文秀等，2013）。

二是企业资产负债表效应。基于货币政策的企业资产负债表传导机制理论，可以发现，信贷市场上的信息不对称为中央银行货币政策通过传导股票价格进而影响企业投资提供了一种可能性。一般而言，股票价格的变化会影响到企业的资产净值。首先，一般对于上市企业而言，企业自身的股票市值就代表了企业的市场价值，所以，当股票价格偏离基本面价值时，从中长期来看，会影响企业的资产净值（Fischer and Merton, 1984; Tease, 1993; 韩克勇和王劲松，2013）。其次，对于非上市企业，如果这些企业进行了股票投资，则股票价格的变化也会影响其资产净值。最后，企业的外部经营环境和市场供求状况还会因股票价格波动作用于宏观经济环境而受到影响（Tobin, 1969; Mishkin, 1976; 崔光灿，2006; 韩克勇和王劲松，2013），进而影响企业的资产净值。例如，股票价格的下降可能恶化宏观经济状况和企业经营环境，导致企业被迫出售资产，但由于总供给大于总需求，企业恐将折价出售其资产，则资产净值下降。具体来看，企业资产净值的变化会从抵押品价值、资产负债表衰退及企业外部融资成本三方面影响企业投资行为。

第一，抵押品价值因素。Kiyotaki 和 Moore（2002）考虑了企业通过外部融资时，需要提供抵押物作为担保，并从企业已有借款合约和企业计划中的借款合约两方面进行了论证，认为资产价格的波动对企业抵押物价值有影响，进而影响企业新增投资。第二，资产负债表衰退。Koo（2001）针对日本经济衰退现象，提出了资产负债表衰退概念，并认为资产价格泡沫破裂后将出现价格暴跌，而价格暴跌会恶化企业资产负债表，导致企业甚至面临负债大于资产的困境。所以，企业可能将其利润最大化目标转变为负债最小化目标。由此，企业会将所得利润先用于偿还债务，修复其资产负债表，从而相应减少投资。第三，外部融资成本因素。Bernanke 和 Gertler（1999）通过分析信息不对称的信贷市场发现，如果资产价格剧烈波动导致企业的资产净值下降，将提升企业的外部融资代理成本，进而削弱企业的投资水平，从而对整个宏观经济基本面产生负面影响，但这又会进一步推高企业外部融资代理成本，形成信贷紧缩循环。

　　结合我国实际情况来看，第一种和第三种因素在针对中国数据的许多研究文献中均得到不同程度的证实（胡海鸥和虞伟荣，2003；袁申国和刘兰凤，2009；白鹤祥，2010a；朱新蓉和李虹含，2013），第二种因素还主要集中在模拟研究中（中国人民银行南京分行课题组，2017）。抵押品价值因素与企业外部融资成本因素实际上是从两个不同视角来对同一个问题进行解释。抵押品价值因素从贷款者的角度来论述，企业外部融资成本从借款者的角度来论述。综上所述，在紧缩性货币政策情形下，其传导机制如下所示：中央银行实施紧缩性货币政策，导致股票价格下跌，进而导致企业净值下滑，企业行为人的逆向选择和道德风险增加，商业银行会减少信贷发放（或者借款者的融资成本上升，导致放弃或减少借贷），最后导致企业投资支出下降。

　　三是流动性效应和财富效应。流动性效应和财富效应不同于以上两种传导机制通过股票价格直接作用于企业投资，而是通过作用于居民消费，间接影响企业投资，实际上两者均属于居民资产负债表传导机制。流动性效应是指股票相对耐用消费品和房产等具有更高的流动性，而消费者具有预防性需求，为避免未来陷入财务困境，消费者具有增加持有流动性较强资产而减少持有流动性较差的耐用消费品和住宅等的心理冲动。当消费者在面临财务困境的时候，更容易通过变卖持有的股票资产减少因流动性不足造成的损失（Mishkin，1976，1977）。所以，消费者本质上有意愿持有更多股票。一旦货币政策导致股票价格上涨，持有股票资产的消费者将处于更有利的经济环境，更愿意增加耐用消费品支出，从而间接导致企业扩大投资。在宽松货币政策下的流动性效应传导机制表示如下：货币供应量增加导致股价上升，消费者因持有股票导致其金融资产价值增加，又进一步提高了资产组合流动性，使得消费者发生流动性困难的可能性下降，进而增加对耐用品消费的支出，最后间接导致投资增加。财富效应来源于 Modigliani 和 Ando（1963）的消费生命周期理论。消费生命周期理论认为，消费支出主要取决于一生的财富状况，而消费者一生的财富由金融财富、人力资本等构成，股票又是金融财富的重要组成部分，一旦股票价格上涨，消费者个人财富将增加，其消费需求会增长，间接导致企业投资增加。宽松货币政策下的财富效应传导机制表示如下：货币供应量增加导致股价上升，使得消费者持有的金融财富增加，导致其毕生财富增加和收入的边际消费倾向提高，从而促进消费支出增加，最后间接导致投资增加。

总之，股票市场的流动性效应和财富效应均反映了货币政策对企业投资行为的间接影响。如果货币政策对投资者拥有的所有资产的流动性状况和总财富情况产生冲击，则会影响投资者的预期，进而改变投资者的投资抉择，最终在股票市场通过价格波动来体现。目前，国内涉及股票市场流动性效应的研究还不多，而且大部分研究都将流动性效应与财富效应合在一起进行分析。一方面，这会影响财富效应的分析效果；另一方面，实际上没有估计出流动性效应，导致相关政策建议并不合适。关于股票市场的财富效应研究，大多文献发现越发达的经济体，其财富效应越明显，具体来看，其影响程度受到各国资产结构与金融市场发展状态的牵扯（IMF，2002）。国内学者大多认为，我国股票市场不存在或仅存在微弱的财富效应，但随着居民金融资产持有量的上升，特别是股权分置改革后我国股市财富效应愈加显著（王虎等，2009），这与 Goodhart 和 Hofmann（2001）的观点比较一致，即股票市场的财富效应会随着居民手中持有的金融资产占其总财富比重的提升而日益显著。

综合来看，本书研究货币政策通过影响股票价格波动，进而影响企业投资行为的过程，主要是基于第一种和第二种传导机制，即货币政策通过托宾 $Q$ 效应和企业资产负债表效应对微观企业投资行为的直接影响。

### 2.2.2　房地产价格传导机制

房地产是一种能创造或储存财富的投资品，同时也是一种重要的耐用消费品，即房地产价格在投资和消费两方面均与总需求要素之间存在理论联系（韩鑫韬和王擎，2011），这也说明货币政策可以通过传导房地产价格进而影响微观企业投资行为，最后起到调控整个宏观经济的作用。货币政策通过房地产价格对企业投资行为的影响机制有三种类型：①银行资产负债表效应；②家庭财富效应；③房地产价格对房地产投资的直接影响。

一是银行资产负债表效应。银行可以解决信贷市场中的信息不对称问题，因而，在货币政策的信贷传导渠道中发挥着重要作用（Bernanke，1983）。尽管与房地产直接相关的银行贷款数额庞大，但大多数银行为了贷款安全，其相关信贷都是以房屋或土地抵押贷款的方式进行的。如果扩张性货币政策致使房地产价格上涨，则银行持有的房地产抵押品价值也随之上涨，银行贷款发生损失的可能性会下降，此时，银行的资本将增加，将改善其资产负债表，导致银行自身的信贷能力增强，这将有利于企业增加投资支出（Mishkin，2001）；反之，如果房地产价格下跌，这个传导机制将导致资本困境（capital crunch），即银行资本恶化，进而减少信贷，导致企业投资下降。这种状况在 20 世纪 90 年代早期的日本发生过，同时也被认为是日本 20 多年来经济停滞的一个重要原因。在宽松货币政策环境下，这个传导机制表示如下：货币供应量增加将导致房地产价格上涨，从而降低银行的贷款损失风险，并改善其资本状况，较高的资本又允许银行进一步扩张信贷，进而导致企业投资进一步增加。

在相关研究文献中，Bernanke（1983）基于金融市场上的信息不对称，首次从银行资产负债表角度分析了银行在货币政策传导机制中发挥的作用。后来，Bernanke 和 Gertler（1999）又将资产价格引入讨论，并通过金融加速器理论强调了银行在经济衰退期间的惜贷行为，其原因就在于房地产等资产价格下降，不仅会影响银行判断企业资产负债表的能力，银行自身的资产负债表问题也会加剧。从我国实际情况看，银行信贷已经是房地产市场的主要资金来源。截至 2017 年末，我国房地产企业开发贷款和个人住房抵押贷款合计达 54.06 万亿元，占金融机构总贷款余额的 45.01%[①]。这从侧面反映出，当前我国房地产价格的高涨，离不开银行信贷的支撑，银行资产负债表效应表现得较为突出。尤其是，随着我国房地产价格的持续上涨，并逐步脱离基本面，银行资产负债表的潜在风险恐将加速暴露。

进一步，结合前文的企业资产负债效应可以窥见，实际上，银行资产负债表效应与企业资产负债表效应也是对同一个问题从两个相反视角来解释。如果从企业的角度来分析，房地产价格上涨，会导致企业持有的房地产价值增值，将改善企业资产负债表状况，从而减少道德风险和逆向选择，进而有助于获取银行信贷，从而加大投资；反之，将增大道德风险和逆向选择，减少银行信贷，进而企业减少投资。

二是家庭财富效应。房地产价格的家庭财富效应源于住房资产占家庭财富的比重较大。根据 Friedman（1957）的持有收入假说与 Modigliani 和 Ando（1963）的消费生命周期理论，住房价值是家庭财富的重要资本收入形式，住房价格的上涨将显著增加家庭财富，居民消费随之增加，最后间接导致企业投资扩大；反之，住房价格下降，将减少家庭持有的财富，居民消费将下滑，导致企业投资也将下降。在宽松货币政策下，房地产价格的财富效应传导机制表示如下：货币供应量增加导致房地产价格上升，使得家庭财富增加，进而导致家庭消费开支增加，最后导致企业投资增加。

国内外学者对货币政策房地产价格传导机制的财富效应进行了众多深入和有价值的研究。国际货币基金组织（International Monetary Fund，IMF）通过对 16

---

① 根据中国人民银行公布的统计数据计算。

个发达国家进行研究，认为资产财富效应普遍存在，但市场化程度更高的国家财富效应更大；房地产的财富效应要大于股票的财富效应（IMF，2002）。Case 等（2005）得出类似结论，发现包括美国在内的 14 个国家的房地产市场的财富效应显著大于股票市场的财富效应。在国内，赵杨等（2011）研究发现，我国房地产财富效应整体显著，且财富效应随着时间推移，有逐渐增强的趋势。廖海勇和陈璋（2015）通过面板数据分析发现，东部发达地区的房地产财富效应较强，而中西部地区的房地产财富效应较弱。董亮（2008）的实证结论是利率和货币供应量对房地产价格有影响，但货币供应量对房地产价格的影响更显著。综合来看，大多研究发现国内外普遍存在房地产财富效应。货币政策可以通过对房地产价格财富效应的影响间接影响企业投资行为（Iacoviello and Minetti，2008）。

三是房地产价格对房地产投资的直接影响。当房地产价格不断上涨时，会吸引大量投资者进入房地产行业，房地产市场的新增投资将随之大幅增长，同时，也会带动房地产其他关联产业增加投资支出，产生直接投资效应（龚斌恩，2012）。Mishkin（2001）将此传导机制视为托宾 $Q$ 理论的一种表现形式，托宾 $Q$ 值就是新建房屋价值与重置房屋成本之比。以房地产价格上升为例，房地产价格上升会产生两种效应：①房地产价格上升一般会导致房地产企业的市场价值增加，相应企业的托宾 $Q$ 值随之上升，由此，房地产企业将增加房地产投资；②房地产价格上升会提升上市房地产企业的市值，那些持有上市房地产企业股票的企业市值也会增加，导致托宾 $Q$ 值提高，进而促进企业增加投资。整体来看，在宽松货币政策下，房地产价格对房产投资的直接影响表示如下：货币供应量增加导致房地产价格上升，进而导致房地产及相关行业的投资增加。

我国住房市场化改革始于 1998 年，相关制度尚在规范和完善中，但大多数国内学者通过理论和实证研究发现我国货币政策对房地产价格及房地产投资会产生显著影响。聂学峰和刘传哲（2005）研究发现，货币政策会对房地产投资及其价格波动产生作用，且货币供应量对房地产市场的影响程度较利率的影响程度更大。梁云芳和高铁梅（2006）运用季度数据实证发现，货币供应量与房地产价格负相关，即货币供应量每增长 1%，房地产价格将下滑 0.42%。邓富民和王刚（2012）通过协整分析发现，在较长时期内，货币政策可以显著影响房地产价格与房地产投资，且货币供应量相比利率的调控影响效果更加显著。

综合来看，本小节研究货币政策通过影响房地产价格波动，进而影响企业投资行为的过程，主要是基于第一种传导机制，即货币政策通过银行资产负债表效应和企业资产负债表效应对微观企业投资行为的直接影响，因为第二种（家庭财富效应）是货币政策通过房地产价格对企业投资的间接传导，第三种（对房地产投资的直接效应）主要针对房地产企业，而本书在接下来的实证研究中主要分析货币政策对非房地产企业投资行为的影响。

# 2.3　文　献　评　述

目前金融政策对资产价格和企业资产负债表影响的研究主要集中在探究货币政策的资产价格和企业资产负债表传导机制上。自 Modigliani 和 Ando（1963）的消费生命周期理论与 Tobin（1969）的投资理论诞生，货币政策对资产价格的影响开始受到重视，特别是美国次贷危机的爆发，引起了社会各界对货币政策与资产价格关系的广泛讨论。货币政策传导的企业资产负债表渠道从 Bernanke 和 Gertler（1989）所做的开创性工作开始就受到了金融学界的广泛关注。随后，Kiyotaki 和 Moore（1997）进一步分析了用于抵押担保的资产价格与企业投资行为之间的互动关系。这样从宏观政策到资产价格再到企业投资行为的传导机制逐步显现。

## 2.3.1　货币政策与资产价格

国内外文献显示，资产价格波动会通过多种渠道传导至实体经济，包括通过财富效应影响消费，通过托宾 $Q$ 效应影响投资，以及通过金融加速器效应影响实体经济等。还有一些学者基于微观视角，根据资产定价模型对货币政策与资产价格之间的关系进行了阐述（Gerlach and Smets，2000；Smets，1997）。但是对于这些传统的传导路径，在理论基础和实证研究上，大家仍没有形成一致结论。尽管存在杰克逊·霍尔共识，但在学术界乃至一些中央银行目前仍围绕货币政策与资产价格之间的相关问题存在争论。例如，资产价格在货币政策传导机制中的作用如何；资产价格是否应该包含在中央银行货币政策中。目前国际上就货币政策如何对待资产价格存在两种观点：一种观点是货币政策应该紧紧盯住资产价格，因为资产价格波动对经济的影响难以标定（Bernanke and Gertler，1999，2001；Schwartz，2002；Borio and Lowe，2002；Borio，2006；Mishkin，2007）；另一种观点是货币政策可以直接熨平资产价格波动，即使通胀水平没有显著变化，中央银行也应该直接盯住资产价格失调（Smets，1997；Cecchetti et al.，2000；Filardo，2000；Bordo and Jeanne，2002）。从全球中央银行的观点看，大部分国家认为不应该主动使用货币政策去稳定资产价格波动，除非资产价格确实威胁到经济稳定（Grande，2006；Épaulard et al.，2006）。

从目前国内的研究现状看，主要存在两种观点：一是认为中央银行应该将资产价格波动作为内生性影响因素，纳入前瞻性利率规则（赵进文和高辉，

2009）。货币当局在制定货币政策时，必须考虑到对资产价格可能产生的影响，依据具体经济状态做出相应决策（易纲和王召，2002；吕江林，2005；李浩和王璞，2010；王培辉，2010；徐妍等，2015；冯根福和郑冠群，2016）。二是认为货币政策不宜以盯住资产价格为目标（瞿强，2001；冯用富，2003；李亮，2010）。国内学者对货币政策与资产价格的关系做了很多有意义的研究，但仍存在以下不足：①从研究对象上看，大多研究集中于探讨传统货币政策与资产价格之间的关系，但是非常规货币政策与资产价格之间的关系，特别是前瞻性货币政策已经在我国开始实践，所以，应该结合非常规货币政策发展情况，进一步厘清货币政策与资产价格之间的相互关系。②从研究市场上看，大多文献仅研究了股票市场，但我国股票市场尚未形成完备的发展体系，股价的信息传递作用还未充分体现，通过货币政策去关注股票价格波动有可能进一步加剧股票市场的失衡。从房地产价格角度来研究货币政策与资产价格关系的文章相对较少，大多研究仅集中于探讨货币政策与房价之间的因果关系，或集中在政策对策领域，更严格的理论和实证研究还比较缺乏。③从实证研究上看，很多研究变量仅限于货币政策和资产价格两个时序，容易造成虚假回归。特别是针对我国货币政策与房地产价格的研究，由于房地产市场化改革时间不长（始于 1998 年），权威数据公布的频率不高，很多研究文献的时间维度（time dimension）远远不够。例如，一些研究中采用2005年7月汇率改革以来的时序，由于这个时间段的人民币汇率升值与房价增长在大多时候呈共存趋势，必然存在统计意义上的相关性，对结论的实质性和规律性判断也大打折扣。

### 2.3.2　资产价格与企业投资

近年来，相关学者基于宏观经济学模型围绕资产价格波动做了大量研究，但是研究资产价格波动与微观企业行为之间关系的文献较少。一般而言，资产价格上涨会增加企业的资产净值，从而有助于增强企业在银行那里的抵押担保能力，促进银行向企业放贷，增加企业投资；如果资产价格下降，则会相应减少企业的资产净值，从而削弱企业在银行那里的抵押担保能力，降低银行向企业放贷的积极性，进而减少企业投资。资产价格与企业投资之间的关系研究主要有以下两个方面。

一是资产价格与企业投资之间的关系。Gan（2007）基于日本数据的研究显示，20 世纪 90 年代日本房地产价格"泡沫"破灭，房地产抵押品价值下降，导致持有抵押房地产的企业的投资活动大幅减少。Chaney 等（2012）研究了房地产市场中的抵押担保效应，发现美国上市企业在 1993~2007 年因房价波动带来的抵押资产价值每增加 1 美元，企业投资会增加 0.06 美元。随后，一些学者开始从抵押担保效应的角度，探究房地产价格波动对企业自身投资行为的影响（Cvijanovic，2014；Chen et al.，2014；Adelino et al.，2015）。在我国，曾海舰（2012）研究发现，2003~2009 年房地产价格上涨，导致我国上市企业持有的房屋建筑物的市场价值增加，其市场价值每增加 1 元，企业负债增加 0.04~0.09元，投资大约增加0.04元。王劲松和李淼（2012）研究发现，股票价格的波动会影响上市企业的融资成本，通过层层连带效应，还会冲击企业的投资。罗时空和周亚虹（2013）结合理论和实证分析了房地产价格对企业投资的影响，研究发现房地产价格通过成本效应和流动性溢价效应影响企业投资行为，而这两种效应的作用方向相反，哪一种效应占主导由企业面临的融资约束大小决定。刘行等（2016）从风险承担角度研究了房价波动与企业风险承担的关系，研究发现，管理层会将房价上涨带来的抵押资产价值增量部分配置到短期低风险行业，从而导致企业的整体风险系数下降。

二是资产价格、融资约束与企业投资的关系。受融资约束的影响，企业融资对企业投资具有重要作用，很多研究从资产价格与企业融资的关系开展，进而论述资产价格对企业融资的影响，最后论述对企业投资的影响。例如，由于资产价格下降，道德风险和逆向选择上升，进而银行会减少对企业的融资支持，企业常常难以按照理论成本筹集足够的资金，并由此被迫放弃一些有价值的投资机会。Fazzari 等（1988）认为，融资约束下企业将显著削减固定资产投资。Fazzari 和 Petersen（1993）认为，企业为了降低融资约束可能产生的不利影响，将会持有更多的净营运资本，如持有更多的存货（Carpenter et al.，1998）或者现金资产（Almeida et al.，2004）。罗时空和周亚虹（2013）通过实证研究发现，融资约束越严重的企业，房地产价格上涨对企业投资的拉动作用越显著。余静文和谭静（2015）研究发现房地产价格上涨会对实体经济产生流动性效应和挤出效应，因为房地产价格上涨会缓解企业面临的融资约束，同时房地产价格较高会带来较高的投资回报率，进而会加强挤出效应。

总的来看，国内外学者对资产价格与企业投资之间的关系做了很多有意义的研究，不管是房地产价格还是股票价格均对企业的投资存在一定程度的影响。但实际上，资产价格对企业投资同样存在挤出效应，那么资产价格波动是否导致企业投资状况显著波动呢？这仍然是不明确的，而且资产价格波动的源头也没有在理论和实证分析中得到清晰的阐述，导致政策建议缺乏支撑，所以，可以从变化率的视角进一步研究资产价格变化与企业投资之间的关系。

### 2.3.3　货币政策与企业投资

从公司金融的角度看，企业投资行为（包括投资率和投资需求）主要受企业内部融资约束和外部投资机会两方面的影响（靳庆鲁等，2012；黄志忠和谢军，2013），而货币政策可以通过利率、货币供应量等工具改变企业的融资成本和投资机会，进而影响企业的投资行为。从理论上看，货币政策对企业投资影响的微观传导理论（宏观经济学称为企业资产负债表传导理论）来源于 MM 定理（Modigliani and Miller，1958）、信息不对称理论（Akerlof，1970；Stiglitz and Weiss，1981）和委托-代理理论（Jensen and Meckling，1976）等。在此基础上，Bernanke 和 Gertler（1989）定义了在竞争性银行体系中的信用中介成本（cost of credit intermediation，CCI）概念，并指出有两种渠道的共同作用使得 20 世纪 30 年代的大萧条出现恶化：一种是通过银行的信贷渠道；另一种是通过借款者的信贷偿还能力。大萧条中急剧下降的产出和价格水平削弱了借款者的抵押能力，降低了借款者的投资收益率，借款者的现金流也受到了影响，这些都使得借款人的财务状况恶化，阻止了信贷的有效配给，从而引发债务型通缩，但他们当时并没有把两种渠道进行严格区分的研究。Bernanke 和 Gertler（1989）利用外部融资代理成本理论对资产负债表微观传导进行了深入研究，认为投资在很大程度上依赖于企业资产负债表因素，如资产净值、流动性和当前与未来的现金流状况，特别是对借款者资产净值形成冲击的企业资产负债表传导机制，成为产出变化的一个初始来源。随后，Bernanke 和 Gertler（1995）根据信贷传导渠道的作用机理再次分析了企业资产负债表与货币政策的关系，从信息不对称角度解释了货币政策如何通过作用于银行和企业的资产负债表，进而影响企业的投资决策。其他从不同角度支持企业投资微观传导理论的还有 Kiyotaki 和 Moore（1997），他们认为在大部分贷款都依赖抵押担保的经济中，企业固定资产扮演了重要角色。信贷约束和资产价格的交互影响，形成一种强烈的传导冲击效应。Kiyotaki 和 Moore（2001）指出，政府可以通过降低利率使企业资产负债表出现好转。随后，Mizen 和 Vermeulen（2005）、Aivazian 等（2005）、Angelopoulou 和 Gibson（2009）分别以不同国家或地区的数据研究了货币政策与企业投资支出或现金流的关系，验证了企业资产负债表渠道的存在。

企业资产负债表的传导机制通过金融加速器作用在金融危机中表现得更为充分。金融加速器的定义是信贷市场对经济、金融冲击具有放大作用。在企业外部融资代理成本理论的基础上，Bernanke 等（1996）提出了金融加速器模型（Bernanke，Gertler and Gilchfist Model，BGG 模型），认为由于银行和金融市场的放大作用，面临较高外部融资代理成本的借款者在受到明显的经济下行冲击时，其将减少支出、生产和投资，导致已经进入衰退的经济更加恶化。Bernanke 等（1999）通过构建一般动态均衡模型，进一步揭示了金融加速器机制对经济周期动态过程的显著影响，认为借款者的资产净值随经济周期正向变动，外部融资代理成本随经济周期反向变动，由此带来企业投资、支出和生产变动。在 Bernanke 的多篇研究成果中，金融加速器更多的是一种关于机制和作用的描述，如 Bernanke 等（1996）明确指出金融加速器是一种信贷条件恶化造成的初始冲击放大作用。因此，本书认为，企业资产负债表渠道之所以重要，正是由于存在明显的金融加速器效应。金融加速器一般通过企业、家庭甚至银行的资产负债表渠道发生作用，这就是两种理论的重要纽带。

随着我国宏观调控体系的不断完善，一些国内学者开始关注货币政策对企业投资的传导渠道。胡海鸥和虞伟荣（2003）研究发现，2001 年以前我国利率下调对金融资产升值和抵押贷款规模的推动有限，金融加速器效应就难以充分地显现出来。高洪民（2005）定义了一种信贷冲击乘数效应，认为在我国经济体系中，通过企业之间，以及企业与银行之间的信用链条，可以产生直接的资产负债表相互传染效应。袁申国和刘兰凤（2009）对我国制造业的金融加速器效应进行了实证分析，认为不同行业的企业具有不同的金融加速器效应。这些研究在一定程度上找到了我国资产负债表微观传导效应存在的证据。白鹤祥（2010a）通过 SVAR 模型研究发现企业资产负债表微观传导效应在我国货币冲击引发的产出波动中发挥了重要作用，企业整体资产负债表状况的改善有助于减轻货币冲击的波动。朱新蓉和李虹含（2013）通过面板向量自回归模型方法，对货币资金、投资现金流和货币政策虚拟变量之间的因果关系进行了检验，发现货币政策的资产负债表渠道传导机制在我国基本有效。刘星等（2014）研究货币政策对企业投资行为的影响，发现货币供给量和货币价格分别对融资约束较强和较弱企业的投资-现金流敏感性产生显著影响，揭示了在较弱融资约束下，投资需求是影响企业投资对内部现金流敏感度的重要因素。

总的来看，国内外学者对货币政策的微观传导机制研究有着一定的共识，即货币政策对企业投资行为的传导机制是不可忽视的，而且在货币政策传导机制中可能比较重要。但对于这一传导机制在我国的表现特征，还缺乏系统性的探讨，即货币冲击是通过什么途径影响企业投资行为（如房地产价格、股票价格等），最终导致产出波动，理论和实践上如此重要的微观传导效应，在我国现阶段是否存在并且显著，需要充分利用我国现有经济、金融最新的可得数据，进行不同层次和不同角度的实证分析。

### 2.3.4 货币政策、资产价格与企业投资

全球大部分国家货币政策的目标是维护物价稳定，但由于中央银行担负着最后贷款人的重任，实际上也扮演着提供市场流动性的角色。托宾 $Q$ 理论认为企业的资本成本对其投资产生显著影响（Tobin，1969），实际上揭示了货币政策影响资产价格进而对企业投资行为产生影响的传导路径。随后，学术界对关于货币、资产价格与企业投资之间的关系开展了大量研究。Kiyotaki 和 Moore（1997）研究认为，企业向银行提供的抵押担保资产主要是其资产净值，当资产价格下降减少企业资产净值时，将削弱企业借款能力，从而致使银行收紧信贷，企业减少投资。Mojon 等（2002）实证研究发现，货币利率是影响企业投资决策的重要因素，且小企业投资决策对利率的敏感性要大于大企业。Voutsinas 和 Werner（2011）通过对日本 1980~2007 年的微观数据进行实证检验，发现信贷供给对企业资本结构产生显著影响，其影响程度因企业类型不同而存在差异。

尽管托宾 $Q$ 理论取得了开创性成果，但是很多实证发现托宾 $Q$ 理论与现实并不相符。Morck 等（1990）认为，股价没有影响企业的销售收入、利润等实际变量，并不会对公司投资产生影响。Blanchard 等（1993）通过对美国货币市场进行研究发现，股市对投资影响有限，而市场基本面仍然是公司投资最看重的因素。究其原因，一些学者认为是托宾 $Q$ 对投资的影响受制于融资约束（Gaiotti and Generale，2002；Lorenzoni and Walentin，2007）。融资约束与流动性紧密相关，中央银行向市场提供流动性，间接影响企业的融资约束。Myers 和 Majluf（1984）基于信息不对称和融资约束提出了优序融资理论（pecking order theory），认为企业融资一般会遵循内源融资、债务融资、权益融资这样的先后顺序。按照优序融资理论的假设和思路，同样，当企业拥有充足的现金时，会依次按照投资、偿还债务、支付股利等顺序进行活动，这样企业投资会增加。Fazzari 等（1988）从融资约束的角度分析了投资对现金流的敏感性，发现融资约束越大，企业投资与其内部现金流的正向关系就越强。

国内学者也对货币政策、资产价格与企业投资行为的相互关系进行了一些理论和实证研究。谭娜（2010）以融资约束为前提，研究了投资机会对现金投资效率的影响，发现投资机会越多的企业，其现金投资效率越高；且假设在投资机会一样的情况下，有融资约束的企业的投资效率要高于没有融资约束的企业。张西征等（2012）从货币政策影响企业投资的需求效应和供给效应方面，实证检验了货币政策对不同融资约束强度的企业的这两种效应冲击的非对称性。谢军和黄志忠（2014）以我国 2002~2010 年的上市公司为研究对象，发现企业投资与内部现金流显著正相关，同时，认为降低投资对现金流的敏感性有助于改善企业的

融资环境。

　　整体来看，研究货币政策、资产价格与企业投资行为两两关系的文献较多，而且也有较为成熟的实证结论，但是将三者同时考虑的研究并不多，货币政策通过资产价格对企业投资的间接影响到底如何仍是不确定的。特别是，我国中央银行的货币政策具有多目标性，这必然会多方面影响企业的投资行为，所以，需要进一步从实证上检验货币政策传导至资产价格再至企业投资行为的传导效率。

## 2.4　本 章 小 结

　　本章在货币政策通过资产价格影响企业投资行为这一研究主题下，首先，围绕货币政策影响资产价格、资产价格作用于企业投资行为及货币政策直接影响企业投资行为等，阐述并回顾了主要涉及的货币政策传导机制理论、委托-代理下的投资理论以及信息不对称下的企业投资理论；其次，从股票价格和房地产价格出发分别梳理了货币政策通过资产价格影响企业投资的基本渠道和路径，总结评述了国内外相关研究文献，并在此基础上提出了已有文献中的一些研究缺陷以及当前存在的研究空白。本章的主要目的不仅是要厘清货币政策通过资产价格影响企业投资的理论逻辑，而且要为后文相关研究的展开和深入分析提供更夯实的理论基础。

# 第3章　货币政策对资产价格和企业投资影响的制度背景

## 3.1　引　　言

货币政策是中央银行为实现特定经济目标而采取的控制和调节货币、信用及利率等的措施，是国家调节和控制宏观经济的主要手段之一。随着我国市场经济体制的不断完善，货币政策的传导效率日益提高。货币政策对股票价格、房地产价格等资产价格均产生了显著影响，同时，货币政策还直接或间接影响企业的投资行为，特别是通过资产价格间接影响企业投资行为决策。本章围绕研究主题，分别从我国影子银行与货币政策、货币政策调控与资产价格波动、企业资产负债表结构与融资能力、金融危机后的货币政策变化与宏观审慎管理入手，描述并提炼货币政策与资产价格和企业投资传导机制过程中各媒介主体面临的新趋势和新特点。

## 3.2　影子银行与货币政策

### 3.2.1　中国式影子银行的内涵

2007 年爆发的美国次贷危机引发了社会各界对影子银行的关注。影子银行这一概念最早是由美国太平洋投资管理公司首席执行官 Paul McCulley 于 2007 年在美国联邦储备委员会（以下简称美联储）会议上提出的，他认为影子银行是非银行投资渠道、工具和结构化产品的组合，具有商业银行的基本功能，但脱离于中央银行的监管，还缺乏存款保险制度的担保。IMF（2008）在全球金融危机爆发后提出了"准（类）银行"概念，普遍认为这与影子银行概念类似（李波和伍戈，2011），该种（类）银行是指以经营资产证券化和抵押中介为主的金融机构，具有商业银行的基本功能，并从事类似商业银行的经营活动。金融稳定理事会（Financial Stability Board, FSB）于 2011 在《全球金融稳定报告》中指出，影子银行是指，在金融监管体系之外，并可能引发系统性金融风险、金融监管套利等一系列问题的，以信用为基础的各种中介活动。整体来看，由于理解视角不同，学术界对影子银行的内涵尚未形成较为统一的定义，但影子银行具有"类银行"投融资的金融功能得到了学者的广泛认同（Zoltan et al., 2010；FSB，2011a；李波和伍戈，2011）。随后，IMF（2014）总结了学术上关于影子银行界定的三个标准。首先，从参与实体看，是指游离于传统金融监管体系之外与银行业务较为类似的金融中介机构，如 Adrian 和 Shin（2009）、Acharya 等（2013）。其次，从实施活动看，是指创新金融活动和金融工具，如 Claessens 和 Ratnovski（2014）、Kocjan 等（2012）。最后，从创新市场看，是指证券化市场或者金融衍生品市场，如 Gorton 等（2012）。

FSB 于 2013 年在《全球影子银行监测报告》中指出，影子银行可能并不存在国际通行口径，要视不同经济体的金融体系和监管体系的具体情况而定。孙国峰和贾君怡（2015）认为，由于各国经济、金融发展程度及结构上的差异，影子银行在不同国家可能有不同的表现形式。例如，美国的影子银行没有传统商业银行的组织架构，而是将传统商业银行的信用中介关系更多以资本市场的中介关系来替代，同时还具有传统商业银行的许多功能（FSB，2011a）。与发达国家相比，由于中国的经济、金融发展特色，其影子银行有其自身的特殊含义。从学术界来看，裘翔和周强龙（2014）研究认为，中国的影子银行与传统商业银行之间存在紧密联系，这是其与国外影子银行的最大差异，而且中国的影子银行除了不能吸收存款外，还可以游离于监管之外向金融市场提供流动性。殷剑锋和王增武（2013）将中国的影子银行界定为在银行资产负债表中没有被纳入信贷统计的信用活动以及非银行金融机构的系列创新业务。姜永盛（2017）将中国的影子银行定义为具备高杠杆、信用转移、期限和流动性转换等特征，并从事信用中介业务，可能会引发系统性金融风险以及监管套利的非银行类业务和机构。从政府层面来看，《国务院办公厅关于加强影子银行监管有关问题的通知》（国办发〔2013〕107 号）将中国影子银行分为三类：一是不持有金融牌照、完全无监管的信用中介机构，包括新型网络金融公司、第三方理财机构等；二是不持有金融牌照、存在监管不足的信用中介机构，包括融资性担保公司、小额贷款公司等；三是机构持有金融牌照，但存在监管不足或规避监管的业务，包括货币市场基金、资产证券化、部分理财业务等。

根据孙国峰和贾君怡（2015）的测算，截至 2014 年 12 月末，中国影子银行规模超过 43 万亿元，其中，银行影子规模达到 28.35 万亿元①，占货币总量的 20.43%。穆迪投资者服务公司发布的《中国影子银行季度监测报告》估算中国的影子银行业的资产价值在 2014 年末达到 45 万亿元，相当于当年 GDP 的 71%。国际清算银行（Bank for International Settlements，BIS）于 2018 年公布的《中国影子银行图谱：结构与动态》显示，截至 2016 年末，按照狭义影子信贷（包含信托贷款、委托贷款、P2P 贷款）计量标准，中国影子信贷规模约占 GDP 的 32%。如果加上对最终借款人的间接影子信贷（即广义影子信贷），截至 2016 年末，中国影子信贷规模约占 GDP 的 55%。

### 3.2.2　影子银行与货币政策传导

由于影子银行具有"类银行"的功能，在一定程度上能替代商业银行的信用中介作用，其发展必然对货币政策传导和调控效果产生影响。早在 1960 年，Gurley 和 Shaw 就分析了非银行类金融机构进行货币创造的可能。Gorton 和 Pennacchi（1990）认为，非银行类金融机构通过对风险资产现金流的分层，能够创造出无风险资产，进而提供与货币相同的流动性。Gorton 和 Metrick（2010）研究认为，影子银行具有类似于传统商业银行的基础派生功能，将会影响货币当局运用货币供应量来调控国民经济的作用效果。Moe（2015）研究发现，影子银行体系会通过金融创新向金融市场提供货币资金，增加市场上的货币流动性，从而有利于实现货币政策目标。由于我国影子银行具有更强的"类银行"特征，银行影子的表现更为突出，银行影子规模占银行创造的信用货币总规模的比例较高（孙国峰和贾君怡，2015），所以，银行影子对货币政策的影响也更加显著。周小川（2011）指出，部分影子银行可能会像商业银行一样具有货币创造的功能，并参与货币乘数的放大过程。李波和伍戈（2011）研究认为，影子银行对传统商业银行具有一定程度的替代效应，将对中央银行的基础货币调控和货币供应量的调控产生一定程度的冲击。周莉萍（2011）认为，影子银行可能会导致货币乘数失去可预测性。裘翔和周强龙（2014）通过 DSGE（dynamic stochastic general equilibrium，动态随机一般均衡）模型模拟发现，影子银行呈现明显的逆周期特征，会削弱货币政策的有效性。王振和曾辉（2014）通过 SVAR 模型实证发现，影子银行对货币供应量等中介目标造成影响，增大了中央银行通过货币政策工具对宏观经济调控的难度，并影响到信贷、利率等货币政策的传导效果。许少强和颜永嘉（2015）通过资产负债表推导了影子银行体系发展

---

① 孙国峰和贾君怡（2015）认为，银行影子是指银行通过创造负债的会计手段创造信用货币的行为，属于影子银行范畴，而非银行金融机构通过货币转移途径扩张信用形成的是传统影子银行。

对不同政策利率传导路径的影响，并通过 VAR（vector autoregressive，向量自回归）模型验证了影子银行体系的发展有助于完善市场化利率的传导机制。

首先是影子银行对货币乘数的影响。货币乘数 $m=(1+c)/(r+c+e)$，其中，$c$ 表示现金比率；$r$ 表示中央银行法定准备金率；$e$ 表示商业银行超额准备金率。由于对影子银行的监管缺失，货币乘数公式中分母 $r$ 较真实值偏小（李向前等，2013），从而使得 $m$ 扩大。与此同时，由于储户将存款以各种形式无形中转移到了影子银行系统，商业银行的存款下降，流动性要求相应较低，由商业银行自身决定的超额准备金率 $e$ 也随之下降。影子银行形成的这些因素均将导致实际货币乘数放大。其次是影子银行对货币政策传导机制的影响。影子银行的作用机制处于中央银行等金融监管体系之外，在这种情况下，影子银行很可能会干扰货币政策，助推或抑制信贷传导，从而影响数量型货币政策的传导效率。同时，有学者研究认为影子银行的利率在我国一般较政策利率高，且能更有效地反映市场资金真实供求状况（李向前等，2013），这可能影响中央银行对政策利率的调整，不利于价格型货币政策的传导。最后是影子银行对整体经济的影响。影子银行游离于金融监管体系之外，容易引发系统性金融风险，对货币政策传导实体经济产生不确定性影响。因为货币政策主要是通过信贷渠道、利率渠道等与金融体系相关的介质来传导宏观经济的，金融稳定程度直接关系到货币政策传导效果。值得注意的是，2018 年 4 月，中国人民银行、中国银行保险监督管理委员会（以下简称银保监会）、中国证券监督管理委员会（以下简称证监会）、国家外汇管理局（以下简称外汇局）五部门联合出台《关于规范金融机构资产管理业务的指导意见》（银发〔2018〕106 号），待各方细则出台后，作为影子银行主要构成的金融机构资产管理业务将受到严格监管，这对于维护金融市场稳定，提升货币政策传导效率具有重要意义。

影子银行既然具有影响货币供给和货币传导的功能，实际上，也就可以通过信用生成机制、抵押品渠道、资产替代渠道、风险传染渠道四个方面对资产价格产生影响（张宝林和潘焕学，2013）。其中，资产替代渠道是指通过发行房地产信托产品等证券化资产吸收大量短期性资金，从而使得家庭部门持有的短期性资产转变为长期性资产，这种资产替代行为会导致房地产泡沫不断膨胀，提升潜在的系统性金融风险爆发的可能性。胡振华和石悦（2017）通过 VAR 模型研究发现，股市对影子银行规模具有正向显著影响，且影子银行的发展又会扩大货币供应量。马亚明等（2018）通过带有随机波动的时变参数向量自回归（time varying parameter-vector autoregression，TVP-VAR）模型实证研究发现，影子银行对房价的影响具有明显时变特征，两者的相关性时正时负。方先明和权威（2018）也通过 TVP-VAR 模型检验了我国影子银行规模变动对金融资产价格的溢出效应，研究发现影子银行规模的增加对房地产价格、股票价格均存在正向显著影响。李锦成（2018）通过小波相关分析发现，影子银行规模变动与股票市场在中短期内存在显著相关性。

# 3.3　货币政策调控与资产价格波动

## 3.3.1　货币政策对资产价格波动的关注

货币政策变化会直接影响股票价格、房地产价格等资产价格，进而影响企业投资和实体经济，但是货币政策是否应该主动关注资产价格却一直在学术界和实务界存在争论，主要原因是资产价格波动的产生既有经济基本面因素，也有非基本面因素，要识别和标定造成资产价格波动的深层次原因是来自经济基本面还是非基本面是比较困难的[①]。在美联储，格林斯潘时代的理念是货币政策不需要刺破资产价格泡沫，而当资产价格泡沫破灭后影响了实体经济时，货币政策才应该介入（Greenspan，2002）。Bernanke 和 Gertler（1999）则认为，货币政策是否应对资产价格波动做出反应，取决于这种资产价格波动是否给宏观经济造成通货膨胀或通货紧缩的压力。中央银行应视价格稳定和金融稳定为高度互补和相互协调的目标[②]，但金融稳定并不等于金融资产价格的稳定。

尽管货币政策是否应关注资产价格的争论一直持续，但是资产价格对实体经济的冲击却由来已久。20 世纪 30 年代初美国股市持续暴跌导致全球主要经济体进入"大萧条"，20 世纪 80 年代末至 90 年代初日本"房地产价格泡沫"破灭造成了其"衰退的十年"，2007 年以来因美国房地产价格连续下跌引发的次贷危机还造成了第二次世界大战以来最严重的国际金融危机。股票价格主要通过托宾 $Q$ 效应影响企业投资行为。IMF 的一项研究表明，20 世纪 90 年代中后期美国的经济持续增长中，股票价格变化对投资的影响非常显著，托宾 $Q$ 值从 1992 年到 1998 年上升了 75%，为第二次世界大战之后的最高水平（Edison and Slok，2001）。20 世纪 90 年代，受信息技术等"新经济"因素影响，以美国为代表的西方国家股市大幅上涨，也相应在一定程度上对企业的投资及经济增长产生了影

---

① 除了以上原因，欧洲中央银行 Trichet（2002）研究认为，还有两个原因使得中央银行不适合将资产价格纳入货币政策决策范围：一是资产价格与商品和服务的价格的性质是完全不同的，其包含的信息也不尽相同；二是资产价格的波动远远大于一般商品和服务价格的波动，势必会对中央银行的监控带来不便。

② 2017 年 12 月周小川在"紫光阁微平台"刊登文章《牢记使命担当，建设现代金融体系》，指出我国中央银行要坚持把维持物价稳定和防控系统性金融风险作为金融宏观调控的核心目标。

响（表 3.1）。

**表 3.1　20 世纪 90 年代西方国家投资、收入和股市市值增长情况**

| 国家 | GDP | 投资 | 整个股市市值 | 新经济类股票市值 | 传统经济类股票市值 |
|---|---|---|---|---|---|
| 加拿大 | 30.6% | 52.7% | 146.5% | 223.8% | 116.0% |
| 法国 | 19.1% | 15.5% | 194.5% | 296.3% | 177.7% |
| 德国 | 14.8% | 15.6% | 131.7% | 329.1% | 110.7% |
| 荷兰 | 33.4% | 36.1% | 175.7% | 269.9% | 165.7% |
| 英国 | 24.5% | 58.7% | 125.6% | 206.7% | 106.7% |
| 美国 | 38.9% | 97.9% | 159.7% | 233.7% | 131.2% |

注：表格转引自郭田勇于 2016 年 10 月发表在《金融研究》上的论文《资产价格、通货膨胀与中国货币政策体系的完善》

　　由于资产价格对企业投资和实体经济冲击的影响日益重要，各国包括中央银行在内的宏观调控部门都对其保持高度关注。美联储前主席格林斯潘在 1996 年的一次公开演讲中首次提出"非理性繁荣"概念，引发了一场资产价格与货币政策关系的争论，而且持续至今。全球金融危机后，世界经济周期和通货膨胀机理出现了很多新变化。例如，以石油为代表的大宗商品价格在 2008 年金融危机后出现暴跌，同时股票市场价格也出现暴跌，而之前两者更多呈现相反的价格走势。当前，将资产价格纳入广义物价指数[①]视野，开始得到一些理论和决策界的认同。世界银行前首席经济学家林毅夫认为，中央银行在制定货币政策时应该关注资产价格，竭力避免资产价格泡沫引发的金融危机（张晓慧，2009）。全球金融危机后，国际清算银行和美、日、欧等发达国家和地区的中央银行也重新检讨货币政策应关注何种口径的消费物价指数。

　　目前，我国货币政策决策层正在实践中逐步探讨和研究如何考虑资产价格因素。在全球金融危机前，这种考虑可能还不多。例如，周小川认为，应该关注资产价格的变化，但是通过中国统计数据发现货币政策和资产价格变化之间并没有非常直接的联系和作用，中间可能有很多复杂的因素在起作用[②]。随着全球金融危机爆发，资产价格成为引发金融风险进而影响经济增长的重要因素，我国中央

---

　　① Fisher（1911）首先提出，政策制定者应致力于稳定包括资产价格及生产、消费和服务价格在内的广义价格指数。随后，Alchian 和 Klein（1973）提出了不同时点生活费用指数（cost of living index，CLI），把资产价格的变动包含在物价指数中，他们认为常规的物价指数不能反映现实的通货膨胀水平，因为消费者不仅关心当前的物价水平，而且关心未来的物价变动情况，并提出了包含一般商品物价和资产价格的广义物价指数的测算方法。

　　② 中国人民银行前行长周小川在 2008 年《财经》年会"2008：预测与战略"上的发言。

银行对其关注度明显提升。中国人民银行行长助理、货币政策司前司长张晓慧（2009）认为，将资产价格纳入传统物价指数面临实际困难，但是将资产价格纳入货币政策合理的关注范围，有助于提高货币政策的前瞻性和有效性。中国人民银行货币政策司前司长李波在中国金融四十人论坛（China finance 40 forum，CF40）课题报告《宏观审慎政策框架与金融监管体制改革》中指出，国际金融危机后，各国中央银行的货币政策也开始重视防范金融稳定，即使传统研究认为中央银行不需要关注资产价格，但发生的众多现实事例告诉我们，资产价格的大幅波动不仅会对物价水平产生显著影响，也会显著冲击金融稳定。这一系列观点在某种程度上似乎表明我国中央银行正在尝试探索资产价格对物价衡量的影响，寻求货币政策关注资产价格的角度。

### 3.3.2　货币政策特点与资产价格冲击

根据货币主义理论观点，货币政策具有外生性，中央银行会通过货币政策主动去熨平经济周期的波动。例如，根据 $MV=Py$ 的恒等式，货币主义在货币流通速度 $V$ 不变、真实产出 $y$ 长期内不受 $M$ 变动影响的前提下，得出货币量 $M$ 决定价格 $P$ 或名义收入 $Py$ 的结论。凯恩斯主义则认为政府行为不会影响货币发行的独立性（表现为建立 LM 曲线论述中认为货币供给是常量），但又通过建立IS-LM 模型强调了货币政策与国民收入的重要关系，即认为货币既有外生性又有内生性。经济系统具有高度复杂性和可变性，但即使从内生性出发，也可以认为货币政策可以影响短期的资产价格和产出波动。例如，虽然货币政策长期内无法影响产出，但货币政策须应对短期产出波动，这正是货币政策进行主动调控的意义所在，货币政策的变动是货币当局对经济金融形势综合分析判断后的决策结果。许多资产价格冲击都与货币冲击保持了一定的相关性。例如，在股票价格冲击方面，2000 年左右美国科技泡沫破灭，直接诱因就是科技公司股票价格的大幅下跌，此后，美联储实施了长达 6 年的宽松货币政策。20 世纪 90 年代以来日本一直沿用的"零利率"量化宽松政策，实际上起源于 1990 年前后日本股票和房地产市场的价格泡沫破灭。又如，在房地产价格冲击方面，美国次贷危机正是由房地产价格冲击直接引发的，从而导致了冲击全球金融体系的国际金融危机，引发各国中央银行联手注入大量流动性货币政策。再如，在大宗商品价格冲击方面，Bernanke 等（1997）认为，正是 20 世纪 70 年代石油危机导致了美联储对高通货膨胀的内生冲击，产出和就业下降的大部分原因在于利率的提高，所以，石油危机冲击最终可以演变为货币政策冲击。

基于货币政策冲击的外生性、内生性和综合性，本书认为，货币冲击在一定程度上代表了包括各种外在因素在内的宏观经济环境对资产价格和微观主体的影响。例如，2015 年中期和 2016 年初期，我国股票市场出现了两次快速下跌。第一次是 2015 年 6 月中旬以后股市大幅下挫，为防止爆发系统性金融风险，中国人民银行及时采取了降息措施，并提供了流动性支持，同年，6 月和 7 月的 M2 增速分别攀升了 1 个百分点和 1.5 个百分点。第二次是 2016 年 1 月沪深股指再度大幅下跌 25%~30%，中国人民银行为防止市场恐慌，维护市场稳定，再次加大了流动性投放，也在一定程度上使 M2 增速有所上升。与发达经济体相比，虽然我国货币政策的资产价格传导机制尚未完全畅通，特别是股票价格的信号作用还有待进一步发挥，但是随着社会主义市场经济体制的不断完善，市场主体的决策能力和对宏观环境敏感性的增强，货币政策对资产价格的微观效应将日益显著。

## 3.4　企业资产负债表结构与融资能力

### 3.4.1　影响企业资产负债表结构的内部因素

企业资产负债表结构反映了企业的财务状况和未来融资能力。在企业财务理论中，影响企业资产负债表结构的因素有很多，其主要理论源于 Modigliani 和 Miller（1958）提出的完美市场下的资本结构与企业价值无关性定理（即 MM 定理）。但是 MM 定理实际上只具有理论价值，后续的研究纷纷放宽 MM 定理中的假设条件，试图从信息不对称、委托-代理理论等多种理论角度来研究影响企业资产负债表结构的内部因素。鉴于本节研究的重点是以货币冲击为代表的宏观经济环境是否会影响企业资产负债表结构，因此考虑了对宏观经济因素较为敏感的一些内部因素。

#### 1. 营利能力

基于税盾效应的理论模型认为，在一定假设条件下，具有高营利能力的企业更容易利用债务合法避税，因而可能会更多举债。但融资优序理论却认为，出于融资成本的考虑，企业会优先选择未分配利润作为投资的资金来源，只有在必要的时候才考虑债券和股票融资，因此，拥有高营利能力的企业通常会选择较少的债务。由于存在信息不对称，企业在为新项目筹集投资资金时，首先会选择内部融资，然后才进行外部融资；而对于外部融资，也应当按照先债务融资后股权融资的顺序。基于代理成本的模型也得出了两种不同的结论：一方面，认为负债是对管理层的一种约束，以保证管理层支付股东应得的利润，而不是过分追求企业规模。对于营利能力较强的企业来说，通过持有较高的负债还可以约束企业管理层的过度投资行为，限制其构筑私人帝国（empire building）和实行裙带资本主义（crony capitalism）的冲动。但另一方面，从债务和股权的最优组合来看，为吸引外部投资者，营利能力较强的企业可以选择一个较低的债务水平来实现其目标。无论从国外还是从我国的实证研究来看，关于营利能力和财务杠杆之间关系的相关研究结论出现了一定分歧，支持正相关和负相关的都有不少文献。

由于营利能力对企业资产负债表结构的影响不同，宏观经济冲击对不同资产负债表结构安排的企业会产生不同的影响。一方面，如果企业的营利能力与财务杠杆正相关，一旦货币紧缩冲击减少企业利润后，会造成企业去杠杆化；另一方面，如果企业的营利能力与财务杠杆负相关，一旦货币紧缩冲击减少企业利润后，会造成企业资产负债表的加杠杆化过程。到底哪种情况更能反映客观事实，实际上取决于企业的规模（大企业短期内不一定就会减少债务融资水平）、行业（高成长性行业可能预期未来仍然会有较高的发展空间）、性质（股东控制性质）、融资能力（企业进入信贷市场或资本市场融资的能力）等其他因素（白鹤祥，2010b）。

### 2. 企业可抵押资产

代理成本理论、权衡理论及信息不对称理论都认为资产构成特别是企业可抵押资产会影响其资本结构的选择。Jensen 和 Meckling（1976）认为股东和债权人之间存在利益冲突，有形资产的抵押担保能在一定程度上降低债务代理成本，从而对资产替代行为[①]有所约束。Williamson（1988）、Harris 和 Raviv（1990）、Gilson（1997）等认为，企业的清算价值越高，财务杠杆就越大。因此，可抵押资产比例应当与财务杠杆水平正相关。代理成本理论也产生了不同的观点，该理论认为企业管理层倾向在职消费，具有较少可抵押资产的企业更易遭受这种代理成本，因为这些企业对资本支出的监督比较困难，企业可以提高债务水平作为监督工具以减缓这个问题，因此，可抵押资产比例与财务杠杆水平负相关。根据信息不对称理论，有形资产较多的企业将面临较少的信息不对称问题，因此应采用股权而不是债务融资。但从国内外的实证文献来看，支持可抵押资产与财务杠杆呈正相关关系的文献占据主流。

考虑宏观经济环境影响，在不利的货币紧缩冲击下，企业可抵押品资产价值将受到资本市场的冲击而明显下降，而且这种下降具有传染效应，这将迫使企业不得不开始去杠杆化过程，企业可抵押品资产价值实际上加剧了企业资产负债表

---

① 资产替代行为：当公司发行债务时，将其投资于风险更高的资产，进而从债权人那里谋取价值（财富从债权人转移到股东手中）。

的动态波动，这也是我们认为存在企业资产负债表效应和金融加速器效应的重要
理论支撑。

### 3. 企业规模

一般来说，财务杠杆同公司规模之间存在正相关关系。一方面，同小型企业
相比，大型企业通常会向债权人提供更多的信息。相对于小型企业，大型企业的
信息披露会更加充分，信息不对称程度较轻，因此它们会更倾向选择股权融资，
从而降低负债比例。因此，大型企业可以更好地解决信息不对称问题。普遍认为
大型企业更加倾向股权融资，这是金融中介理论比较支持的观点，即随着企业规
模的扩大，出现了金融脱媒趋势。但另一方面，大型企业寻求银行贷款或发行债
券时，具有较强的谈判能力和定价能力，从而最大限度地增加债务融资水平，并
降低债务融资成本。此外，大型企业由于稳健的现金流和多元化经营的可能，破
产的概率一般来说小于小型企业，因此，企业的财务杠杆与企业规模呈正相关关
系。事实上，已有的大部分研究都显示负债比例与公司规模呈正相关关系。

考虑宏观经济环境影响，在货币政策紧缩冲击下，基本结论均是大型企业抗
风险能力强，倒闭风险小，外部融资代理成本往往低于小型企业。小型企业由于
面临更多的信息不对称问题，银行会提出更多的财务指标规定及抵押担保要求，
一旦面临外部不利冲击，小型企业容易受这些指标及抵押价值波动的影响。这也
说明，资产负债表的金融加速器效应对于小型企业将表现得更为明显。大型企业
在紧缩货币政策冲击下会动态调节资产负债表结构，以满足企业投资和生产的需
要，而小型企业将更加一致地趋向于去存货化和去杠杆化，缓解不利外部环境的
影响，增加生存概率。

### 4. 企业成长性或者企业行业

一般认为，对于未来的投资，那些具有较高成长性的企业相对会拥有更多期
权，如果需要额外的股权融资才能在未来执行这种期权，那么为避免企业所有权
由股东向债权人转移，有大量债务的高成长性企业可能会放弃股权融资，即执行
期权。同时，对于高成长性企业而言，破产的成本更大，这些企业会更倾向股权
融资。现实中的事实表明，由于缺乏有效的抵押和担保，国内外的许多高新技术
企业都严重依赖于股权融资发展壮大，常用的方式为通过私募基金（private
equity，PE）或者风险投资（venture capital，VC）来实现股权融资。与此相对，
对于缺乏良好投资机会的低成长性企业来说，负债会限制其代理成本，反而期望
通过外部股权融资。综合来看，企业的财务杠杆质量越好，即债权占比越低，其
成长性可能越好；反之，企业的财务杠杆质量越差，其成长性可能越差。

　　行业分析可以从成长性的角度来考虑，不同的行业处于不同的生命周期，或者处于不同的增长阶段。一般来说，垄断性行业增长机会较少，财务杠杆比较高，且长期负债高；竞争性行业，增长机会多，财务杠杆低，且短期债务较多，长期债务较少。但 Ross（1977）通过建立企业经营者的报酬激励信号模型认为，给定投资水平，负债率能充当有关企业收益分布的私人信息的一个信号。破产概率与企业质量正相关，所以越是企业发展前景较好的企业，其债务融资水平越高，反之亦反。争论的关键是，高成长性企业是否都具有股权融资偏好性，如果有些不具有，则这些企业更符合 Ross（1977）的模型结论。考虑宏观经济环境的冲击，高成长性或竞争性行业的企业一般在货币政策紧缩环境下更容易面临融资困境，使得这些企业会减少相关负债，进行去杠杆化。特别是如果 Ross（1977）的模型成立，高成长性的高负债企业必然会主动或被动地减少债务融资，否则其破产清算的可能性将迅速增大。

　　5. 企业所有权和股权分置改革

　　公司的股本结构决定了公司的治理结构，选择有效率的公司治理结构近似于为企业选择一个恰当的企业资产负债表结构。按照 Jensen 和 Meckling（1976）的代理成本理论观点，上市企业的大股东通常有过度投资、做出损害债权人利益的倾向。由于我国上市公司中有很大一部分为国家控股公司，而且股改前存在着2/3 的不可流通的国家股和法人股，因此，这些因素造成的代理成本可能会影响企业融资行为和资产负债表结构。根据谢德仁（1999）的估算，1996 年，我国国有企业平均负债率为 65.1%，这还未包括大量的隐性负债。由于国有企业长期存在的负债软约束问题，冯根福等（2000）认为，公司的决策如果更多地反映了国家股股东的意愿，则其负债比率较高，而法人股控股的企业将更偏好股权融资。

　　在股权分置改革之前，我国上市企业普遍存在股权二元结构，即存在流通股和非流通股两类股权。由于流动性的差异，非流通股的资本成本高于流通股的资本成本，这会影响上市企业的再融资行为。冯根福等（2000）认为，流通股占比大的企业更加偏好股权融资。刘力和王汀汀（2003）指出我国上市企业偏好通过定增进行融资的原因是，我国流通股和非流通股的分置导致实质上的同股不同价，非流通股股东可以获得流通股股东具有的额外流动性价值。总体来看，股权分置很大程度上造成了一些上市企业的"圈钱"行为，而不需要支付红利，也不需要受股东和资本市场的约束。然而，这些资金可能并没有用于投资实体项目，这正是股权分置改革想解决的问题之一。

　　在紧缩性货币政策冲击下，我国国有企业的财务去杠杆化程度一般来说小于非国有企业，除了国有上市企业存在对股权融资的显著偏好这一原因以外，国有企业与国有大型银行的对等和匹配的信贷关系也是重要因素之一，很多国有企业因"大而不倒"，导致保持高负债率的能力较强，而面对不同时期同样宽松的货币环境，国有企业有着不同的表现。例如，1998~2002 年防止通货紧缩期间，由于国有企业较高的资产负债率，商业银行自身在改革前也存在不少问题，惜贷现象较为突出；在 2008 年下半年以来的适度宽松货币政策冲击下，国有企业参与了大量的投资项目，加杠杆化趋势明显。

### 3.4.2　我国的企业资产负债表结构变化及融资特征

20 世纪 90 年代以来，我国企业负债率总体呈现下降趋势，企业总体经营状况有所好转。1993 年《中国人民银行统计季报》公布的工业景气调查结果显示，5 000 户工业企业截至 1993 年末的资产负债率已超过65%。随着我国股票等直接融资市场的发展壮大，企业自身的资本结构逐渐优化，债务占比逐年下降，整体营运能力和营利能力均大大好转。截至 2007 年末，工业企业资产负债比率为57.55%，实现利润 27 155 万亿元，为历年来最高值，同比增长 39.2%。不过，因 2008 年以来的国际金融危机冲击，我国企业财务状况有所恶化。2008 年我国工业企业资产负债率接近 60%，比 2007 年上升了 1.7 个百分点，工业企业利润同比下降 11.4%。随着经济触底波动反弹，我国工业企业经营状况开始好转，截至 2016 年底，工业企业资产负债率为 55.8%，实现利润 58 803.2 万亿元，同比增长 8.5%。

由于中国人民银行颁布的《贷款通则》和中国银行业监督管理委员会（以下简称银监会）颁布的《固定资产贷款管理暂行办法》的规定，一般来说，资产负债率低的企业容易从银行获得贷款。2002 年中国人民银行对重庆的典型调查表明，68 家各种类型企业未能获得贷款的 7 项原因中，过高的负债率居第 1 位，占 22.1%（谢平和焦谨璞，2002）。中国人民银行 2004 年第三季度《中国货币政策执行报告》显示，较高的资产负债率是造成借款申请人借款愿望未被满足的重要原因。这些事实表明，我国企业资产负债表与融资能力必然存在着某种联系。在全球金融危机后，这种正常的联系似乎有所变化，主要是由于全球主要中央银行统一实施宽松的货币政策刺激经济增长。例如，2006~2015 年，我国 M2 年均增加 10.9 万亿元，增长 16.8%；信贷年均投放 7.9 万亿元，增长 17.3%。较为宽松的货币政策在一定程度上不可避免造成大量资金流向资产负债率高的产能过剩企业，又进一步抬高了企业的资产负债率，与此同时，融资状况的变化会进一步影响企业投资能力。王志刚（2015）对山西省的调查显示，2006~2015 年，山西省规模以上工业企业负债率由 66.7%攀升至 73%，同时，山西省投资/GDP 比率由 2006 年的 46.8%持续上升至 2014 年的 96.8%。

## 3.5　金融危机后的货币政策变化与宏观审慎管理

### 3.5.1　非常规货币政策的兴起

在全球金融危机爆发前，发达国家在实际操作中主要是以传统及修正的货币政策、利率规则等为基础理论的货币政策框架体系。中央银行的相关操作思路是，先判断产出缺口、通胀缺口等变动情况，再通过利率规则来决策政策利率的变化大小和变化方向。这种货币政策框架体系从 20 世纪 90 年代初以来在理论和实践上均取得了较大成功，尤其是美国经济学家泰勒在 1993 年提出的利率规则，为利率成为货币政策中介目标奠定了理论基础。然而，发达经济体采用的这种货币政策框架体系在全球金融危机爆发后纷纷失灵。此次失灵也引发了经济学家和中央银行官员对传统货币政策的反思，为解决面临的实际经济问题，逐渐促成了非常规货币政策的兴起。

金融危机爆发后，各主要经济体先是使用传统宽松货币政策工具来实现经济复苏，但"流动性陷阱"的存在使得传统货币政策工具在极致使用后无法再发挥效力。随后，各主要经济体开始结合自身经济状况，通过创新众多非常规货币政策工具来对宏观经济进行调控。各主要经济体主要是在传统货币政策总量工具的基础上进行结构性调整来为企业和家庭部门提供流动性支持。在此过程中，欧洲中央银行创新了资产担保债券购买计划（covered bond purchase program，CBPP）、直接货币交易（outright monetary transactions，OMT）等非常规货币政策工具，美联储创新了定期拍卖工具（term auction facility，TAF）、短期证券融资工具（term securities lending facility，TSLF）等非常规货币政策工具等。此外，QE、量化质化宽松（quantitative and qualitative monetary easing，QQE）、前瞻性指引、负利率都成为危机后创新或改良的主要非常规货币政策。

QE 是中央银行在面临"零利率下限"困境时，通过买入国债等中长期债券，增加基础货币供给，向市场注入大量流动性资金的操作方式。一方面，QE 通过扩张中央银行的资产负债表，向市场提供大量流动性资金，有助于金融机构获得注资，进而推动企业和家庭部门获得生产和消费性资金；另一方面，QE 通过购买中长期债券，提高了中长期债券价格，压低了中长期利率，从而有助于缓解实体经济的融资压力，同时，债券价格上涨会产生财富效应，进而影响总需求。

QQE 是 QE 与质化宽松的结合。其中，质化宽松是指中央银行通过买进长期债券同时卖出短期债券，以降低金融市场上的长期资金价格，向市场输送流动性。日本中央银行在 2013 年 4 月 4 日宣布，将推行新的系列 QQE，采取的措施主要包括：将日本公债购买量提高到每年 50 万亿日元，购买更长到期时间的债券而突破之前的三年限制，增加 ETF（exchange traded fund，交易型开放式指数基金）和房地产投资基金购买，两年内把日债和上市交易基金持有量增加一倍，以及结束之前的资产购买计划等，以向市场释放流动性。

前瞻性指引是指中央银行通过引导市场对未来利率的预期，使市场预期向中央银行目标预期靠拢的货币政策工具。从本质上看，前瞻性指引是中央银行沟通的一种方式和手段，也是中央银行管理预期的一种手段。前瞻性指引分开放式指引、时间指引和状态指引三类。开放式指引是指中央银行在与公众进行沟通时，仅对未来政策利率路径提供定性的描述。时间指引是指给出货币政策可能发生变化的时间节点，目前主要是无条件承诺在固定日期前维持货币政策不变。状态指引是指明确指出可能引发货币政策变化的经济状态指标门槛，如目前大多数经济体提出的 2%通胀目标。日本早在 1999 年就率先使用前瞻性指引引导市场预期。金融危机后，日本又决定在实现 2%价格稳定之前，维持零利率（0~0.1%）政策。

负利率是非常规货币政策工具的重要举措之一。负利率政策主要是指名义利率为负，而不是实际利率为负。截至2017年末，全球有6个国家和地区的名义利率为负。金融危机后，瑞典于 2009 年率先将政策利率调至零值以下，随后，丹麦、欧元区、瑞士、日本和匈牙利等 5 个经济体均将名义利率调至负值。负利率将改变金融资产定价，降低资金价格成本，有助于推动信贷资金流向市场，促进投资和消费。欧元区自 2014 年 6 月实施负利率政策以来，截至 2016 年 1 月，信贷增速从−2.32%上升至 0.43%。

从我国实际情况来看，为应对全球金融危机对我国造成的负面冲击，中央银行改良或创新了许多货币政策工具对国民经济进行调控。鉴于我国仍是发展中国家，经济"二元"现象较为突出，其创新的货币政策工具主要针对经济发展转型和产业结构调整升级中的薄弱环节，以实现中长期发展目标，尤其是小微企业和创新型经济的发展，如针对中小微企业等普惠金融的定向降准措施、支农支小再贷款、再贴现等货币政策工具。与此同时，我国中央银行在公开市场操作中创新了一些诸如 SLO（short-term liquidity operations，短期流动性调节）、SLF（standing lending facility，常备借贷便利）、PSL（pledged supplementary lending，抵押补充贷款）、MLF（medium-term lending facility，中期借贷便利）等以结构性调节为主的非常规货币政策工具（表 3.2），覆盖期限范围从短期至中长期，有助于中央银行根据市场资金供需状况，及时在公开市场上进行调节。

表 3.2　危机后中国非常规货币政策工具

| 工具名称 | SLO | SLF | PSL | MLF |
|---|---|---|---|---|
| 实施时间 | 2013 年 1 月 | 2013 年 1 月 | 2014 年 4 月 | 2014 年 9 月 |
| 操作方式 | 超短期的逆回购，由中央银行主动发起 | 由金融机构主动发起，向中央银行提供高质量抵押品以获得贷款 | 中央银行以抵押方式向商业银行发放中长期贷款，引导银行中长期利率，使利率低于再贷款 | 与 SLF 操作手段类似，期限稍长 |
| 期限 | 7 天 | 1~3 个月 | 3 年以上 | 3 个月 |

### 3.5.2　宏观审慎管理的重视

金融危机爆发后，由于微观审慎监管暴露出的顺周期性和对"合成谬误"（fallacy of composition）的忽略，宏观审慎管理理念得到空前重视，并逐渐形成微观审慎监管与宏观审慎管理同时并行的监管趋势。微观审慎监管的逻辑是只要保证每个金融机构的稳健发展，就足以保证整个金融系统的稳定性，但这种监管理念不能解决金融机构关联度、资产抛售行为和经营战略雷同等产生的负外部性。2008 年的全球金融危机将微观审慎监管的缺陷暴露无遗，并引发全球反思，宏观审慎管理得到空前重视。宏观审慎管理是运用贷款价值比（loan to value，LTV）、逆周期资本充足率等宏观审慎工具对系统性金融风险进行防范。特别是当外部冲击爆发时，宏观审慎管理下的金融体系本身能阻止冲击在金融体系内部扩散和放大。

金融危机后，美国、欧盟、英国等主要发达经济体纷纷重新审视了之前的金融监管漏洞，构建了宏观审慎管理体系。2010 年 6 月，美国通过《2010 年华尔街改革和消费者保护法案》（又称《多德－弗兰克法案》），该法案对美国金融监管机构进行了大力改革，将原本分散的多头监管模式改革为以美联储为主的审慎监管机构和金融消费者权利保护机构。2009 年 6 月，欧盟通过了《欧盟金融监管体系改革》方案，决定建立欧洲系统性风险委员会，以统一增强应对欧盟系统性金融风险的宏观审慎监管能力。2013 年 4 月 1 日，英国正式实施《金融服务法案》，撤销金融服务管理局（Financial Service Authority，FSA），确立英格兰银行负责宏观审慎管理职责，这极大地加强了英格兰银行对金融业的监管能力。

我国宏观审慎管理体系构建正在加快步伐。2012 年，我国公布的《金融业发展和改革"十二五"规划》中，明确提出，进一步构建和完善逆周期的宏观审慎政策框架。2015 年，国家"十三五"规划纲要提出，加强金融宏观审慎管理制度建设。2016 年，中国人民银行第四季度《中国货币政策执行报告》首次提出"货币政策+宏观审慎政策"双支柱政策框架。2017 年，习近平总书记在十九大报告中提出要"健全货币政策和宏观审慎政策双支柱调控框架"。当前，鉴于

银行体系在我国金融体系中的主导性地位和间接融资市场的绝对占比，我国监管
机构主要从时间维度和截面维度两方面对银行业金融体系采取了相关宏观审慎政
策措施（表 3.3），以降低我国整体系统性金融风险，维护金融和宏观经济稳
定。时间维度主要是实施逆周期资本监管，解决金融体系的"顺周期"问题，防
止金融系统风险与经济系统风险相互传递；截面维度主要控制"尾部风险"，通
过实施跨市场、跨机构、跨部门的系统性风险监管和预警，将整个金融系统的风
险损失控制在小概率范围。

**表 3.3　我国宏观审慎政策工具**

| 类别 | 工具 | 实施机构 | 政策目标 |
|---|---|---|---|
| 应对时间维度风险 | 个人住房贷款价值比要求 | 中国人民银行、银保监会 | 房地产价格、房地产相关资产业务 |
| | MPA 机制 | 中国人民银行 | 资本充足率、经济指标等 |
| | 差别动态准备金调节机制 | 中国人民银行 | 信贷增长、资产价格 |
| | 动态拨备要求 | 银保监会、中国人民银行、财政部 | 缓解顺周期经营行为，提高损失吸收能力、信贷增长 |
| | 逆周期资本监管 | 银保监会、中国人民银行 | 缓解顺周期经营行为，提高损失吸收能力、信贷增长（辅助目标） |
| | 杠杆率要求 | 银保监会 | 缓解顺周期经营行为 |
| | 特定资产组合资本要求调整 | 银保监会 | 对特定资产组合的增长进行微调 |
| | 跨周期的风险加权资产计量方法 | 银保监会 | 缓解资本计量的顺周期性 |
| | 存款保险制度 | 中国人民银行 | 缓解顺周期经营行为 |
| 应对截面维度风险 | 加强对系统重要性金融机构的监管 | 中国人民银行、银保监会 | 降低系统重要性金融机构经营失败对金融体系的冲击 |
| | 流动性风险管理 | 中国人民银行、银保监会 | 宏观层面的流动性风险 |
| | 限制同业之间的交易 | 中国人民银行、银保监会 | 降低金融机构之间的传染性 |
| | 风险隔离 | 中国人民银行、银保监会 | 降低中间业务、高风险业务对传统业务的传染性 |
| | 早期预警系统 | 中国人民银行、银保监会 | 提前防范风险 |
| | 金融监管协调部际联席会议制度 | 中国人民银行、银保监会、证监会、外汇局 | 协调货币政策与金融监管政策，降低跨市场金融系统创新风险 |
| | 国务院金融稳定发展委员会 | 中国人民银行、银保监会、证监会、国家发展和改革委员会、财政部等 | 加强金融监管协调、补齐监管短板，维护金融安全 |

目前，我国中央银行作为国务院金融稳定发展委员会的秘书处单位，实际上
履行了全国宏观审慎管理的主要职责，正在逐步探索对金融机构进行 MPA 管
理。从宏观审慎政策工具来看，包括中央银行、银保监会、证监会等金融管理部
门均出台了一系列宏观审慎政策工具从时间维度和跨部门维度来稳定金融风险，
不同于主要经济体单一性宏观审慎管理组织机构框架体系，我国采取的是多元监

管协调合作的方式，特别是中央银行与银保监会、证监会等金融管理部门的协作力度较大。尽管如此，我国宏观审慎管理的效果依然不明显，特别是地方层面的金融监管协调机制并没有有效发挥作用，导致金融体系内部或跨市场、跨部门的金融系统性风险时有集聚。同时，社会融资规模统计范围依然停留在传统的融资结构中，一些跨行业的金融创新融资、"表表外"业务等大规模游离在统计监测之外，对未来系统性金融风险的潜在冲击不容忽视。

# 3.6　本章小结

首先，本章结合我国实际情况，分析了影子银行对货币政策传导机制的影响，认为影子银行在我国相对发达经济体中具有更强的"类银行"特征，会更加影响到货币政策的传导机制；其次，回顾了国内外中央银行货币政策对资产价格的关注态度，并结合货币政策的外生性、内生性和综合性特点，分析了货币政策对资产价格的传导影响，认为货币政策冲击在一定程度上代表了包括各种外在因素在内的宏观经济环境对资产价格和微观主体的影响；再次，梳理了影响企业资产负债表结构的主要因素，并结合我国实际数据，阐述了我国的企业资产负债表结构变化及融资特征，指出企业规模、企业类型、企业资产负债率等因素会影响融资能力，融资能力又进一步影响投资能力；最后，鉴于全球金融危机后经济金融形势的变化，梳理了国际及我国金融体系改革中货币政策的变化，分析了宏观审慎管理的重要性，指出"货币政策+宏观审慎政策"双支柱框架在未来经济金融发展中扮演的角色。

# 第4章 货币政策与资产价格之间的相互影响研究

　　房地产价格和股票价格是我国当前最主要的两种资产价格。自 1998 年我国实施住房分配制度改革以来，房地产投资已经成为我国当前经济增长的重要推动力。另外，我国股票市场经历近 30 年的发展，股票价格的信号作用逐步提升，股票价格的大幅波动是影响经济金融稳定的重要因素之一。因此，以房地产价格和股票价格为代表的主要资产价格波动已成为我国经济社会日益关注的焦点。本章将研究货币政策与资产价格之间的相互关系。首先，根据经验数据分别梳理货币政策变化与房地产价格和股票价格波动的历史关系；其次，通过建立省际动态面板数据模型和静态面板数据模型对比分析货币政策分别与房地产价格和股票价格之间的相互作用；最后，通过拟合全国数据，进一步整体实证研究货币政策分别与房地产价格和股票价格的相互作用。本章对货币政策与资产价格的相互作用进行研究，是因为：一方面，货币政策是否影响资产价格是关系全书"货币政策—资产价格—企业投资行为"传导路径是否成立的第一步；另一方面，资产价格在经济中的作用越来越重要，在某种程度上也会影响中央银行货币政策决策。

## 4.1　引　　言

　　在传统货币政策框架中，主要经济体的中央银行均把价格稳定主要解释为消费物价稳定①，而对资产价格关注不够②。然而，20 世纪 90 年代日本房价"泡沫"的破灭和 2007 年美国次贷危机的爆发均表明资产价格的过快上涨是诱导金融危机甚至经济危机爆发的重要原因。近年来，各国通货膨胀主要表现为结构性上涨，即初级产品和资产的价格上涨较快，而一般商品的价格上涨较慢，使得消费物价指数不能及时反映经济的周期变化（盛松成，2011）。同时，很多资产价格，特别是住宅价格的大幅变化，本身就意味着货币币值的改变（张晓慧，2009）。因此，资产价格波动应该成为中央银行货币政策决策中关注的重要因素。

货币政策对资产价格的传导机制一般分为两个环节，第一个环节是从货币政策传导到资产价格，第二个环节是从资产价格传导到实体经济（韩鑫韬和刘星，2016）。自 Modigliani 和 Ando（1963）的消费生命周期理论与 Tobin（1969）的投资 $Q$ 理论诞生，资产价格对实体经济的影响开始备受关注，后来又发展到金融加速器效应（Bernanke and Gertler，1989）、资产定价模型理论（Gerlach and Smets，2000；Smets，1997）等。但在实践中，货币政策能否盯住资产价格，如果要盯住，又如何去应对，一直是学术界和实务界争论的焦点。在诸多争论中，最有影响的是 Bernanke 和 Gertler（2001）的相关观点，他们认为只要资产价格波动不影响通货膨胀，货币政策就不需要对其做出反应，货币政策只需关注通胀目标就能更好地实现物价和产出稳定，如果直接针对资产价格波动，可能会导致更大的经济波动。与之相反的是，一些学者认为，资产价格是核心通胀率的先行指标，货币当局在进行政策调控时也应当将资产价格纳入考虑（Cecchetti et al.，2000；Hordahl and Packer，2006），并且中央银行也应当考虑资产价格对金融系统稳定性所产生的系列后果，不能仅强调货币稳定（Bean，2007）。

在这种悬而未决的争论下，尽管各国中央银行对外公布的货币政策调控目标中基本不明确涉及资产价格，学者们仍然从经验数据中寻找到了货币政策针对资产价格调整的证据。Rigobon 和 Sack（2003）发现，当美国标准普尔 500 指数每提高 5%时，美联储提高利率 25 个基点的概率会增加 1.5 倍。Finocchiaro 和 Heideken（2013）通过动态随机一般均衡模型发现，美国、英国和日本三国的利率政策都会受到房地产价格的冲击。在国内，王云清等（2013）在两部门的 DSGE 模型框架下研究了我国房地产市场波动问题。结果表明，货币政策是我国房价波动的重要原因，货币政策冲击能够解释我国房价波动约 60%。徐妍等

---

① 在发达经济体中，美联储的货币政策目标是"充分就业和物价稳定"，日本中央银行的货币政策目标是保持"中长期物价稳定"，欧洲中央银行的货币政策目标是维护"欧元区的物价稳定"。在新兴经济体中，印度中央银行的货币政策目标是"保持物价稳定"，巴西中央银行的货币政策采用"通货膨胀目标制"。

② 虽然各国中央银行都希望更多地关注资产价格波动，但由于技术因素，CPI 难以与资产价格合为一体，各国的"物价稳定"实际是用 CPI 来反映，因此，至今还没有一个国家的中央银行把资产价格作为货币政策的目标。

（2015）通过构建包含房地产价格和货币政策的 DSGE 模型，研究发现房地产价格影响了我国中央银行基准利率和货币供应量的确定。韩鑫韬和刘星（2016）通过分类流向房地产市场和股票市场的货币实证发现，货币政策与房地产价格存在较强的正向反馈作用，而与股票价格之间的相互作用较弱。总体来看，以上研究主要从宏观数据和宏观主体层面开展，忽视了货币政策和资产价格具有的区域效应，且大多实证研究采用了代表虚拟资产的股票价格，而忽视了代表实物资产的房地产价格，由于两种资产价格的性质不同，其研究结论可能对中央银行货币政策决策缺乏实际操作层面上的意义。

基于此，本章主要结合我国实情，研究了货币政策分别与房地产价格和股票价格之间的相互关系。本章的贡献主要在以下几点：①基于我国的现实数据分析了货币政策分别与房地产价格和股票价格之间的相互关系和作用路径；②通过建立动态和静态省际面板计量模型对比分析货币政策与两种资产价格之间的相互关系；③通过拟合缺失的全国房地产价格指数，从全国整体数据来验证货币政策与房地产价格之间的相互关系。

## 4.2  我国货币政策与资产价格之间的相互效应：经验与事实

股票价格与房地产价格是我国最主要的两种资产价格，但是股票与房地产的流动性、安全性以及其与宏观经济的关联性等不同，导致两种资产价格可能与货币政策之间存在一些不同的相互关系和影响机制。接下来，本章基于我国的现实数据，分别梳理货币政策传导股票价格和房地产价格的效应机制。

### 4.2.1  股票市场

利率和货币供应量是我国中央银行货币政策的两大基础工具。利率和货币供应量能否影响股票价格是中央银行货币政策能否通过资产价格影响企业投资行为的一个前提条件。从利率走势来看，我国股票价格指数走势与银行间同业拆借 7 日加权平均利率的走势较为相反，即上证综合指数较高时，利率处于相对较低水平，上证综合指数较低时，利率处于相对较高水平，但均没有明显的周期性波动趋势，银行间同业拆借 7 日加权平均利率波动更为频繁，银行间同业拆借 7 日加权平均利率走势基本领先股票价格指数走势 3~4 个季度（图 4.1）。

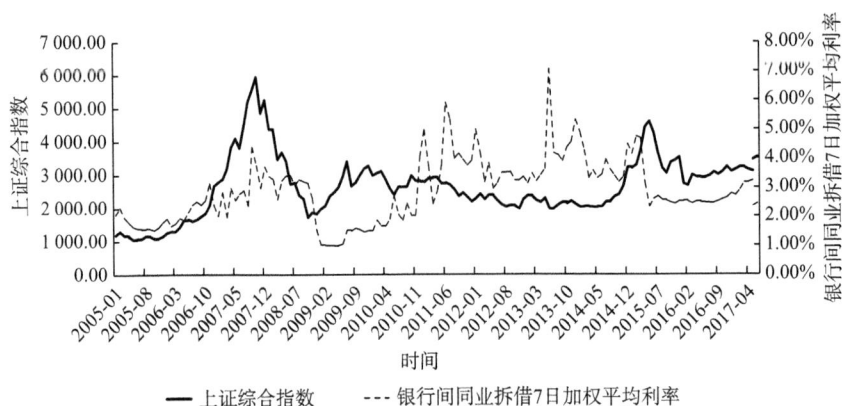

图 4.1　上证综合指数与银行间同业拆借 7 日加权平均利率
资料来源：Wind 数据库

　　从货币供应量来看，2009 年以来，我国上证综合指数走势与 M2 和 M1 同比增速整体波动趋势较为一致（图 4.2），M2 和 M1 同比增速提升时，上证综合指数上涨，M2 和 M1 同比增速下滑时，上证综合指数下降，其中，M1 同比增速波动与上证综合指数波动更为接近。值得注意的是，2016 年 2 月至 2017 年 6 月，M2 同比增速呈下滑趋势，但是上证综合指数反而出现小幅波动上行，尤其是 M1 在 2016 年 9 月和 2017 年 4 月分别出现大幅下滑的情况下，上证综合指数出现小幅下降后又迅速回升。

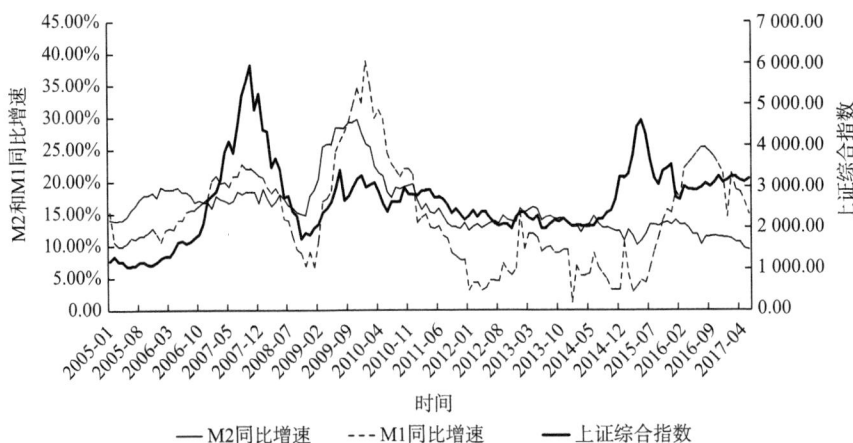

图 4.2　上证综合指数与 M2 和 M1 同比增速
资料来源：Wind 数据库

　　接着利用 2005 年股市全流通改革以来，中央银行历次货币政策操作以及操

作次日股市涨跌的数据[①]，初步分析我国货币政策传导至股票市场的效率（表4.1
和表4.2）。通过表4.1和表4.2可以看出，从2005年1月至2017年6月，中央
银行共进行存款准备金率调整43次（上调30次，下调13次），存贷款利率调整
26次（上调13次，下调13次）[②]，然而股市表现却不尽如人意。如果以紧缩性
货币政策对应股票价格下跌，扩张性货币政策对应股票价格上涨为标准，中央银
行的69次政策操作中仅有25次符合这一标准，占比36.23%。虽然影响股票价格
的因素复杂多样，而存款准备金和利率仅仅是其中两个因素，但可以初步判断我
国股市对中央银行货币政策信号的反应不是特别灵敏[③]。

**表 4.1　存款准备金率历次调整及上证综合指数表现：2005~2017 年**

| 宣布时间 | 调整幅度（百分点） | 宣布后首个交易日上证综合指数表现 |
|---|---|---|
| 2016 年 2 月 29 日 | −0.50（大型金融机构） | 上涨 1.68% |
| | −0.50（中小金融机构） | |
| 2015 年 10 月 23 日 | −0.50（大型金融机构） | 上涨 0.50% |
| | −0.50（中小金融机构） | |
| 2015 年 8 月 25 日 | −0.50（大型金融机构） | 下跌 1.27% |
| | −0.50（中小金融机构） | |
| 2015 年 6 月 27 日 | −0.50（大型金融机构） | 下跌 3.34% |
| | −0.50（中小金融机构） | |
| 2015 年 4 月 19 日 | −1（大型金融机构） | 下跌 1.64% |
| | −1（中小金融机构） | |
| 2015 年 2 月 4 日 | −0.50（大型金融机构） | 下跌 1.18% |
| | −0.50（中小金融机构） | |
| 2012 年 5 月 12 日 | −0.50（大型金融机构） | 下跌 0.59% |
| | −0.50（中小金融机构） | |
| 2012 年 2 月 18 日 | −0.50（大型金融机构） | 上涨 0.27% |
| | −0.50（中小金融机构） | |

---

　　[①] 本书所指货币政策操作仅包括存款准备金率和存贷款利率调整，相关数据来源于中央银行公告；股指仅
指上证综合指数，相关数据来源于上海证券交易所网站。
　　[②] 2013 年 7 月 20 日，中国人民银行全面放开金融机构贷款利率管制，取消金融机构贷款利率 0.7 倍的浮动
区间下限。2015 年 10 月 23 日，中国人民银行对商业银行和农村合作金融机构等不再设置存款利率浮动上限。我
国已经基本取消利率管制，实现利率市场化。
　　[③] 需要指出的是，这里得出的仅仅是一个直观的、初步的结论。下面我们将采用更加规范的计量经济学方
法，对我国货币政策传导到股票市场的效率进行检验。

续表

| 宣布时间 | 调整幅度（百分点） | 宣布后首个交易日上证综合指数表现 |
|---|---|---|
| 2011 年 11 月 30 日 | −0.50（大型金融机构） | 上涨 2.29% |
| | −0.50（中小金融机构） | |
| 2011 年 6 月 14 日 | 0.50（大型金融机构） | 下跌 0.90% |
| | 0.50（中小金融机构） | |
| 2011 年 5 月 12 日 | 0.50（大型金融机构） | 上涨 0.95% |
| | 0.50（中小金融机构） | |
| 2011 年 4 月 17 日 | 0.50（大型金融机构） | 上涨 0.22% |
| | 0.50（中小金融机构） | |
| 2011 年 3 月 18 日 | 0.50（大型金融机构） | 上涨 0.08% |
| | 0.50（中小金融机构） | |
| 2011 年 2 月 18 日 | 0.50（大型金融机构） | 上涨 1.12% |
| | 0.50（中小金融机构） | |
| 2011 年 1 月 14 日 | 0.50（大型金融机构） | 下跌 3.03% |
| | 0.50（中小金融机构） | |
| 2010 年 12 月 10 日 | 0.50（大型金融机构） | 上涨 2.88% |
| | 0.50（中小金融机构） | |
| 2010 年 11 月 19 日 | 0.50（大型金融机构） | 下跌 0.15% |
| | 0.50（中小金融机构） | |
| 2010 年 11 月 10 日 | 0.50（大型金融机构） | 上涨 1.04% |
| | 0.50（中小金融机构） | |
| 2010 年 5 月 2 日 | 0.50（大型金融机构） | 下跌 1.23% |
| 2010 年 2 月 12 日 | 0.50（大型金融机构） | 下跌 0.49% |
| 2010 年 1 月 12 日 | 0.50（大型金融机构） | 下跌 3.09% |
| 2008 年 12 月 22 日 | −0.50（大型金融机构） | 下跌 4.55% |
| | −0.50（中小金融机构） | |
| 2008 年 11 月 26 日 | −1（大型金融机构） | 上涨 1.05% |
| | −2（中小金融机构） | |
| 2008 年 10 月 8 日 | −0.50 | 下跌 0.84% |
| 2008 年 9 月 15 日 | −1 | 下跌 4.47% |

续表

| 宣布时间 | 调整幅度（百分点） | 宣布后首个交易日上证综合指数表现 |
|---|---|---|
| 2008 年 6 月 7 日 | 1 | 下跌 7.73% |
| 2008 年 5 月 12 日 | 0.50 | 下跌 1.84% |
| 2008 年 4 月 16 日 | 0.50 | 下跌 2.09% |
| 2008 年 3 月 18 日 | 0.50 | 上涨 2.53% |
| 2008 年 1 月 16 日 | 0.50 | 下跌 2.63% |
| 2007 年 12 月 8 日 | 1 | 上涨 1.38% |
| 2007 年 11 月 10 日 | 0.50 | 下跌 2.4% |
| 2007 年 10 月 13 日 | 0.50 | 上涨 2.15% |
| 2007 年 9 月 6 日 | 0.50 | 下跌 2.16% |
| 2007 年 7 月 30 日 | 0.50 | 上涨 0.68% |
| 2007 年 5 月 18 日 | 0.50 | 上涨 1.04% |
| 2007 年 4 月 29 日 | 0.50 | 上涨 2.16% |
| 2007 年 4 月 5 日 | 0.50 | 上涨 0.43% |
| 2007 年 2 月 16 日 | 0.50 | 上涨 1.40% |
| 2007 年 1 月 5 日 | 0.50 | 上涨 0.94% |
| 2006 年 11 月 3 日 | 0.50 | 上涨 1.07% |
| 2006 年 7 月 21 日 | 0.50 | 上涨 0.04% |
| 2006 年 6 月 16 日 | 0.50 | 上涨 0.75% |

注：本表包含的存款准备金率调整仅指中央银行对大中小金融机构统一进行调整的次数，不含针对某一项目定向调整的存款准备金率次数；2005 年和 2017 年没有存款准备金率调整

**表 4.2　存贷款利率历次调整及上证综合指数表现：2005~2017 年**

| 宣布时间 | 调整幅度 | 宣布后首个交易日上证综合指数表现 |
|---|---|---|
| 2015 年 10 月 23 日 | 一年期存、贷款基准利率均下调 0.25% | 上涨 0.50% |
| 2015 年 8 月 25 日 | 一年期存、贷款基准利率均下调 0.25% | 下跌 1.27% |
| 2015 年 6 月 27 日 | 一年期存、贷款基准利率均下调 0.25% | 下跌 3.34% |
| 2015 年 5 月 10 日 | 一年期存、贷款基准利率均下调 0.25% | 上涨 3.04% |
| 2015 年 2 月 28 日 | 一年期存、贷款基准利率均下调 0.25% | 上涨 0.79% |
| 2014 年 11 月 21 日 | 一年期存款基准利率下调 0.25%<br>一年期贷款基准利率下调 0.40% | 上涨 1.85% |
| 2012 年 7 月 5 日 | 一年期存款基准利率下调 0.25%<br>一年期贷款基准利率下调 0.31% | 上涨 1.01% |

续表

| 宣布时间 | 调整幅度 | 宣布后首个交易日上证综合指数表现 |
|---|---|---|
| 2012 年 6 月 7 日 | 一年期存、贷款基准利率均下调 0.25% | 下跌 0.51% |
| 2011 年 7 月 6 日 | 一年期存、贷款基准利率均上调 0.25% | 下跌 0.58% |
| 2011 年 4 月 4 日 | 一年期存、贷款基准利率均上调 0.25% | 上涨 1.14% |
| 2011 年 2 月 8 日 | 一年期存、贷款基准利率均上调 0.25% | 下跌 0.89% |
| 2010 年 10 月 25 日 | 一年期存、贷款基准利率均上调 0.25% | 下跌 1.90% |
| 2010 年 10 月 19 日 | 一年期存、贷款基准利率均上调 0.25% | 上涨 0.07% |
| 2008 年 12 月 22 日 | 一年期存、贷款基准利率均下调 0.27% | 下跌 4.55% |
| 2008 年 11 月 26 日 | 一年期存、贷款基准利率均下调 1.08% | 上涨 1.05% |
| 2008 年 10 月 29 日 | 一年期存、贷款基准利率均下调 0.27% | 上涨 2.55% |
| 2008 年 10 月 8 日 | 一年期存、贷款基准利率均下调 0.27% | 下跌 0.84% |
| 2008 年 9 月 15 日 | 一年期贷款基准利率下调 0.27% | 下跌 4.47% |
| 2007 年 12 月 20 日 | 一年期存款基准利率上调 0.27%<br>一年期贷款基准利率上调 0.18% | 上涨 1.15% |
| 2007 年 9 月 14 日 | 一年期存、贷款基准利率均上调 0.27% | 上涨 2.06% |
| 2007 年 8 月 21 日 | 一年期存款基准利率上调 0.27%<br>一年期贷款基准利率上调 0.18% | 上涨 0.50% |
| 2007 年 7 月 20 日 | 一年期存、贷款基准利率均上调 0.27% | 上涨 3.81% |
| 2007 年 5 月 18 日 | 一年期存款基准利率上调 0.27%<br>一年期贷款基准利率上调 0.18% | 上涨 1.04% |
| 2007 年 3 月 17 日 | 一年期存、贷款基准利率均上调 0.27% | 上涨 2.87% |
| 2006 年 8 月 18 日 | 一年期存、贷款基准利率均上调 0.27% | 上涨 0.20% |
| 2006 年 4 月 27 日 | 一年期贷款基准利率上调 0.27% | 上涨 1.66% |

注：2005 年、2016 年、2017 年均没有基准存、贷款利率调整

　　此外，股票价格与货币政策均存在区域效应。一方面，股票价格存在区域效应。French 和 Poterba（1991）通过对美国、英国、日本、法国和德国五个国家的投资者进行研究发现，大部分投资者会将更多资金用于购买本国资产。Coval 和 Moskowitz（1999）通过对美国基金经理进行研究发现，大部分机构投资者会更多购买企业总部与他们居住位置更加接近的企业的股票。董大勇和肖作平（2011）以我国东方财富网股吧发帖人的 IP 地址计算股票的本地偏好，研究发现，股票论坛中的投资者会以更大的概率参与本地股票信息的交流，信息交流的本地投资者比例越大，股票价格会越高。另一方面，我国货币政策存在区域效应。大多研究发现，货币政策通过股票价格变动的投资效应和财富效应对发达地

区经济造成的影响要大于对欠发达地区经济造成的影响（王丹，2009）。但整体来看，股票价格与货币政策的区域效应是否存在内在联系，或者在考虑彼此之间区域效应的前提下它们相互之间的关系如何仍值得进一步研究。

### 4.2.2　房地产市场

从利率走势来看，我国 70 个大中城市新建住宅价格同比增速与银行间同业拆借 7 日加权平均利率的走势较为一致，均呈周期性波动，周期持续期约为 2~3 年，且从 2009 年以来，银行间同业拆借 7 日加权平均利率走势基本领先房价增速走势 12 个月（图 4.3）。银行间同业拆借 7 日加权平均利率从 2016 年 1 月开始处于上升通道，房价增速从 2017 年 1 月开始处于下降通道。

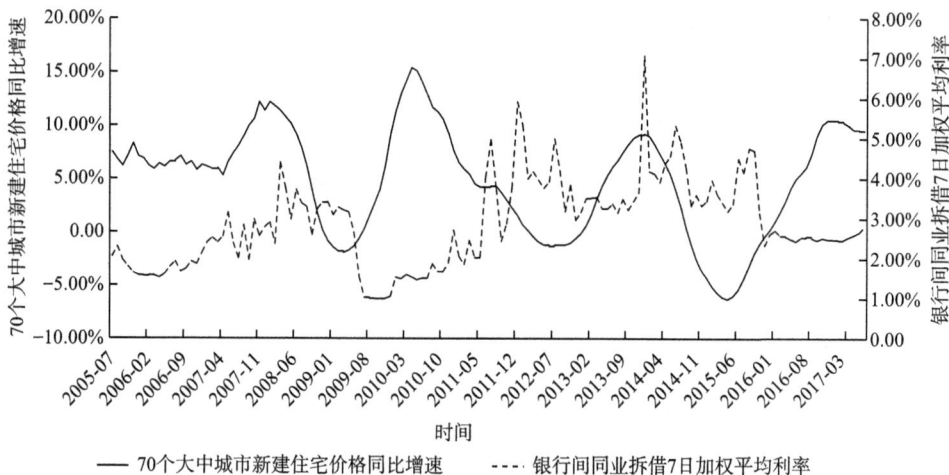

图 4.3　70 个大中城市新建住宅价格同比增速与银行间同业拆借 7 日加权平均利率

资料来源：Wind 数据库

从货币供应量来看，我国 70 个大中城市新建住宅价格同比增速与 M1 同比增速波动趋势非常一致（图 4.4），M1 增速走势基本领先房价增速 1 个季度，且 M1 增速（平均值为 14.76%）几乎一直高于 70 个大中城市新建住宅价格同比增速（平均值为 4.81%）。这反映了房价增速与中央银行中介目标[①]的相关性较强。从 M1 构成看，M1 主要由流通中现金、企业单位活期存款、机关团体部队存款、银行卡项下的个人人民币活期储蓄存款[②]构成，经过细项分解后，发现单

---

① 1996 年中国人民银行将 M1 正式确定为货币政策中介目标，M0 和 M2 是观测目标。

② 中国人民银行在统计银行卡项下的个人人民币活期储蓄存款时，实际上是将其作为居民储蓄存款的一部分，直接统计入 M2 中。

位活期存款同比增速与 70 个大中城市新建住宅价格同比增速的波动趋势较为一致（图 4.5），这可能间接反映了房地产企业收入的居民购房首付款、流动资金等是我国企业单位活期存款的主要来源。

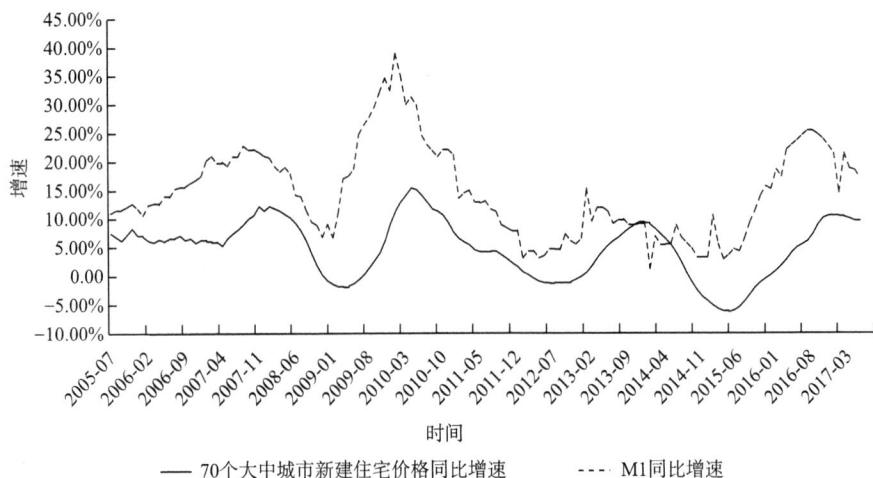

图 4.4　M1 同比增速与 70 个大中城市新建住宅价格同比增速

资料来源：Wind 数据库

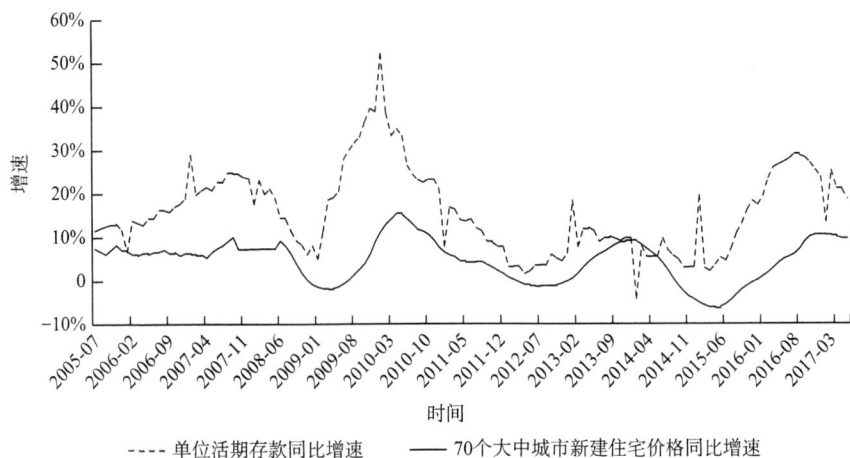

图 4.5　单位活期存款同比增速与 70 个大中城市新建住宅价格同比增速

资料来源：Wind 数据库

最优货币区理论认为货币政策作用于同一货币区产生同等效力的前提是内部经济的同质性，但是我国各地区资源禀赋、居民收入水平、政策优惠等条件的不同使得内部经济具有明显不平衡现象，从而使货币政策作用于房地产价格时会产生省际差异化效应。有学者认为，造成区域差异的主要原因是我国不同地区的经济开放度和金融发展水平不同，进而影响货币政策对不同地区房地产市场的融资、预期等产生不同冲击（冯雷和马谌宸，2016）。

综上所述，无论是价格型货币政策还是数量型货币政策均与股票价格、房地产价格存在一定程度的关联性，特别是货币政策的变化会导致股票价格、房地产价格的波动，但这种波动可能不会即刻反应，而是存在 1~4 个季度的滞后，这种滞后反应，也为我们观察资产价格变化提供了较为充足的空间和时间。从变化趋势看，M1 与房地产价格和股票价格之间的关系更加显著，且房地产价格对货币政策的反应灵敏性强于股票价格。这说明货币政策对资产价格的传导是畅通的，但是由于我国股票市场的信号作用还有待进一步提升，股票价格对货币政策的反应并不是很灵敏。同时，考虑到我国货币政策的"逆周期"特征[①]，且无论是货币供应量增长率的变化还是资产价格增长率的变化均呈周期性波动，而货币政策是紧随我国宏观经济波动而采取的重要调控措施，实际上，这在一定程度反映了我国宏观经济周期性波动因素对资产价格的影响。

# 4.3　研究方法与设计

## 4.3.1　模型设计与变量定义

为了定量分析货币政策与资产价格的相互关系，本节在冯雷和马谌宸（2016）的模型以及裘翔和周强龙（2014）、孙国峰和贾君怡（2015）研究的基础上，结合前文关于我国货币政策传导的相关实际经验，建立省际动态面板模型来研究货币政策与资产价格的相互作用，设定基准模型具体如下：

$$\text{APRATE}_{it} = \alpha_0 + \alpha_1 \text{APRATE}_{i(t-1)} + \alpha_2 \text{M1R}_{i(t-1)} + \alpha_3 \text{KDF}_{it} + \alpha_4 \text{JPF}_{i(t-2)} \tag{4.1}$$
$$+ \alpha_5 y_{it} + \alpha_6 \text{SB}_{it} + \varepsilon_{it}$$

$$\text{M1R}_{it} = \beta_0 + \beta_1 \text{APRATE}_{it} + \beta_2 \text{M1R}_{i(t-1)} + \beta_3 \text{KDF}_{it} + \beta_4 \text{JPF}_{i(t-2)} \tag{4.2}$$
$$+ \beta_5 \text{GDPR}_{it} + \beta_6 \text{INF}_{it} + \beta_7 \text{SB}_{it} + \varepsilon'_{it}$$

其中，$\text{APRATE}_{it}$ 是省（区、市）$i$ 的房地产价格增长率（或股票价格增长率），随时间变化；$\text{M1R}_{it}$ 是 M1 增长率，代表货币政策；$\text{KDF}_{it}$ 是进出口总额与 GDP 之比，代表各地区经济开放度；$\text{JPF}_{it}$ 是新增信贷总额与 GDP 之比，代表金融发

---

[①] "逆周期"的货币政策是指，在经济繁荣时，中央银行会实施紧缩性货币政策，以提前预防经济"过热"；在经济衰退时，中央银行会实施扩张性货币政策，以早日实现经济复苏。2011 年 6 月 1 日，中国人民银行行长周小川在中国金融学科发展论坛上表示，传统货币供应量、利率等货币政策工具具有逆周期调节性能。

展水平；$y_{it}$ 是各地区的城镇居民收入增长率，用城镇居民累计可支配收入增长率来表示；$\text{GDPR}_{it}$ 是各地区的经济增长率；$\text{INF}_{it}$ 是各地区的通货膨胀率，用 CPI 同比增速来表示；$\text{SB}_{it}$ 是影子银行规模增长率。考虑到货币政策的时滞，货币供应量采用了滞后一期；同时，根据《中华人民共和国中国人民银行法》，货币政策的目标是"保持货币币值的稳定，并以此促进经济增长"，所以，在式（4.2）中将 GDP 增长率和通货膨胀率均作为控制变量。结合第 3 章分析，影子银行在我国的具体表现形式及其对货币政策和资产价格的影响，因此，在式（4.1）和式（4.2）中均考虑了影子银行因素。$\alpha_2$ 反映了货币政策对房地产价格（或股票价格）的影响；$\beta_1$ 反映了房地产价格（或股票价格）对货币政策的影响。考虑到 GDP 只有季度数据，各相关变量的增长率分别用季度增长率来表示。本章所涉及变量的定义及度量方法，在表 4.3 中进行了详细说明与报告。

表 4.3　变量的定义及度量方法

| 变量名称 | 变量标识 | 变量度量 |
|---|---|---|
| 自变量 | | |
| 房地产价格增长率 | APRATE（房价） | 各省（区、市）房价用各省（区、市）商品房销售额除以商品房销售面积来表示，并以此计算季度房价同比增长率 |
| 股票价格增长率 | APRATE（股价） | 计算各省（区、市）（纳入上证综合指数的股票市值之和／全国所有股票市值之和）×上证综合股指作为各省（区、市）股价指数代表，并以此计算季度股价（收盘价）同比增长率 |
| 货币供应量增长率 | M1R | 根据中国人民银行公布的 M1 同比增速 |
| 因变量 | | |
| 房地产价格增长率 | APRATE（房价） | 各省（区、市）房价用各省（区、市）商品房销售额除以商品房销售面积来表示，并以此计算季度房价同比增长率 |
| 股票价格增长率 | APRATE（股价） | 计算各省（区、市）（纳入上证综合指数的股票市值之和／全国所有股票市值之和）×上证综合股指作为各省（区、市）股价指数代表，并以此计算季度股价（收盘价）同比增长率 |
| 货币供应量增长率 | M1R | 根据中国人民银行公布的 M1 同比增速 |
| 控制变量 | | |
| 经济开放度 | KDF | 各省（区、市）进出口总额与 GDP 之比 |
| 金融发展水平 | JPF | 各省（区、市）新增信贷总额与 GDP 之比 |
| 城镇居民收入增长率 | $y$ | 各省（区、市）城镇居民人均可支配收入季度累计同比增速 |
| 通货膨胀率 | INF | 各省（区、市）CPI 季度同比增速 |
| 经济增长率 | GDPR | 各省（区、市）GDP 季度同比增速 |
| 影子银行规模增长率 | SB | 根据中国人民银行公布的全国信托贷款、委托贷款和未贴现银行承兑汇票余额合计的存量计算影子银行规模同比增长率 |

## 4.3.2　内生性问题及解决思路

根据前文的经验分析，货币政策与资产价格之间存在相互关系，即使货币政策对资产价格的影响更显著，以上实证模型也可能存在内生性问题。因为货币政策主要关注物价稳定和经济增长，但是如果资产价格对通胀水平和经济增长造成显著冲击，则可能影响货币政策决策，即货币政策在传导资产价格的过程中可能存在内生性。鉴于本章的主要目的是研究货币政策对资产价格的传导效率，所以，至少应该检验模型（4.1）的内生性是否存在。由于本章分别考虑了货币政策对资产价格的影响以及资产价格对货币政策的影响两个模型，实际上也可以相互验证模型的内生性问题。同时，为了进一步解决内生性问题，本章借鉴冯雷和马谌宸（2016）的做法，使用广义矩估计（generalized method of moments，GMM）方法，以解释变量的滞后期为工具变量，并通过静态面板模型与动态面板模型进行对比实证分析，以此来解决模型的内生性问题。

### 4.3.3　数据处理与描述性统计

本章选取 2002~2016 年除西藏、台湾、香港、澳门以外的 30 个省（区、市）的相关数据作为主要研究对象。各省（区、市）季度房地产市场销售额、销售面积、进出口总额、信贷总额、城镇居民人均可支配收入、CPI、全国的 M1 均来自 Wind 数据库和各省（区、市）的统计局数据。影子银行规模根据王振和曾辉（2014）的研究方法计算，采用全国信托贷款、委托贷款和未贴现银行承兑汇票合计的存量来表示①。由于中国人民银行仅公布了 2002 年末以来的信托贷款、委托贷款和未贴现银行承兑汇票的年度存量数据，可以结合 2003 年 1~3 月的增量数据计算 2003 年第一季度的存量数据，依次类推，计算出至 2016 年第四季度的存量数据，最后计算同比增长率。由于数据的可得性和可比性，本章最终选取 2003 年第一季度至 2016 年第四季度的省际季度数据作为本章实证分析的样本集，共计 1 680 个观测值。由于模型变量采用同比增长率形式，最后实际样本包含 30 个省（区、市）2004 年第一季度至 2016 年第四季度共 1 560 个观测值，所有变量均乘以 100，用百分数表示。

从表 4.4 的描述性统计数据可以看出，研究对象中的 30 个省（区、市）在 2003 年第一季度至 2016 年第四季度的经济情况和房价、股价走势。房地产价格增长率平均值为 4.91%，较城镇居民收入增长率平均值低 6.13 个百分点，但是波动较城镇居民平均收入增长率大。狭义货币供应量增长率高达两位数，但平均值与中位数差距较小，显示波动并不大，且变异系数仅为 0.46，远小于房地产价格

---

① 影子银行规模数据采用全国数据的原因是影子银行产生的货币流动性并不仅局限于省（区、市）之内；同时，各省（区、市）的社会融资规模统计数据公布始于 2013 年，时间长度较短，对模型的统计和计量稳定性都具有不利影响。

增长率的变异系数（1.01）。影子银行规模增长率平均值为 7.72%，较中位数大 2.13 个百分点，说明我国影子银行规模的整体波动较大。经济开放度接近 50%，但变异系数仅为 0.22，也显示我国对外经济活力变化不大。股票价格增长率平均值高达 16.97%，从长期来看，股票比房地产拥有更高的收益率，但股票价格增长率的标准差高达 56.38%，说明股票价格也拥有较高的风险，即体现出"收益-风险"平衡性。金融发展水平平均值为 20.25%，高于中位数 18.83%，但波动不大，显示我国金融发展水平的缓慢提升，且尖峰特征显著。通货膨胀水平比较稳定，通货膨胀率平均值维持在 2%~3%。经济增长率保持较快速度（平均值为 9.30%），且波动相对较小，显示我国经济整体呈平稳健康走势。

表 4.4　变量描述性统计

| 变量 | 平均值 | 标准差 | 中位数 | 偏度 | 峰度 | 观测值/个 |
|---|---|---|---|---|---|---|
| APRATE（房价） | 4.91% | 4.94% | 6.00% | −0.33 | −0.52 | 1 612 |
| APRATE（股价） | 16.97% | 56.38% | −1.37% | 1.60 | 2.68 | 1 612 |
| M1R | 14.83% | 6.80% | 14.37% | 0.56 | 0.48 | 52 |
| KDF | 47.23% | 10.28% | 45.92% | 0.31 | −1.06 | 1 612 |
| JPF | 20.25% | 7.72% | 18.83% | 3.02 | 13.30 | 1 612 |
| $y$ | 11.04% | 2.70% | 10.50% | 1.09 | 1.13 | 1 612 |
| INF | 2.31% | 2.03% | 2.07% | 0.73 | 0.78 | 1 612 |
| GDPR | 9.30% | 2.24% | 8.90% | 0.67 | −0.43 | 1 612 |
| SB | 7.72% | 6.23% | 5.59% | 0.63 | −1.07 | 52 |

# 4.4　实证结果与分析

## 4.4.1　货币政策对资产价格的影响

本章的样本数据包括 2004~2016 年 30 个省（区、市）的相关经济数据和所在省（区、市）房屋销售价格增长率。由于数据没有缺失，也不存在非对称性，本节将通过平衡面板数据模型来对相关面板数据进行实证研究。为避免虚假回归，本节对模型中的各面板数据进行 Fisher-ADF（Fisher-augmented dickey-fuller）和 LLC（Levin，Lin，Chu）面板单位根检验，并对两个全国性时序——狭义货币供应量增长率和影子银行规模增长率进行 ADF 平稳性检验，结果表明，所有变量在 10%显著性水平下均拒绝了原假设，即原序列都是平稳的（表 4.5）。

**表 4.5　货币政策对房地产价格的影响（一）**

| 变量 | Fisher-ADF 统计量 | $P$ 值 | 变量 | LLC 统计量 | $P$ 值 |
|---|---|---|---|---|---|
| APRATE（房价） | -6.310 | 0.000 | APRATE（房价） | -10.274 | 0.000 |
| APRATE（股价） | -2.854 | 0.059 | APRATE（股价） | -9.315 | 0.031 |
| KDF | -3.406 | 0.065 | KDF | -15.093 | 0.048 |
| JPF | -4.032 | 0.015 | JPF | -13.431 | 0.044 |
| $y$ | -7.126 | 0.000 | $y$ | -16.010 | 0.000 |
| INF | -4.425 | 0.005 | INF | -10.356 | 0.000 |
| GDPR | -3.896 | 0.021 | GDPR | -12.150 | 0.023 |
| M1R | -2.695 | 0.083 | SB | -3.773 | 0.032 |

注：由于 M1R 和 SB 是全国性数据，这里的平稳性检验方法使用 ADF 检验

本章选择的样本是除西藏、台湾、香港、澳门外 30 个省（区、市）的数据资料，几乎包含了所有个体，可以反映总体效应，故在固定效应模型与随机效应模型中选择前者。为进一步确认，首先建立随机效应模型，对回归结果进行Hausman 检验，来确定计量经济模型中涉及的非观测因素是固定效应还是随机效应，然后再确定合适的模型形式。对模型设置中的因变量进行 Hausman 检验的结果显示，在 1%显著性水平下拒绝原假设（表 4.6），可以认为固定效应优于随机效应，因此采用固定效应模型进行 OLS（ordinary least square，普通最小二乘法）回归。

**表 4.6　Hausman 检验结果**

| 市场 | 模型 | Chi-sq.statistic | Chi-sq.d.f. | $P$ 值 |
|---|---|---|---|---|
| 房地产市场 | 模型 4.1 | 20.621 | 4 | 0.000 |
| | 模型 4.2 | 12.641 | 4 | 0.005 |
| 股票市场 | 模型 4.1 | 16.375 | 4 | 0.000 |
| | 模型 4.2 | 8.244 | 4 | 0.000 |

**1. 房地产市场**

接下来，采用系统 GMM 方法来估计动态面板模型，并以常量和自变量的滞后项作为工具变量集合，通过 GMM 方法来估计；同时，估计静态面板模型作为对比。在使用工具变量法时必须对工具变量的有效性进行检验，本章对工具变量进行过度识别检验（overidentification test），$J$ 统计量为 0.021，$nJ$=1.092，小于自由度为 1 的卡方分布临界值 5.23，即接受原假设，选择的工具变量是合理的。

从估计结果（表 4.7）看，$\alpha_2$ 在两个估计模型中均在 1% 显著性水平下显著为正，符合理论预期，即货币政策宽松时，会有更多的资金进入房地产市场推高房地产价格；货币紧缩时，也会减少流向房地产市场的资金，从而压低房地产价格增速。$\alpha_3$ 在两个估计模型中均在 5% 显著性水平上显著为正，即经济开放度越高的区域，房地产价格增长率也会越高，因为这些区域的房地产价格除了受到本地居民需求的影响，还会受到其他地方居民需求的影响，从而对房地产市场价格有助推作用。这与当前我国上海、广东、浙江等开放程度较高及房地产价格不断创新高的"双高"现实比较一致。$\alpha_4$ 在两个估计模型中均在 5% 显著性水平下显著为负，可能是金融发展程度越好的区域，金融市场越完善，房地产企业融资成本越低，对房地产市场价格反而有抑制作用（冯雷和马谌宸，2016）。$\alpha_5$ 在两个估计模型中分别在 10% 和 5% 显著性水平下正向显著，说明收入增长越快，房地产价格增速也会越快。$\alpha_6$ 在两个估计模型中均在 5% 显著性水平下正向显著，说明影子银行对房地产价格增速存在正向显著影响，即影子银行规模增长越快，房地产价格也会越快上涨，且影子银行相比货币政策，对房地产价格的影响更大，这与赵胜民和何玉洁（2018）的研究发现比较一致。

表 4.7　货币政策对房地产价格的影响（二）

| 系数 | 静态面板 | 动态面板 |
|---|---|---|
| $\alpha_0$ | −1.414<br>（0.446） | −1.021<br>（0.125） |
| $\alpha_1$ | | 0.043***<br>（0.000） |
| $\alpha_2$ | 0.251***<br>（0.000） | 0.027***<br>（0.000） |
| $\alpha_3$ | 0.085**<br>（0.048） | 0.032**<br>（0.031） |
| $\alpha_4$ | −0.077**<br>（0.024） | −0.028**<br>（0.012） |
| $\alpha_5$ | 0.224*<br>（0.083） | 0.076**<br>（0.042） |
| $\alpha_6$ | 0.262**<br>（0.048） | 0.051**<br>（0.032） |
| 调整的 $R^2$ | 0.886 | 0.912 |
| 观测值 | 1 560 | 1 560 |

*表示在 10% 显著性水平下显著；**表示在 5% 显著性水平下显著；***表示在 1% 显著性水平下显著
注：括号内的数值为 $P$ 值

2. 股票市场

同理，采用系统 GMM 方法来估计股票市场的动态面板模型，并以静态面板模型作为对比，设定常量和解释变量的滞后项作为工具变量，同样通过了过度识别检验。从估计结果（表 4.8）看，$\alpha_2$ 在动态模型中在 5%显著性水平下显著，在静态模型中在 10%显著性水平下显著，整体来看，在货币政策宽松时，股票价格会较快上涨；在货币紧缩时，股票价格会出现下跌。$\alpha_3$ 在两个估计模型中均不显著，即经济开放度对股票价格无显著影响，这主要与我国资本市场开放度有关，目前我国除了规模较小的沪港通、深港通以及 QFII（qualified foreign institutional investors，合格境外机构投资者）、RQFII（RMB qualified foreign institutional investors，人民币合格境外机构投资者）外，股票市场基本是国内资金，所以经济开放度对我国股票价格增长率的影响并不显著。$\alpha_4$ 在两个估计模型中均在 5%显著性水平下显著，即金融发展程度越好的区域，其股票价格增长率越大，这间接反映了金融对实体经济的促进作用，金融越发达的地区，实体经济可能越繁荣。$\alpha_5$ 在两个估计模型中均不显著，说明我国居民收入水平还未成为影响股票价格增长率的重要因素。$\alpha_6$ 在两个估计模型中分别在 5%和 10%显著性水平下正向显著，说明影子银行规模增速的提升也会带动股票价格增速上升。

表 4.8　货币政策对股票价格的影响

| 系数 | 静态面板 | 动态面板 |
| --- | --- | --- |
| $\alpha_0$ | −38.388<br>（0.116） | −21.563<br>（0.216） |
| $\alpha_1$ | | 0.437***<br>（0.000） |
| $\alpha_2$ | 0.684*<br>（0.056） | 0.101**<br>（0.035） |
| $\alpha_3$ | 1.392<br>（0.120） | 0.634<br>（0.198） |
| $\alpha_4$ | 1.167**<br>（0.013） | 0.228**<br>（0.032） |
| $\alpha_5$ | 0.348<br>（0.900） | 0.021<br>（0.159） |
| $\alpha_6$ | 0.117**<br>（0.021） | 0.156*<br>（0.052） |
| 调整的 $R^2$ | 0.648 | 0.732 |
| 观测值 | 1 560 | 1 560 |

*表示在 10%显著性水平下显著；**表示在 5%显著性水平下显著；***表示在 1%显著性水平下显著
注：括号内的数值为 $P$ 值

### 4.4.2　资产价格对货币政策的影响

*1. 房地产市场*

根据前文的实证方法，本小节继续采用动态面板和静态面板对基础模型 4.2 ［即式（4.2）］进行估计。从估计结果（表 4.9）看，$\beta_1$ 在静态面板估计中不显著，但是在动态面板估计中在 10%显著性水平下显著，而且值非常小，但是估计值均为负数，说明房地产价格对货币政策有一定影响，但影响程度非常小，即房地产价格涨幅越快，货币发行量越收紧。这种微弱影响主要是由于房地产市场与经济增长密切相关（韩鑫韬和刘星，2016）。$\beta_3$ 和 $\beta_4$ 在两个估计模型中均不显著，说明货币供应量与经济开放度和金融发展水平均无显著相关性。$\beta_5$ 在两个估计模型中均在 10%显著性水平下显著，说明较快的经济增长需要更多的货币来支撑，这在一定程度也反映了我国货币政策在面对经济增长时的顺周期性。$\beta_6$ 在两个估计模型中均在 1%显著性水平下显著为负，即通货膨胀水平与货币供应量呈反向变化关系。$\beta_7$ 在两个估计模型中分别在 5%和 10%显著性水平下显著为负，即影子银行规模增长越快，中央银行货币政策越紧缩，这与裘翔和周强龙（2014）的结论比较一致。整体来看，中央银行在决策货币政策时最注重物价稳定，这与中国人民银行前行长周小川强调的我国货币政策方向比较一致[①]，但是房地产价格依然对我国当前货币政策有轻微显著影响。

**表 4.9　房地产价格对货币政策的影响**

| 系数 | 静态面板 | 动态面板 |
|:---:|:---:|:---:|
| $\beta_0$ | 3.488<br>（0.317） | 0.322<br>（0.452） |
| $\beta_1$ | −0.071<br>（0.221） | −0.002[*]<br>（0.089） |
| $\beta_2$ | | 0.735[***]<br>（0.000） |
| $\beta_3$ | −0.229<br>（0.129） | 0.022<br>（0.131） |
| $\beta_4$ | −0.000<br>（0.989） | −0.002<br>（0.376） |
| $\beta_5$ | 0.855[*]<br>（0.089） | 0.032[*]<br>（0.051） |
| $\beta_6$ | −1.064[***]<br>（0.000） | −0.045[***]<br>（0.000） |

---

① 2017 年 12 月 7 日，中央国家机关工委官方微信"紫光阁微平台"刊登周小川文章——《牢记使命担当，建设现代金融体系》，指出坚持把维持物价稳定和防控系统性金融风险作为金融宏观调控的核心目标。

续表

| 系数 | 静态面板 | 动态面板 |
|---|---|---|
| $\beta_7$ | $-1.062^{**}$<br>（0.025） | $-0.214^{*}$<br>（0.059） |
| 调整的 $R^2$ | 0.871 | 0.934 |
| 观测值 | 1 560 | 1 560 |

*表示在 10%显著性水平下显著；**表示在 5%显著性水平下显著；***表示在 1%显著性水平下显著
注：括号内的数值为 $P$ 值

### 2. 股票市场

通过股票价格对式（4.2）进行动态面板和静态面板估计。从估计结果（表 4.10）看，$\beta_1$ 在动态面板和静态面板估计中均不显著，说明整体来看，股票价格对货币政策没有显著影响，货币政策决策很可能完全没有考虑股票价格的变化，实际上这与我国中央银行的六大目标有关[①]，其中，货币政策并没有关注股票价格，且股票价格对经济增长的直接影响较小（韩鑫韬和刘星，2016）。$\beta_3$ 和 $\beta_4$ 在两个估计模型中均不显著，与前文估计结果类似，说明货币政策决策与经济开放度和金融发展水平均无显著关联。$\beta_5$ 在静态面板模型估计中不显著，但在动态面板模型中在 10%显著性水平下显著，即经济增速每提高 1 个百分点，货币供应量增速需提高约 1.12 个百分点。在静态和动态估计模型中，$\beta_6$ 分别在 5%、1%显著性水平下显著为负，即通货膨胀水平越低，中央银行越宽松货币政策。$\beta_7$ 在两个估计模型中均在 5%显著性水平下显著为负，即影子银行规模增长越快，中央银行越收紧货币政策。整体来看，股票价格变化对中央银行货币政策决策没有显著影响，货币政策主要还是根据物价变化做出调整。

表 4.10　股票价格对货币政策的影响

| 系数 | 静态面板 | 动态面板 |
|---|---|---|
| $\beta_0$ | 0.971<br>（0.743） | 0.022<br>（0.376） |
| $\beta_1$ | 0.004<br>（0.770） | 0.001<br>（0.809） |
| $\beta_2$ | | 0.071^{***}<br>（0.000） |
| $\beta_3$ | $-0.201$<br>（0.222） | 0.013<br>（0.451） |

[①] 2016 年 6 月 24 日，中国人民银行行长周小川在 IMF 举办的中央银行政策研讨会上表示，中国央行采取的多目标制，既包含价格稳定、促进经济增长、促进就业、保持国际收支大体平衡等四大年度目标，也包含金融改革和开放、发展金融市场这两个动态目标。

续表

| 系数 | 静态面板 | 动态面板 |
|---|---|---|
| $\beta_4$ | 0.144<br>（0.152） | 0.052<br>（0.176） |
| $\beta_5$ | 1.097<br>（0.222） | 1.122*<br>（0.069） |
| $\beta_6$ | −0.625**<br>（0.039） | −0.032***<br>（0.000） |
| $\beta_7$ | −1.135**<br>（0.027） | −0.187**<br>（0.046） |
| 调整的 $R^2$ | 0.886 | 0.912 |
| 观测值 | 1 560 | 1 560 |

*表示在10%显著性水平下显著；**表示在5%显著性水平下显著；***表示在1%显著性水平下显著
注：括号内的数值为 $P$ 值

## 4.5　稳健性检验

由于对模型内生性问题的考虑，本章在 4.4 节中分别通过动态面板和静态面板模型对房地产价格和股票价格是否影响货币政策进行了实证研究，结果显示，房地产价格仅在动态面板模型中对我国货币政策有极其微弱的影响，即货币供应量变化 1%，房地产价格在动态模型中仅波动 0.002%，而在静态面板模型中对货币政策无显著影响；同时，股票价格在动态面板模型和静态面板模型估计结果中对货币政策均无显著影响。这说明资产价格对货币政策的传导不显著，主要存在货币政策对资产价格的单向传导。所以，本书认为货币政策对资产价格影响的面板模型几乎不存在内生性问题，其估计结果具有稳健性。

为了进一步验证检验模型的稳健性，本章接下来通过整体数据对模型进行稳健性检验。股票价格直接用上证综合指数来表示，房地产价格用全国统一的房屋销售指数表示，其他控制变量均换成全国数据。其中，2011 年及其以后的全国房屋销售价格指数必须经过合理估算才能得出，主要原因是全国房地产开发景气指数中的房地产销售价格分类指数在 2011 年后停止发布。本章接下来选取国家统计局发布的全国新建住宅价格同比指数来研究。全国新建住宅价格同比指数截至 2010 年 12 月后就没再发布，且从 2005 年 7 月开始才公布月度数据，所以，本节通过主成分分析和回归模拟来补足缺失的全国房价数据，选取国家统计局自 2006 年 4 月到 2015 年 6 月 70 个大中城市新建住宅价格同比指数以及 2006 年 4 月到 2010 年 12 月的全国新建住宅价格同比指数，采用如下方法拟合：首先，对

70个大中城市从2006年4月到2017年6月的新建住宅价格同比指数进行主成分分析，发现前3个主成分的累积贡献率达85%；其次，使用2006年4月至2010年12月的全国新建住宅价格同比指数对前3个主成分序列进行回归，调整$R^2$达98%，拟合效果很好；最后，使用2011年1月至2015年6月的主成分序列以及线性回归得到的拟合关系，模拟出2011年1月到2017年6月的全国新建住宅价格同比指数。从模拟结果（图4.6）可以看出，整体拟合效果较好，特别是2007年5月后拟合数据与真实的全国新建住宅价格同比指数数据基本一致。

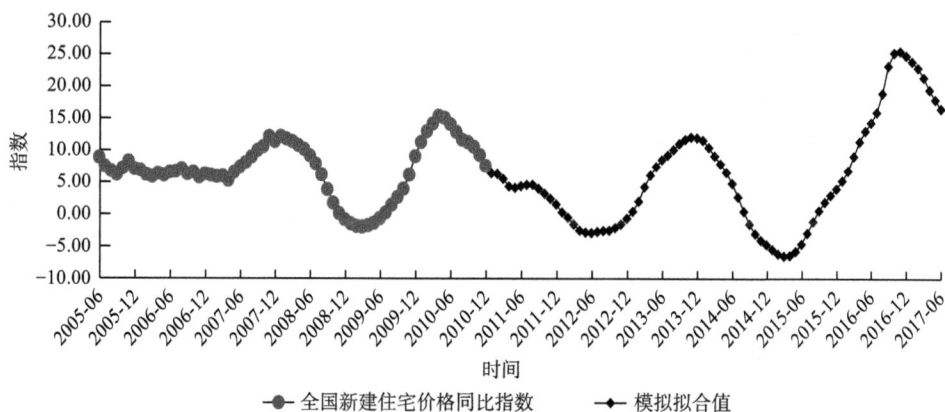

图4.6　全国新建住宅价格指数的模拟值和实际值

　　检验模型依然采用前文的模型，时间长度选取2004年第一季度至2017年第二季度全国季度数据作为本节实证分析的样本集，共计54个时间序列集合，所有变量均乘以100，用百分数表示。房地产价格按照前文方法处理得到的模拟的全国住宅销售价格指数，股票价格选取上证综合指数来表示，并依次计算增长率。所有数据均通过平稳性检验。

　　表4.11给出了参数整体估计结果，与前文估计结果比较一致。具体来看，就房地产市场而言，货币政策对房地产价格增长率有显著影响，即货币供应量增长率提高1个百分点，房价增速将提高0.2个百分点；房地产价格增长率也同样影响货币供应量增长率，但影响程度非常小，即房价增速提高1个百分点，货币供应量增速降低0.002个百分点。金融发展水平和经济开放度是影响房地产价格的重要因素。就股票市场来看，货币政策对股票价格增长率也存在显著影响，即股票价格增长率提高1个百分点，货币供应量增长率将提高0.5个百分点，但股票价格增长率对货币政策没有显著影响，即中央银行的货币政策没有"盯住"股票价格。系数$\beta_6$无论在房地产市场还是股票市场均较为显著，说明物价稳定才是货币政策最关注的因素。从另一角度看，由于新建住房和二手房折旧部分等都是作为支出法下的投资项计入了GDP（韩鑫韬和刘星，2016）；而在二级市场上

的股票价格波动较大，且并不（或不直接）促进 GDP 增长，那么从我国中央银行保持经济平稳增长的目标来看，如果要关注资产价格，相对丁股票价格，货币政策应更多关注房地产价格。

表 4.11　整体估计结果

| 货币政策对资产价格的影响 | | | 资产价格对货币政策的影响 | | |
|---|---|---|---|---|---|
| 系数 | 房地产市场 | 股票市场 | 系数 | 房地产市场 | 股票市场 |
| $\alpha_0$ | -2.352<br>（0.526） | -31.921<br>（0.205） | $\beta_0$ | 2.465<br>（0.342） | 1.036<br>（0.812） |
| $\alpha_1$ | 0.507***<br>（0.000） | 0.526***<br>（0.000） | $\beta_1$ | -0.002*<br>（0.081） | 0.013<br>（0.618） |
| $\alpha_2$ | 0.198***<br>（0.000） | 0.612**<br>（0.032） | $\beta_2$ | 0.736***<br>（0.001） | 0.620***<br>（0.000） |
| $\alpha_3$ | 0.132**<br>（0.035） | 1.063<br>（0.254） | $\beta_3$ | -0.231<br>（0.156） | -0.245<br>（0.292） |
| $\alpha_4$ | -0.052**<br>（0.017） | 1.098**<br>（0.024） | $\beta_4$ | -0.002<br>（0.835） | 0.112<br>（0.245） |
| $\alpha_5$ | 0.238**<br>（0.042） | 0.266<br>（0.834） | $\beta_5$ | 0.842*<br>（0.077） | 2.145<br>（0.189） |
| $\alpha_6$ | 0.998*<br>（0.051） | 0.042*<br>（0.065） | $\beta_6$ | -1.132***<br>（0.000） | -1.035**<br>（0.021） |
| 调整的 $R^2$ | 0.901 | 0.667 | $\beta_7$ | -1.146**<br>（0.032） | -0.225**<br>（0.045） |
| F 统计量 | 47.392 | 13.546 | 调整的 $R^2$ | 0.894 | 0.914 |
| | | | F 统计量 | 42.931 | 46.335 |

*表示在10%显著性水平下显著；**表示在5%显著性水平下显著；***表示在1%显著性水平下显著
注：括号内的数值为 P 值

# 4.6　本章小结

本章在通过经验数据分析我国货币政策对股票价格和房地产价格两种资产价格影响的事实基础上，建立动态面板数据模型，并利用 GMM 方法对模型进行了估计，同时，用相应的静态面板数据模型进行对比验证。研究发现：我国价格型货币政策和数量型货币政策对资产价格变化产生了显著影响，利率与资产价格反向变化，货币供应量与资产价格同向变化；就房地产价格而言，货币政策对房地产价格增长率有显著影响，即货币供应量增长率提高会相应导致房地产价格增长率的提升，房地产价格增长率也同样负向影响货币供应量增长率，但影响程度非常小；就股票价格而言，货币供应量增长率变动也会显著影响股票价格增长率，但是股票价格增长率对货币政策没有显著影响，即中央银行的货币政策很可能没有"盯住"股票价格。这些研究结论说明资产价格与货币政策之间存在相互影响，但这种相互影响并非对称，更为显著的是货币政策对资产价格的正向作用。这是货币政策可以通过资产价格影响企业投资行为的第一个前提。同时，由于房地产价格对货币政策的反应效果远显著于股票价格对货币政策的反应效果，因此，如果中央银行要关注资产价格，相对股票价格，货币政策可以更多关注房地产价格。

# 第5章 资产价格变化对企业投资行为的影响研究

企业持有资产的价格会影响其净值状况，进而影响其融资能力，最后导致投资行为发生变化。目前，股票价格与企业投资关系的实证研究已有较多的文献，但研究房地产价格对非房地产企业投资影响的文献还较少，特别随着我国房地产价格自 2005 年以来的迅速上涨，房地产价格的变化已经成为企业持有的资产价值波动的重要因素。本章将基于上市非房地产企业持有的微观房产财务数据讨论资产价格波动对企业投资行为变化的影响。首先，通过历史数据分别梳理了上市非房地产企业持有的房地产的价格和持有的房地产存量价值分别与企业自身投资行为之间的关系；其次，从房地产价格对企业投资的直接影响和房地产价格通过房屋存量价值对企业投资的间接影响两个角度分析了房地产价格对上市非房地产企业投资行为的传导效应；最后，考虑到我国民营企业和国有企业的融资"二元"性以及制造业的固定资产投资特性，单独对民营样本企业和制造业样本企业进行了研究。本章考虑房地产价格对企业投资行为的影响，主要是因为：一方面，资产价格是否影响企业投资决策是关系全书"货币政策—资产价格—企业投资行为"传导路径是否成立的第二步；另一方面，随着房地产价格持续上涨，企业持有的房产价值不断增值，已成为影响我国企业融资约束和投资行为的重要因素。

## 5.1 引　　言

从传统理论看，托宾 $Q$ 理论讨论了在股票市场上融资的企业在其股票价格发生变化时，企业投资行为将如何变化，但实际上，上市企业除了在股票市场上进行直接融资外，还可以通过企业内部现金流进行内部融资，或者从

银行等金融机构获得贷款而进行间接融资，这些融资行为均会对其投资行为
造成影响。由于股票价格的变化对企业内部融资影响并非直接，且强度较
小，所以，研究股票价格如何影响企业内部融资的文献相对较少（韩克勇和
王劲松，2013）。但是理论界一直在关注股票价格的变化如何影响企业通过
商业银行等金融机构的间接融资和投资行为，即资产负债表效应，又称净财
富效应。Bernanke 等（1999）对此的研究被认为最为全面。他认为，企业股
票价格的变化会引起企业净值的变化，由于企业一般是通过抵押担保方式从
银行获得信贷融资，所以企业净值的变化会影响企业从银行融资的能力，最
终影响其利用间接融资进行投资的能力，这种影响还具有乘数效应，因此，
又称为金融加速器效应。

　　目前，虽然国内外学者通过托宾 $Q$ 理论来研究股票价格对企业投资行为
影响的结论仍存在不同程度的争论，但是通过资产负债表机制研究股票价格
对投资行为的影响已经有了许多较为有价值和一致性的研究成果，如
Bernanke（1983）、谭跃和夏芳（2011）、屈文洲等（2016）。相关研究基本
认为，股票价格通过资产负债表渠道可以影响企业投资行为，尤其是股票价
格的误估对企业投资存在重要影响（Frankel，2008；周业安和宋翔，2010；
扈文秀等，2013；丁毅，2015）。从实际情况来看，我国股票市场发展还相
对滞后，截至 2017 年 6 月末，股票市值规模相对经济产出规模仅占 82%，较
同期美国水平低 130 个百分点，上市公司数量为 3 462 家，占我国所有企业数
量的比重不到 1%[①]，上市公司平均非流通股占总股数的 45.8%[②]，这些问题在
一定程度上会影响股票价格对我国上市企业投资的传导效应（范文燕，
2005）。

　　房地产市场已经成为我国重要的资产市场，其 2017 年的产值占 GDP 的比重
为 6.5%，房地产及相关产业产值占 GDP 的比例超过 20%。同时，企业除了通过
直接持有生产性或服务性房地产及建筑物外，随着我国房价的持续上涨，还大量
持有投资性房地产。截至 2017 年末，全国 3 548 家上市企业中 1 568 家（占比
44.2%）上市企业持有投资性房地产，数量较 2016 年增长 9.1%，持有的投资性
房地产净值合计 5 651.91 亿元，同比增长 20.1%，剔除 129 家上市房地产企业
后，1 475 家（占比 41.6%）上市企业持有投资性房地产，净值合计 3 411.66 亿
元，同比增长 19.9%[②]。然而学术界对房地产价格变化如何影响企业投资行为的
研究还比较少见。房地产除了是企业重要的生产要素影响企业投资成本外（罗时
空和周亚虹，2013），更重要的是可以作为抵押品帮助企业融资，进而影响企业

---

[①] 根据 2016 年中国统计年鉴，截至 2016 年末，全部国有及规模以上非国有工业企业单位数为 383 148 家。
[②] 数据来源：Wind 数据库。

投资，即从资产负债表渠道影响企业投资行为。当宏观经济环境发生变化时，企业持有的相关房地产价格很可能也会发生显著变化，进而导致企业用于向金融机构申请抵押贷款的资产净值发生变化，从而改变企业的融资状况，使其投资水平发生波动，最后投资水平的变化又会影响到企业对房地产等抵押担保品的需求，又进一步加剧了市场上房地产价格的波动，如此循环，形成的扩散效应最终会影响整个宏观经济投资状况。例如，Chaney 等（2012）运用美国 1993~2007 年上市企业的数据研究发现，房地产价值波动对企业整体投资会产生显著影响，即房地产抵押价值因房价上涨而每增加 1 美元，会导致企业投资增加 6 美分。Wang 等（2017）运用新凯恩斯动态随机一般均衡模型研究发现，中国民营企业存在"抵押担保效应"，而国有企业却存在"挤出效应"，即房地产价格与国有企业投资之间存在负相关关系。陈丽兰和刘广平（2018）通过对中国制造业上市企业研究发现，房地产价格上涨会促进制造业上市公司的投资。

　　基于此，考虑到我国股票市场发展成熟情况以及当前相关研究的丰富成果，本章在研究资产价格对企业投资水平的影响时，主要结合我国现实情况探讨房地产价格对企业投资水平的影响。本章的贡献主要在以下几点：①根据企业持有的房产特点和财务统计特点，结合房地产价格变化趋势，构造了上市非房地产企业持有的房屋市场价值；②从房地产价格对企业投资的直接影响和房地产价格通过房屋存量价值对企业投资的间接影响两个角度综合验证了房地产价格对企业投资的传导效应；③由于住宅地产和商业地产具有不同的流动性和商业属性，本章对住宅价格和商业用房价格进行了对比分析；④考虑企业持有房地产情况存在行业属性差异，以及融资行为存在民营企业和非民营企业的实质差异，本章对此均进行了考量。

## 5.2　我国资产价格波动与企业投资行为变化：
经验与事实

　　第 2 章分析了资产价格通过资产负债表的抵押担保渠道影响非房地产企业投资的传导机制。尤其是，房地产价格在 2003 年以来作为我国资产价格的主要组成部分，推动了以非房地产企业持有的房产为主的抵押担保效应，进而可能对我国非房地产企业投资行为产生了深远影响，但是企业在通过抵押担保从银行融资时，直接关注的是当前持有的房产价值，而不是房地产价格，因为即使房地产价格不发生变动，由于持有房地产数量发生变化，也会导致房地产价值变化。所以，本章接下来从房地产价格与房地产价值两方面入手，分别梳理其与企业投资的关系。

### 5.2.1　房地产价格与企业投资行为

目前，我国直接融资占比日益增长，但间接融资依然占据了最主要的融资形式。在间接融资为主导的企业融资模式下，企业资产的抵押担保渠道效应更加重要（Bernanke and Blinder，1992）。2005 年 12 月至 2017 年 6 月，我国 70 个大中城市住宅价格同比指数上涨 1.97，而企业投资[①]同比增长率下滑 10.96 个百分点；住宅价格基本呈现出 2~3 年的周期性波动，而企业投资增长率从 2008 年全球金融危机以后一直呈下滑趋势（图 5.1）。同时，商业用房作为企业抵押贷款的主要房产，又存在房价增长率与企业投资增长同向变动的情况（图 5.2）。两种房地产价格与企业投资的相关性各异，可能与房地产的成本效应与流动性溢价效应有关。罗时空和周亚虹（2013）认为，房地产是企业重要的生产要素，房地产价格上涨会减少企业对房地产的投入，同时，房地产又可作为抵押品，其价格上涨会推动企业融资。这两种效应的作用方向相反，而哪一种效应占主导由企业面临的融资约束大小决定，当面临的融资约束较大时，房价上涨更可能促进企业投资。基于以上分析，提出假设 H5.1。

H5.1：房地产价格对企业投资的直接影响比较弱。

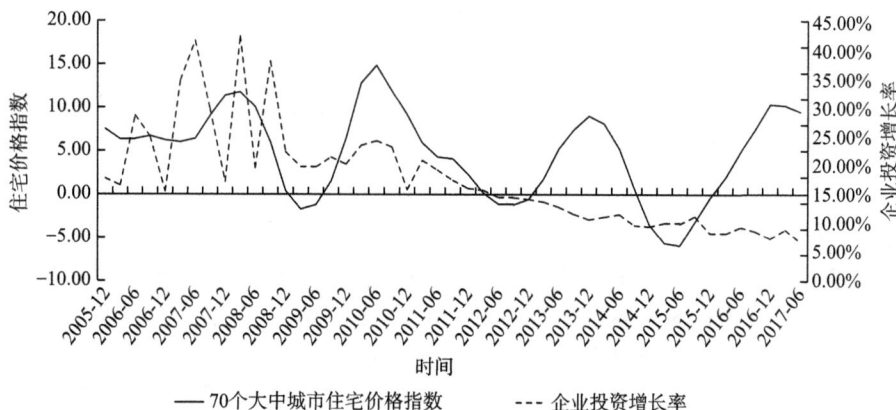

图 5.1　我国 70 个大中城市住宅价格指数与企业投资增长率季度数据

资料来源：Wind 数据库

---

① 企业投资采用我国 A 股上市公司的固定资产和在建工程之和表示。以下此类数据，如没有特别说明，均用此方法计算。

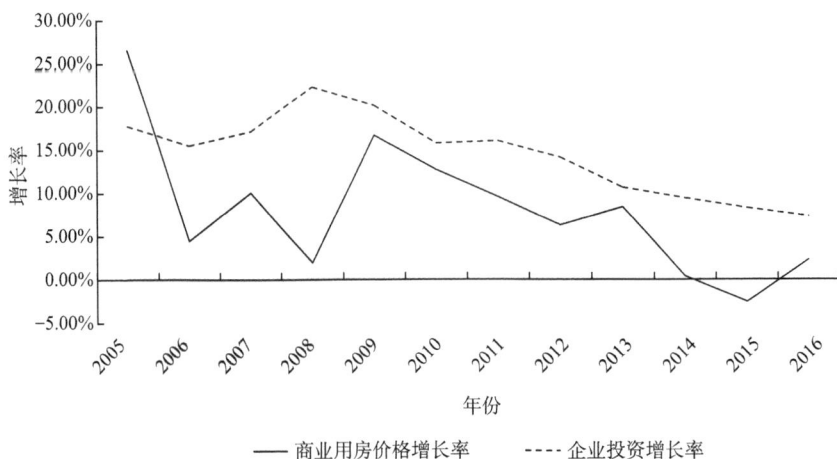

图 5.2　我国商业用房价格增长率与企业投资增长率年度数据

资料来源：Wind 数据库

## 5.2.2　房地产价值与企业投资行为

　　虽然房地产价格影响企业持有的房产价值，特别是在企业持有的房产数量不变的情况下，但是企业在生产经营中的房产及建筑物数量可能发生变化，即使房地产价格上涨，企业持有的房产市场价值也可能会下降。在实际操作中，房地产市场价值才是银行抵押担保品的认定标准，即银行按照企业持有的房地产市场价值来决定授信额度。在 Wind 数据库的企业财务报表附注中没有房地产及建筑物原值一项统计数据，只有企业的固定资产原值。一般而言，企业的固定资产项目可分为机器设备和房地产两大类，机器设备由于折旧影响其市场价值通常会随时间下降，而房地产的市场价值由于与房地产价格涨幅有关，其市场价值并不一定随时间下降，特别是在我国房地产市场持续繁荣的十多年里（2005~2016 年），房屋及建筑物的净值占固定资产净值的 30%左右[1]，企业固定资产市场价值增速很可能更多地与持有的房屋及建筑物市场价值增速保持了一致。接下来，本章用各年固定资产价值净值乘以全国房价平均增速来表示固定资产净值增加值，再计算固定资产价值增长率代表持有的房屋价值增长率。2005~2016 年，我国 A 股上市非房地产企业持有的房屋价值增长率虽呈现波动走势，但整体走向与企业投资增长率保持了一致（图 5.3）。这反映 2005~2016 年企业持有的房屋价值不断下降，导致抵押担保品价值下降，从而影响了间接融资，又进一步导致投资下降。

---

　　[1] 根据国泰安上市公司财务报表附注数据库数据计算的 A 股上市非房地产企业持有的房屋及建筑物净值与固定资产净值比值。

这一现实情况与罗时空和周亚虹（2013）的主要研究结论比较一致。即使不考虑房价上涨因素，将各年的房屋及建筑物净值增长率与企业投资增长率相比较，依然可以发现，房屋价值增长率与企业投资增长率走势保持同向变化趋势（图 5.4）。基于以上分析，提出假设 H5.2。

H5.2：房地产价值与企业投资正相关，即房地产价格波动通过房产存量价值作用于企业投资的效应为正。

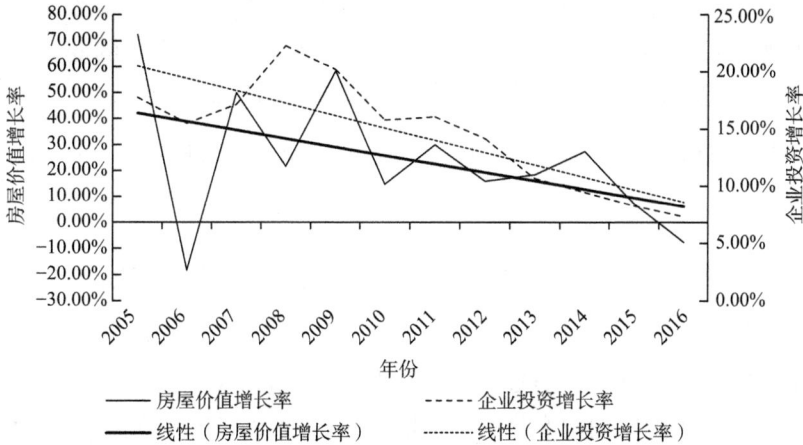

图 5.3　考虑房价变动因素的 A 股上市非房地产企业的房屋价值增长率与企业投资增长率
年度数据

资料来源：Wind 数据库

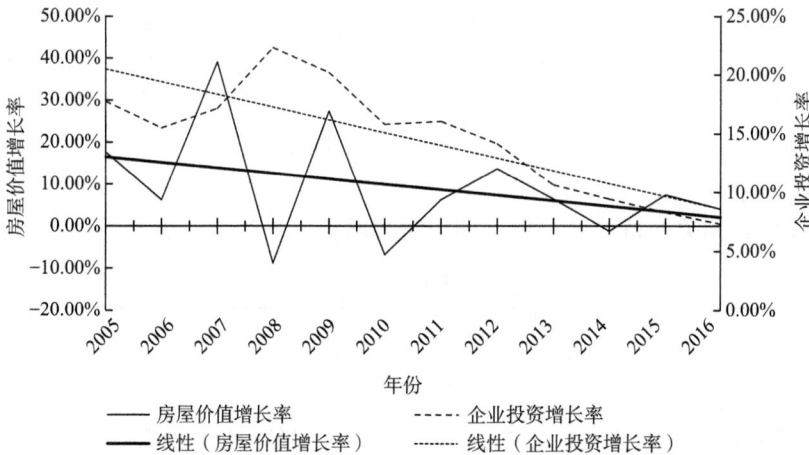

图 5.4　未考虑房价变动因素的 A 股上市非房地产企业的房屋价值增长率与企业投资增长率
年度数据

资料来源：Wind 数据库

# 5.3　研究方法与设计

## 5.3.1　模型设计与变量定义

为实证研究企业持有的房屋价值变化对企业投资行为的影响，本节在经典实证投资模型（Fazzari et al.，1988）的基础上引入与房地产有关的变量。具体而言，本节分别建立以下模型来检验假设 H5.1 和假设 H5.2。

$$\text{INVRATE}_{1it} = \alpha_1 + \beta_1 \text{HPRATE}_{it} + \sum_{k=1}^{n} \lambda_k X_k^i + \varphi \text{ind}_i \times \text{HPRATE}_{it} + \delta_i + \varepsilon_{it}$$

（5.1）

$$\text{INVRATE}_{2it} = \alpha_2 + \beta_2 \text{HVRATE}_{it} + \sum_{k=1}^{n} \lambda_k' X_k^i + \varphi' \text{ind}_i \times \text{HVRATE}_{it} + \delta_i' + \varepsilon_{it}'$$

（5.2）

其中，$\text{INVRATE}_{1it}$、$\text{INVRATE}_{2it}$ 表示公司 $i$ 的投资增长率；$\text{HPRATE}_{it}$ 是公司 $i$ 所在省（区、市）随时间而变化的房价增长率；$\text{HVRATE}_{it}$ 是公司 $i$ 持有的房屋市场价值增长率；$X_k^i$ 是控制变量，$k=1,2,3,4,5$，分别代表公司 $i$ 的托宾 $Q$ 值，当年的经营现金流增长率（cash flow rate，CFRATE），资本收益率（return on capital，ROC）等反映公司财务特质的变量，大股东持股（用 TOP 表示），自有现金流（free cash flow，FCF）等反映公司治理问题的控制变量；$\text{ind}_i$ 表示公司 $i$ 的行业属性，因为有的非房地产企业由于行业生产特点可能偏好购置或修建房屋，如制造业企业，有的非房地产企业可能不偏好修建房屋，如服务业企业，根据证监会 2012 年的上市公司行业分类标准，将属于制造业的上市公司设置为 1，否则为 0；$\delta_i$ 和 $\delta_i'$ 分别表示公司 $i$ 在两种情形下的固定效应；$\beta_1$ 和 $\beta_2$ 反映了抵押担保效应。各相关变量的增长率分别用对数增长率来表示（表 5.1）。

表 5.1　变量定义及度量方法

| 变量名称 | 变量标识 | 变量度量 |
| --- | --- | --- |
| 自变量 | | |
| 房价增长率 | HPRATE | 用全国和各省（区、市）住宅和商业用房销售价格同比增速来表示 |
| 房屋价值增长率 | HVRATE | 根据前文计算所得上市公司的房屋市场价值增长率 |
| 因变量 | | |
| 企业投资增长率 | INVRATE | 根据企业投资=（固定资产+在建工程）计算增长率 |

续表

| 变量名称 | 变量标识 | 变量度量 |
|---|---|---|
| 控制变量 | | |
| 托宾 Q 值 | TBQ | （股东权益市值+期初与期末负债均值）/期初与期末总资产均值，其中股东权益市值用期间上市公司股票均值表示 |
| 经营现金流增长率 | CFRATE | 现金及现金等价物增长率来衡量 |
| 资本收益率 | ROC | 净利润/期初与期末总资本均值 |
| 大股东持股 | TOP | 第一大股东持股比例 |
| 自有现金流 | FCF | （经营活动现金净流量−预期投资水平）/上一期总资产 |
| 行业控制 | ind | 根据证监会行业分类标准划分到三级 |

注：相关财务数据均来自 Wind 数据库的上市公司资产负债表、利润表和现金流量表。预期投资水平根据张超（2016）的研究思路，使用 Richardson（2006）模型，利用金融危机爆发后相对稳定的"新常态"2011~2016年上市公司数据，先求得各特征变量的估计系数，再将估计系数与各样本特征变量相乘求和得到平稳预期下的预期投资

$HVRATE_{it}$ 表示企业持有的房产市场价值增长率，但上市公司的财务报表附注部分仅披露了按账面价值而非市场价值计算的房产价值。罗时空和周亚虹（2013）根据房地产折旧寿命和 CPI 数据来估算企业持有的房产价值，但是由于房价增速与 CPI 差距较大，笔者认为这种做法并不合理，而且工作量巨大。由于资产负债表的企业房产净值是时点数据，我国房价波动又比较大，实际上比较难以得到较为准确的房产市场价值。换个思路，本节考虑使用房产市场价值的增长率来作为重要因变量。一方面，无论从宏观经济还是微观主体的发展来看，更关心的是投资或资产的增长率，而非投资和资产的绝对值，这体现了一个稳健发展和成长的过程；另一方面，从一般均衡的思路看，房屋价值增长率可能存在一个稳态，这相对绝对值指标更容易寻找其他变量来替代。

本节利用国泰安上市公司财务报表数据库，以 2004 年为基准，将 2005 年房屋及建筑物净值考虑当年的房价增长率后再加上当年新增房屋及建筑物净值（ $NHV_{it}$ ）代表当年房屋市场价值（ $HV_{it}$ ），2006 年的房屋市场价值用 2005 年计算的房屋市场价值乘以（1+当年的房价增长率）再加上当年新增房屋及建筑物净值来表示，以此类推，计算至 2016 年的房屋市场价值。由于这样计算的房屋市场价值没有考虑每年售卖等情况，结果也不很准确，所以，再将房屋市场价值计算成增长率，这在一定程度上可以消除其他影响因素。计算公式如下：

$$HV_{it} = HV_{i(t-1)}\left(1 + HPRATE_{it}\right) + NHV_{it}$$

$$HVRATE_{it} = \ln\left(HV_{it}\right) - \ln\left(HV_{i(t-1)}\right)$$

利用上述步骤再估算得到的各省（区、市）上市公司的房屋市场价值增长

率，在一定程度上考虑了房地产价格在不同区域和不同时间维度上体现的差异。此方法可能存在的估算误差是仅考虑了上市公司在注册省（区、市）持有房地产，而没有考虑上市公司在注册省份外持有的房地产价格变化对其持有房地产的市场价值的影响。这可能会导致低估或高估企业持有的房地产的市场价值对其投资行为的影响。

### 5.3.2　内生性问题及解决思路

由于我国房地产价格在近年来持续攀升，企业自身可能通过分析发现持有房地产对投资有利，同时，考虑到固定资产投资或建造的机会成本等因素，则可能会主动扩大固定资产及在建工程规模，投资规模的变化又可能会进一步影响资产价格。本章选取的实证模型并没有包括这一机制，因而在对式（5.1）和式（5.2）进行回归时可能出现"互为因果"的内生性问题。为解决这一问题，本书首先设计反向模型验证企业投资行为是否对房地产价格和持有的房屋存量价值存在显著影响。如果没有显著影响，说明反向传导关系不成立，即只存在房地产价格和持有的房屋存量价值对企业投资行为的单向传导关系；如果有显著影响，说明存在相互影响的内生性问题，则可以按照罗时空和周亚虹（2013）的研究思路，将各地房地产价格或所有企业持有的房地产规模固定在某年年初的水平进行估计，即不考虑房价或持有的房屋存量价值增长部分，或者根据周京奎和吴晓燕（2009）的思路，利用城市公共品对房价的溢出效应来构造房价的工具变量以消除内生性影响。其中，房价的工具变量包括所在地区的城市人均道路长度、每万人拥有公共交通工具数量、城市污水日处理能力、普通高等院校数量、普通高中数量、人均公共绿地面积。

本章设计的企业投资行为对房地产价格和房屋存量价值影响的反向验证模型主要是在第 4 章货币政策、影子银行等宏观因素对资产价格影响的基础上增加企业投资行为，因为导致资产价格波动的主要因素还是宏观经济及宏观政策环境，而以固定资产和在建工程增长率为定义的企业投资行为对我国房地产价格的整体影响只是有可能存在，即使存在显著影响，从理论逻辑上看，应该也不会成为主要的影响因素。动态面板模型设计如下：

$$\text{HPRATE}_{it} = \eta_0 + \eta_1 \text{HPRATE}_{i(t-1)} + \eta_2 \text{INVRATE}_{it} + \eta_3 \text{M1R}_{i(t-1)}$$
$$+ \eta_4 \text{KDF}_{it} + \eta_5 \text{JRF}_{i(t-2)} + \eta_6 y_{it} + \eta_7 \text{SB}_{it} + \varepsilon^*_{it} \quad (5.3)$$

$$\text{HVRATE}_{it} = \theta_0 + \theta_1 \text{HVRATE}_{i(t-1)} + \theta_2 \text{INVRATE}_{it} + \theta_3 \text{M1R}_{i(t-1)}$$
$$+ \theta_4 \text{KDF}_{it} + \theta_5 \text{JRF}_{i(t-2)} + \theta_6 y_{it} + \theta_7 \text{SB}_{it} + \varepsilon^\circ_{it} \quad (5.4)$$

其中，相关变量的定义均为第 4 章和第 5 章模型中相应变量的定义。

### 5.3.3　数据处理与描述性统计

　　本章选取 2004~2016 年的 A 股上市企业作为主要研究对象。按照证监会的行业分类，本章剔除了采掘业、房地产业和建筑业的企业，因为这些行业中的企业本身与土地或房地产密切相关，其投资行为很可能受到房地产价格波动的影响。此外，本章还剔除了 ST（special treatment，特别处理）、财务信息不完整的企业以及没有持有任何房地产及建筑物的企业。在随后的实证分析中分别选取住宅价格和商业用房价格来衡量企业的房地产价值。所有数据均是年度数据，公司财务数据来自 Wind 和 CSMAR 上市公司财务报表数据库，省际房屋（住宅和商业用房）销售年度平均价格数据来自国家统计局。本章的最终样本包含 693 家上市公司 2004~2016 年共 9 009 个观测值，的上市公司，由于模型变量采用增长率形式，因此最后实际样本包含 693 家上市公司 2005~2016 年共 8 316 个观测值。

　　从表 5.2 的描述性统计数据可以看出，研究对象中的 693 家上市公司在2005~2016 年 12 年间的投资特点。企业投资增长率的平均值为 14.55%，与中位数 15.51%差距不大，说明企业投资增长率整体比较稳定，这与住宅价格增长率和商业用房价格增长率的表现比较一致，在一定程度上显示企业投资增长率可能与房价增长率相关，且企业投资增长率的偏度和峰度的绝对值较小，与标准差的比值均远小于 2，说明企业投资增长率呈正态分布。从房屋价格来看，住宅销售价格增长率的标准差（7.12）小于商业用房销售价格的标准差（8.01），因为公司用于抵押贷款的通常是商业用途的房产，即商业用房价格的大幅波动可能会对公司抵押资产的价值带来较大的冲击。从托宾 $Q$ 值来看，企业的 $Q$ 值均大于 1，且标准差较小（0.3），说明这段时期股市的财富效应比较显著，企业通过追加投资带来的收益更为可观。企业经营现金流增长率较高且波动也较大，反映了企业整体向好的经营状况，但是经营的周期性、季节性风险依然存在。从净资本收益率来看，企业的资本收益率（ROC）平均值为 4.74%，而标准差仅为 0.81%，变异系数为 0.17，显示每 1 单位收益承担的风险仅为 0.17 单位，企业盈利状况整体较好。同时，本节对模型中的各变量进行了 Fisher-ADF 和 LLC 面板单位根检验，结果表明，所有变量在10%显著性水平下均拒绝了原假设，即原序列都是平稳的。

表 5.2　变量描述性统计

| 变量 | 平均值 | 标准差 | 中位数 | 偏度 | 峰度 | Fisher-ADF | LLC | 观测值/个 |
| --- | --- | --- | --- | --- | --- | --- | --- | --- |
| HPRATE1 | 9.25% | 7.12% | 8.75% | 0.72 | 0.94 | −3.230[**] | −8.117[**] | 31 |

| 变量 | 平均值 | 标准差 | 中位数 | 偏度 | 峰度 | Fisher-ADF | LLC | 观测值/个 |
|---|---|---|---|---|---|---|---|---|
| HPRATE2 | 8.08% | 8.01% | 8.08% | 1.06 | 1.45 | −2.792** | −7.527*** | 31 |
| INVRATE | 14.55% | 4.73% | 15.51% | −0.12 | −0.91 | −3.575*** | −5.635* | 693 |
| HVRATE1 | 24.88% | 30.43% | 19.49% | 0.80 | 0.16 | −2.787** | −8.276** | 693 |
| HVRATE2 | 24.18% | 26.10% | 21.75% | 0.33 | −0.09 | −3.455** | −8.010* | 693 |
| TBQ | 1.36% | 0.30% | 1.23% | 6.48 | 2.41 | −5.329** | −9.216** | 693 |
| CFRATE | 30.39% | 34.66% | 22.09% | 2.17 | 5.80 | −3.411*** | −5.312* | 693 |
| ROC | 4.74% | 0.81% | 4.89% | −0.71 | −0.37 | −4.505** | −5.783** | 693 |
| TOP | 0.36% | 0.17% | 0.34% | 4.12 | 1.36 | −3.521* | −6.410* | 693 |
| FCF | 0.006% | 0.22% | 0.003% | 6.10 | 1.51 | −3.929* | −5.623* | 693 |

*表示在10%显著性水平下显著；**表示在5%显著性水平下显著；***表示在1%显著性水平下显著

注：HPRATE1 和 HPRATE2 分别代表住宅价格增长率和商业用房价格增长率，HVRATE1 和 HVRATE2 分别代表经过住宅价格增长率和商业用房价格增长率调整后的房屋市场价值增长率

从企业持有的房屋市场价值来看，根据住宅销售价格和商业用房销售价格测算的房屋市场价值增长率平均值比较接近，均超过 24%，主要得益于这些年我国房价的持续高速上涨。HVRATE1 的标准差高于 HVRATE2，说明住宅价格增长率的波动要大于商业用房价格增长率。从峰度和偏度系数也可以看出，住宅价格增长率较商业用房价格增长率更活跃。这可能与两者的流动性不同有关，目前两年以上的住宅买卖没有营业税，契税也较低，而商业用房买卖除了要交营业税，契税也是住房的 3 倍，这就大大限制了商业用房的流动性，导致投资者大量投机住宅而较少参与投机商业用房。估计的房屋市场价值增长率如图 5.5 所示。

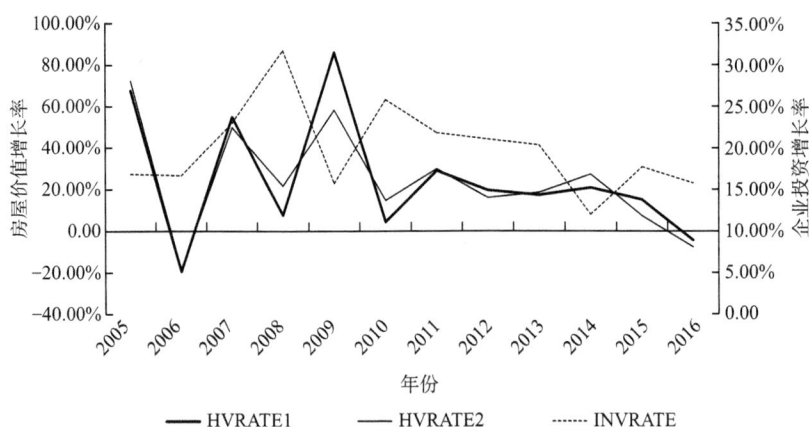

图 5.5　上市公司房屋市场价值增长率与企业投资增长率年度数据

资料来源：Wind 数据库

## 5.4　实证结果与分析

### 5.4.1　房地产价格对投资的影响

与第 4 章类似，本节选择平衡面板计量模型来进行实证研究。首先对模型设置中的因变量（企业投资增长率）进行 Hausman 检验的结果显示，Chi2（4）= 2.35（$P$ 值为 0.03）在 5%显著性水平下拒绝原假设，可以认为固定效应优于随机效应，因此采用固定效应模型进行 OLS 回归。

表 5.3 描述的是 2005~2016 年房地产价格增长率对企业投资增长率传导效应，此外，针对每一种价格增长率，又分别估计了加入公司层面的控制变量。从估计结果可以看出，只有在加入所有控制变量时，住宅销售价格增长率和商业用房销售价格增长率在 10%显著性水平下才对企业投资增长率存在显著影响，也反映出了对假设 H5.1 的验证结果，即房价对企业投资的直接影响比较弱。从估计值可以看出，在加入所有控制变量后，住宅价格增长率和商业用房价格增长率分别提高 1 个百分点，企业投资将分别提高约 0.03、0.04 个百分点。同时，可以从统计结果看出，商业用房价格增长率系数要高于住宅价格增长率的系数，这可能是由于公司一般用以抵押的房产主要是商业房产，所以商业用房价格的波动对投资的边际效应更大。从行业控制系数来看，房价增长率对制造业上市公司投资增长率的影响并不显著，即房价增长率对制造业和非制造企业的投资行为影响无显著差异。从委托-代理情况看，大股东和自由现金流均会对上市公司投资行为产生正向显著影响。

**表 5.3　房价对企业投资的直接影响**

| 系数 | 住宅销售价格增长率 | | | | 商业用房销售价格增长率 | | | |
|---|---|---|---|---|---|---|---|---|
| $\alpha_1$ | 8.324<br>（0.268） | 17.115<br>（0.243） | 17.790<br>（0.248） | 16.324<br>（0.135） | 7.236<br>（0.255） | 21.540**<br>（0.037） | 22.277*<br>（0.050） | 21.316*<br>（0.063） |
| $\beta_1$ | 0.014<br>（0.953） | 0.138<br>（0.654） | 0.028<br>（0.191） | 0.031*<br>（0.072） | 0.290<br>（0.109） | 0.044<br>（0.223） | 0.048<br>（0.165） | 0.042*<br>（0.061） |
| $\lambda_1$ | 0.445<br>（0.450） | 4.564<br>（0.738） | 3.315<br>（0.897） | 3.116<br>（0.753） | 3.645<br>（0.417） | 4.992<br>（0.205） | 3.156<br>（0.398） | 2.731<br>（0.227） |
| $\lambda_2$ | | 0.078<br>（0.467） | 0.041<br>（0.743） | 0.032<br>（0.562） | | 0.145<br>（0.073） | 0.135<br>（0.141） | 0.112<br>（0.125） |
| $\lambda_3$ | | | 1.705<br>（0.532） | 1.012<br>（0.336） | | | -0.589<br>（0.755） | -0.601<br>（0.573） |
| $\lambda_4$ | | | | 0.023***<br>（0.002） | | | | 0.035***<br>（0.004） |

续表

| 系数 | 住宅销售价格增长率 | | | | 商业用房销售价格增长率 | | | |
|---|---|---|---|---|---|---|---|---|
| $\lambda_5$ | | | | 0.331**<br>（0.013） | | | | 0.259***<br>（0.003） |
| $\varphi$ | 0.036<br>（0.203） | 0.021<br>（0.196） | 0.016<br>（0.254） | 0.045<br>（0.378） | 0.022<br>（0.243） | 0.018*<br>（0.094） | 0.054<br>（0.423） | 0.082<br>（0.219） |
| 调整的 $R^2$ | 0.089 | 0.254 | 0.405 | 0.451 | 0.326 | 0.560 | 0.767 | 0.812 |
| 观测值 | 8 316 | 8 316 | 8 316 | 8 316 | 8 316 | 8 216 | 8 316 | 8 316 |

*表示在 10%显著性水平下显著；**表示在 5%显著性水平下显著；***表示在 1%显著性水平下显著

注： $\lambda_k$ 中的 $k$=1,2,3,4,5，分别代表 TBQ、CFRATE、ROC、TOP 和 FCF 的估计系数，括号内的数值为 $P$ 值

### 5.4.2　房屋存量价值对投资的影响

表 5.4 显示的是住宅销售价格和商业用房销售价格以房屋存量价值形式影响企业投资的估计结果。从估计结果来看，房地产存量价值对企业投资增长率的 $\beta_2$ 值均为正，且均在 10%显著性水平下显著，特别是在加入了所有控制变量后，$\beta_2$ 的估计值均在 5%显著性水平下显著。这说明假设 H5.2 通过了实证检验，房价波动通过房地产存量价值作用于企业投资行为的效应是显著的。在加入所有控制变量后，住宅价格增长率和商业用房价格增长率分别提高 1 个百分点，企业投资增长率将分别提高约 0.17、0.49 个百分点，这一效应远远强于前文房价对企业投资的直接影响。从其他估计结果看，托宾 $Q$ 值与投资率正相关，而且在加入所有控制变量的投资模型中，托宾 $Q$ 值对投资增长率影响的边际效应均显著，且影响最大。由此可见，随着我国资本市场的不断发展，托宾 $Q$ 值将会是影响企业投资决策的重要工具，对投资者而言，托宾 $Q$ 值也是值得参考的指标数据。相反，度量公司盈利水平的 ROC 对公司投资增长率的影响不大，且符号有正有负，难以判断作用方向，现金流量增长率对投资增长率的影响也不显著。从行业控制系数来看，房屋价值增长率对制造业和非制造业上市公司的投资行为影响无显著差异，说明随着持有的房屋价值增长，制造业上市公司和非制造业上市公司均会显著增加投资。从委托-代理情况看，大股东和自由现金流也对上市公司投资行为有显著影响，特别是大股东持股比例越高，企业投资增长率越显著。

表 5.4　房价通过房屋存量价值对企业投资的影响

| 系数 | 住宅销售价格 | | | | 商业用房销售价格 | | | |
|---|---|---|---|---|---|---|---|---|
| $\alpha_2$ | 9.649<br>（0.173） | 18.588<br>（0.123） | 18.732<br>（0.116） | 20.154*<br>（0.068） | 8.974<br>（0.176） | 16.624<br>（0.132） | 17.256<br>（0.157） | 18.381**<br>（0.035） |
| $\beta_2$ | 0.059*<br>（0.064） | 0.073*<br>（0.090） | 0.108*<br>（0.074） | 0.166**<br>（0.033） | 0.084**<br>（0.047） | 0.093**<br>（0.036） | 0.233**<br>（0.012） | 0.486***<br>（0.002） |

续表

| 系数 | 住宅销售价格 | | | | 商业用房销售价格 | | | |
|---|---|---|---|---|---|---|---|---|
| $\lambda'_1$ | 2.525<br>（0.261） | 1.168<br>（0.443） | 2.325<br>（0.412） | 2.664$^{**}$<br>（0.032） | 2.593<br>（0.483） | 1.825$^{**}$<br>（0.040） | 1.799$^{*}$<br>（0.082） | 1.682$^{**}$<br>（0.020） |
| $\lambda'_2$ | | 0.084<br>（0.329） | 0.079<br>（0.240） | 0.067<br>（0.487） | | 0.074<br>（0.356） | 0.059<br>（0.506） | 0.043<br>（0.428） |
| $\lambda'_3$ | | | −1.187<br>（0.617） | −1.109<br>（0.432） | | | −1.140<br>（0.608） | −1.576<br>（0.311） |
| $\lambda'_4$ | | | | 0.071$^{**}$<br>（0.012） | | | | 0.096$^{***}$<br>（0.004） |
| $\lambda'_5$ | | | | 0.232$^{***}$<br>（0.005） | | | | 0.246$^{***}$<br>（0.002） |
| $\varphi'$ | 0.005<br>（0.196） | 0.032<br>（0.217） | −0.055<br>（0.383） | 0.021<br>（0.204） | 0.042<br>（0.286） | 0.024<br>（0.175） | 0.004<br>（0.135） | 0.063<br>（0.401） |
| 调整的 $R^2$ | 0.213 | 0.306 | 0.533 | 0.778 | 0.288 | 0.465 | 0.690 | 0.801 |
| 观测值 | 8 316 | 8 316 | 8 316 | 8 316 | 8 316 | 8 316 | 8 316 | 8 316 |

\*表示在 10%显著性水平下显著；\*\*表示在 5%显著性水平下显著；\*\*\*表示在 1%显著性水平下显著

注：$\lambda'_k$ 中的 $k$=1,2,3,4,5，分别代表 TBQ、CFRATE、ROC、TOP、FCF 的估计系数，括号内的数值为 $P$ 值

# 5.5　稳健性检验

本章首先对可能存在的互为因果的内生性问题进行检验，式（5.3）和式（5.4）的估计结果显示，系数 $\eta_2$ 不显著（表 5.5），说明反向传导关系不成立，即固定资产及在建工程增长率对房地产价格增长率没有显著影响。同样，两种房价分别估计下的系数 $\theta_2$ 也不显著，说明反向传导关系不成立，即企业投资行为对其持有的房屋存量价值的影响也不显著。结合前文实证结果可见，仅存在房地产价格或持有的房屋存量价值影响企业投资行为的单向传导关系。所以，本书认为以固定资产投资及在建工程衡量的企业投资行为与房地产价格或房屋存量价值之间的内生性问题至少在我国并不显著，主要还是房地产价格或房屋存量价值对企业投资行为的影响，即模型设计不存在显著的内生性问题。

表 5.5　企业投资对房地产价格和房屋价值的影响

| 系数 | 房地产价格 | 系数 | 房屋价值（住宅销售价格） | 系数 | 房屋价值（商业用房销售价格） |
|---|---|---|---|---|---|
| $\eta_0$ | −1.013<br>（0.132） | $\theta_0$ | −0.015<br>（0.372） | $\theta_0$ | −0.073<br>（0.464） |
| $\eta_1$ | 0.036$^{***}$<br>（0.000） | $\theta_1$ | 0.012$^{***}$<br>（0.000） | $\theta_1$ | 0.009$^{***}$<br>（0.000） |

续表

| 系数 | 房地产价格 | 系数 | 房屋价值（住宅销售价格） | 系数 | 房屋价值（商业用房销售价格） |
|---|---|---|---|---|---|
| $\eta_2$ | 0.015（0.562） | $\theta_2$ | 0.003（0.712） | $\theta_2$ | 0.005（0.603） |
| $\eta_3$ | 0.021***（0.000） | $\theta_3$ | 0.009***（0.000） | $\theta_3$ | 0.011**（0.012） |
| $\eta_4$ | 0.035**（0.026） | $\theta_4$ | 0.005*（0.062） | $\theta_4$ | 0.013**（0.041） |
| $\eta_5$ | -0.024**（0.027） | $\theta_5$ | -0.008**（0.024） | $\theta_5$ | -0.010**（0.031） |
| $\eta_6$ | 0.073**（0.035） | $\theta_6$ | 0.015**（0.031） | $\theta_6$ | 0.008**（0.026） |
| $\eta_7$ | 0.042***（0.003） | $\theta_7$ | 0.013**（0.018） | $\theta_7$ | 0.011**（0.045） |
| 调整的 $R^2$ | 0.917 | 调整的 $R^2$ | 0.965 | 调整的 $R^2$ | 0.920 |
| 观测值 | 8 316 | 观测值 | 8 316 | 观测值 | 8 316 |

*表示在10%显著性水平下显著；**表示在5%显著性水平下显著；***表示在1%显著性水平下显著
注：括号内的数值为 $P$ 值。

　　进一步考虑，由于我国的国有企业已经在国民经济中占据重要位置，但是国有企业的投资并非完全市场化，也不一定完全根据房价和持有的房屋存量价值变化进行投资，民营企业的投资考量可能更多依据收益率、房屋存量价值增长率等市场化指标。同时，本书的企业投资用固定资产和在建工程来表示，从全国整体来看，这并无大碍，但一般具体而言，主要是制造业等第二产业企业的投资表现在固定资产和在建工程的金额较大[1]，资产价格的变化对其投资的影响可能更加显著。而且，控制变量除了微观因素外，宏观指标也是企业投资参考的重要因素。所以，本节接下来分两种情况分别进行稳健性检验：一是单独对229家民营企业进行估计，控制变量在微观因子的基础上再加上宏观因子；二是单独对315家制造业上市企业进行估计，相应去除行业控制变量，同样，在控制变量中也加入宏观因素。一般而言，利率对投资具有"挤出效应"，企业投资决策对利率比较敏感，因此，本节根据成交量孰大为标准，选用银行间债券7日回购利率加权平均值作为宏观控制变量。

　　对229家民营上市企业的稳健性估计结果显示，两种房价增长率和行业控制变量对企业投资增长率的影响均不显著。从房屋存量效应估计结果来看，在加入

---

　　[1] 从传统意义上看，制造业企业的房产投资和生产设备投资是社会固定资产和在建工程的主要组成部分，但是根据证监会行业分类标准，截至2017年末，我国所有上市公司中，839家服务业上市企业（除房地产上市企业）的固定资产合计3.67万亿元，仅比2 257家制造业上市企业的固定资产合计低26.59%，其中78家金融业上市企业持有的固定资产合计就超过了所有制造业上市企业固定资产合计的1/4。

了所有控制变量后，$\beta_2$ 的估计值均在 5%显著性水平下显著，这也再次证明了假设 H5.2（表 5.6）。同时，本章发现利率与企业投资显著负相关，且关联影响远远大于房屋存量因素。例如，在加入所有控制变量后，无论是住宅销售价格还是商业用房销售价格，其增长率提升 1 个百分点，企业投资增长率均将下滑 4 个百分点以上；同时，托宾 $Q$ 值与投资率正相关，且在所有因素中远远大于其他因素对企业投资的影响，说明我国资本市场已成为民营企业投资的重要参考因素。企业除了从投入产出比来衡量是否追加投资外，还可以通过影响企业融资又进一步影响企业投资。从行业控制系数来看，房屋价值增长率对民营制造业和民营非制造业上市公司的投资行为影响有显著差异，说明随着持有房屋价值增长，民营制造业上市公司相对民营非制造业上市公司更加注重投资，间接反映了民营企业更加敏锐的市场操作。同样，从委托-代理情况看，大股东和自由现金流也对上市公司投资行为存在显著正向影响。

表 5.6　房价通过房屋存量对民营企业投资的影响

| 系数 | 住宅销售价格 | | | | 商业用房销售价格 | | | |
|---|---|---|---|---|---|---|---|---|
| $\alpha_2$ | 14.947 （0.138） | 30.505* （0.060） | 32.527* （0.059） | 36.617* （0.051） | 14.251 （0.138） | 28.870* （0.060） | 33.282* （0.052） | 38.011** （0.046） |
| $\beta_2$ | 0.045** （0.013） | 0.058* （0.080） | 0.245* （0.062） | 0.265** （0.045） | 0.073** （0.026） | 0.079* （0.073） | 0.133* （0.056） | 0.286** （0.049） |
| $\lambda_1'$ | 1.722 （0.744） | 11.039** （0.024） | 16.012** （0.045） | 28.111** （0.022） | 1.646* （0.077） | 10.079** （0.038） | 21.426** （0.021） | 27.360** （0.018） |
| $\lambda_2'$ | | 0.119 （0.188） | 0.189 （0.256） | 0.216 （0.317） | | 0.111 （0.188） | 0.216 （0.145） | 0.210 （0.122） |
| $\lambda_3'$ | | | 3.924 （0.411） | 3.825 （0.351） | | | 4.214 （0.523） | 3.911 （0.314） |
| $\lambda_4'$ | | | | 0.056** （0.043） | | | | 0.072*** （0.001） |
| $\lambda_5'$ | | | | 0.252*** （0.002） | | | | 0.311*** （0.004） |
| $\lambda_6'$ | -1.397** （0.018） | -2.159** （0.024） | -4.890* （0.071） | -4.723* （0.064） | -1.337* （0.096） | -2.123** （0.027） | -5.107** （0.031） | -4.753** （0.042） |
| $\varphi'$ | 0.012 （0.203） | 0.045 （0.276） | 0.041** （0.032） | 0.036* （0.050） | 0.048 （0.345） | 0.035 （0.175） | 0.004** （0.035） | 0.063*** （0.001） |
| 调整的 $R^2$ | 0.278 | 0.447 | 0.527 | 0.556 | 0.351 | 0.696 | 0.789 | 0.819 |
| 观测值 | 2 748 | 2 748 | 2 748 | 2 748 | 2 748 | 2 748 | 2 748 | 2 748 |

*表示在 10%显著性水平下显著；**表示在 5%显著性水平下显著；***表示在 1%显著性水平下显著

注：$\lambda_k'$ 中的 k=1,2,3,4,5,6，分别代表 TBQ、CFRATE、ROC、TOP、FCF 和利率的估计系数。括号内的数值为 P 值

去除 5.3.1 节模型中的行业控制变量，对 315 家制造业上市企业的稳健性估计

结果显示，无论是住宅价格还是商业用房价格，其增长率均对企业投资增长率的影响不显著。从房屋存量效应估计结果来看，采用不同控制变量后的模型，其估计结果均显示 $\beta_2$ 的估计值显著，而且估计值大于整体样本和民营企业样本估计情况，说明制造业企业投资对房屋价值的变动相对更加敏感（表 5.7）。利率与制造业上市企业的投资显著负相关，且制造业上市企业的投资敏感度不仅强于对房屋存量价值的敏感度，也高于民营企业相应敏感度。同样，托宾 $Q$ 值与投资率正相关，大股东和自由现金流也对制造业上市公司投资行为影响显著。整体来看，与前文整体样本估计结果比较一致。

表 5.7　房价通过房屋存量对制造业企业投资的影响

| 系数 | 住宅销售价格 | | | | 商业用房销售价格 | | | |
|---|---|---|---|---|---|---|---|---|
| $\alpha_2$ | 12.453<br>（0.214） | 24.770*<br>（0.053） | 27.265*<br>（0.083） | 30.106**<br>（0.043） | 13.274<br>（0.159） | 24.736**<br>（0.041） | 27.988**<br>（0.038） | 31.752**<br>（0.035） |
| $\beta_2$ | 0.192**<br>（0.021） | 0.231*<br>（0.065） | 0.362*<br>（0.041） | 0.397**<br>（0.033） | 0.169**<br>（0.032） | 0.205*<br>（0.061） | 0.375**<br>（0.040） | 0.516**<br>（0.022） |
| $\lambda_1'$ | 3.647<br>（0.263） | 9.804**<br>（0.031） | 12.116*<br>（0.052） | 20.527**<br>（0.015） | 2.730*<br>（0.052） | 8.630*<br>（0.057） | 19.037**<br>（0.042） | 22.107**<br>（0.011） |
| $\lambda_2'$ | | 0.348<br>（0.206） | 0.402<br>（0.138） | 0.467<br>（0.223） | | 0.289<br>（0.107） | 0.406<br>（0.212） | 0.326<br>（0.107） |
| $\lambda_3'$ | | | 4.346<br>（0.279） | 5.635<br>（0.216） | | | 4.870<br>（0.336） | 5.310<br>（0.258） |
| $\lambda_4'$ | | | | 0.042**<br>（0.034） | | | | 0.059***<br>（0.000） |
| $\lambda_5'$ | | | | 0.161***<br>（0.000） | | | | 0.461***<br>（0.000） |
| $\lambda_6'$ | −1.690**<br>（0.022） | −2.075**<br>（0.013） | −4.174**<br>（0.041） | −5.218**<br>（0.044） | −2.542*<br>（0.078） | −2.645**<br>（0.031） | −4.831**<br>（0.026） | −5.218**<br>（0.013） |
| 调整的 $R^2$ | 0.301 | 0.436 | 0.568 | 0.651 | 0.389 | 0.546 | 0.802 | 0.863 |
| 观测值 | 3 780 | 3 780 | 3 780 | 3 780 | 3 780 | 3 780 | 3 780 | 3 780 |

*表示在10%显著性水平下显著；**表示在5%显著性水平下显著；***表示在1%显著性水平下显著
注：$\lambda_k'$ 中的 $k$=1,2,3,4,5,6，分别代表 TBQ、CFRATE、ROC、TOP、FCF 和利率的估计系数。括号内的数值为 $P$ 值

# 5.6　本 章 小 结

本章首先通过经验数据分析了我国房地产价格与企业投资行为的关系，同时，结合企业资产负债表中房屋及建筑物净值等财务数据，构造了企业持有的房屋市场价值，分析了房地产价值与企业投资行为的相互关系，并对此提出了两个

经验假设；接着，以房地产价格的波动作为公司抵押品价值变化的冲击，通过平衡面板计量模型，利用 693 家 A 股上市企业的微观数据，从房地产价格对企业投资的直接影响和房地产价格通过房屋存量价值对企业投资的间接影响两个角度实证研究了房地产价格对企业投资的传导效应。研究发现，无论是我国的住宅销售增长率还是商业用房销售价格增长率，其与企业投资增长率均没有较强的直接关联，但是商业用房销售价格增长率与企业投资增长率的关联性强于住宅销售价格增长率与企业投资增长率的关系，其主要原因可能是企业一般用以抵押的房产主要是商业房产。同时，两种房地产价格通过房地产存量价值作用于企业投资行为的间接效应是显著的，即住宅价格增长率和商业用房价格增长率提升，均会导致企业投资增长率增加。此外，通过行业控制变量发现，无论是房价增长率还是房屋价值增长率，其对制造业和非制造上市公司的投资行为影响无显著差异。在稳健性检验中再次验证了以上主要结论，但是房屋价值增长率对民营企业和非民营企业的投资行为影响有显著差异，同时还发现对于制造业样本上市公司，企业持有的房产市场价值对企业投资行为的影响效应强于整体样本企业和民营样本企业。综合来看，我国房地产价格对企业投资行为的影响是畅通的，即满足了货币政策通过资产价格影响企业投资行为的第二个前提。

# 第6章　货币政策、资产价格与企业投资行为的传导效应研究

第4章和第5章分别研究了货币政策对资产价格的传导机制和资产价格对企业投资行为的影响机制，这在一定程度上显示了货币政策到资产价格再到企业投资的传导过程，但是货币政策对企业投资行为的影响，并不是前面两种机制的简单相加。本章将以上两种传导机制结合在一起，贯通研究货币政策对企业投资行为变化的影响。首先，通过历史数据分析了我国企业外部融资代理成本与企业投资行为的关系以及国有企业和非国有企业面临的不同融资约束；其次，以房地产价格作为中介变量，通过面板计量模型研究了货币政策通过房地产价格对企业投资行为的传导效应，并进一步验证了宏观审慎政策对货币政策微观传导效果的影响；最后，以股票价格作为中介变量，对比分析货币政策传导企业投资行为的影响机制。本章主要考虑货币政策通过资产价格对企业投资行为的影响，主要是因为：一方面，这是贯通研究全书"货币政策—资产价格—企业投资行为"传导路径是否成立的最后一步；另一方面，货币政策影响企业投资行为的路径很多，那么资产价格传导渠道发挥的作用机制是否显著需要进一步的研究来证实。

## 6.1　引　　言

传统上，关于货币政策与投资产出的研究主要是在宏观主体和宏观环境层面下，探讨货币政策变化对宏观经济波动的影响（Kashyap et al., 1993；Bernanke and Gertler, 1995），但缺乏相应的微观基础，即较少研究货币政策变化对微观主体的影响。另一方面，关于微观企业投资行为的研究是基于信息不对称理论（Myers and Majluf, 1984）、委托-代理和公司治理理论（Jensen and Meckling, 1976）等分析框架的，又容易忽视宏观经济环境变化对企业投资行为

的影响。因此，将宏观经济学理论基础与微观企业结合起来探讨货币政策的微观传导机制，有助于直接检验宏观经济政策的效果，也有利于拓宽微观企业财务研究领域（徐光伟和孙铮，2015）。

目前，大多数关于货币政策对企业投资行为影响的研究，主要是基于信息不对称理论来研究货币政策下融资约束程度对企业投资行为的影响。Korajczyk 和 Levy（2003）研究发现，紧缩的货币政策导致企业的商业票据增加而银行贷款减少，从而影响其投资行为。Voutsinas 和 Werner（2011）检验了信贷供给波动与日本企业资本结构的关系，研究发现企业资本结构会受到货币环境和信贷供给的影响。一般而言，货币政策对企业投资的影响，除了与资产价格有关的托宾 $Q$（Tobin，1969）、抵押担保效应（Kiyotaki and Moore，1997）、金融加速器效应（Bernanke et al.，1996）等间接途径外，还存在较为直接的供给效应和需求效应[①]（Oliner and Rudebusch，1996；Guariglia，1999；Mojon et al.，2002；Huang et al.，2012）。因此，衡量货币政策通过资产价格对企业投资行为的影响必须控制好两种直接效应才能得出相对较为准确的结果。

从目前的国内研究文献看，大部分主要从企业性质、货币政策松紧、区域金融发展水平等方面研究货币政策对企业投资水平或投资效率的直接影响（喻坤等，2014；谢军和黄志忠，2014；张亦春和李晚春，2015），基本结论也比较一致地认为货币政策影响企业投资水平或投资效率，只是在不同细分情景下，影响程度有所差异。钟凯等（2016）研究了货币政策与企业"短贷长投"的关系，发现货币政策适度水平的增加能直接对企业"短贷长投"产生抑制效应，而且可以通过降低"短贷长投"对公司业绩的不利影响发挥间接作用。欧阳志刚和薛龙（2017）通过 FAVAR（factor-augmented vector autoregressive，因子增强型向量自回归）模型研究了不同货币政策工具对不同类型企业组合投资的影响，研究发现 SLF 对民营企业的调节效果较为显著；1 年期商业银行存款利率和 M2 对信息技术企业的调节效果更为显著等。整体来看，从资产价格渠道来揭示货币政策与微观企业投资关系的文章还比较少见，更多文献从宏观角度来分析货币政策通过资产价格渠道对社会整体投资的影响机制（田祥宇和闫丽瑞，2012；曾繁华等，2014），但宏观数据和宏观模型比较难以反映微观效应，而且无法揭示金融市场的不完备性对公司投资的影响，如信息不对称对融资约束形成的差异，进而对企业投资决策的影响。

---

① 供给效应主要是指货币政策通过信贷供给影响企业投资行为，即货币政策通过资金供给的宽紧变动，改变公司外部融资环境，融资约束条件的变化导致企业投资决策的改变而影响企业投资的配置结构与效率，Bernanke 和 Gertler（1995）将其称为货币政策的信用传导渠道。需求效应主要是指货币政策通过改变市场利率从而影响投资收益率，公司将根据收益率的变化判断并改变未来投资决策，影响公司投资行为。

因此，本章将结合微观数据来研究货币政策通过资产价格影响企业投资行为的机制。本章的贡献主要在以下几点：①以房地产价格和企业持有的房产价值作为中介传导变量，通过微观数据实证研究了货币政策对企业投资行为的间接传导效应；②以逆周期资本充足率作为宏观审慎政策因素，进一步验证了当前宏观审慎政策对我国货币政策微观传导效率的影响；③通过股票价格对比分析了货币政策对企业投资行为的间接传导机制，验证了以房地产价格和股票价格为中介变量的货币政策微观传导效率差异。

# 6.2　货币政策冲击与企业投资行为变化：经验与事实

Bernanke 和 Gertler（1989）根据信息不对称理论，建立了企业投资与融资约束的研究框架，发现投资在很大程度上依赖于企业资产负债表因素，如资产净值、当前与未来的现金流状况等，并认为企业的外部资金成本高于内部资金成本，前者与后者之差称为外部融资代理成本。随后，Bernanke 和 Gertler（1995）根据信贷渠道的作用机理研究认为，货币政策可以通过作用于银行信贷资金规模和企业资产负债表的质量，进而影响企业的投资决策。因此，研究货币政策通过资产价格渠道作用企业投资行为，应该考虑融资约束以及外部融资代理成本在传导过程中发挥的作用。

## 6.2.1　外部融资代理成本与企业投资行为

目前，我国企业的融资仍表现为间接融资为主、直接融资为辅的结构。相对于 20 世纪 90 年代中期，我国的直接融资已获得长足发展，但与发达国家相比，我国的直接融资水平还相对较低。中国人民银行数据显示，2006 年，我国非金融机构部门的直接融资与间接融资比率为 9%[①]；到了 2016 年，非金融机构部门的直接融资与间接融资比率升至 33%，而早在 2014 年，美国直接融资占比就超过 80%，日本和德国直接融资占比分别为 69% 和 74%，印度、巴西、印度尼西亚等新兴市场国家的直接融资占比也均在 60% 以上[②]。在间接融资为主导的企业融资模式下，是否存在外部融资代理成本，外部融资代理成本对企业投资行为的影响是否有不同的表现形式呢？

---

① 此处定义的直接融资包括非金融机构部门通过非金融企业境内发行的股票、企业债券。间接融资为新增本外币贷款、委托贷款、信托贷款和未贴现的银行承兑汇票。

② 数据来源：和讯资讯，http://news.hexun.com/2016-09-30/186264690.html。

　　我国尚未建立一个系统性的短期国债市场，没有相应的短期国债利率。与同业拆借市场相比，回购市场参与机构的范围更加广泛，而且债券回购的风险又低于信用拆借（洪永淼和林海，2006），因此银行间市场 7 天回购短期利率相对更能反映我国市场资金流动性的松紧程度，代表市场无风险利率。根据白鹤祥（2010b）的研究，在外部融资代理成本的度量上，假设企业通过银行融资代理成本等于实际贷款的加权平均利率减去市场无风险利率，企业通过债券融资的代理成本等于短期融资券发行利率减去市场无风险利率[①]。

　　作为外部融资代理成本的替代指标，企业通过银行融资代理成本和企业通过债券融资代理成本与企业投资增长率的负相关关系在 2011 年以前比较明显，除个别季度外，外部融资代理成本的上升，都导致了企业投资增长率的放缓，比较明显的有 2006~2007 年和 2009~2010 年，这些都处于市场融资成本上升之后（图 6.1）。值得注意的是，2011 年以来，虽然我国银行融资代理成本缓慢波动下行，债券融资代理成本围绕 1%上下波动，但是我国企业投资增长率仍然不断下行。

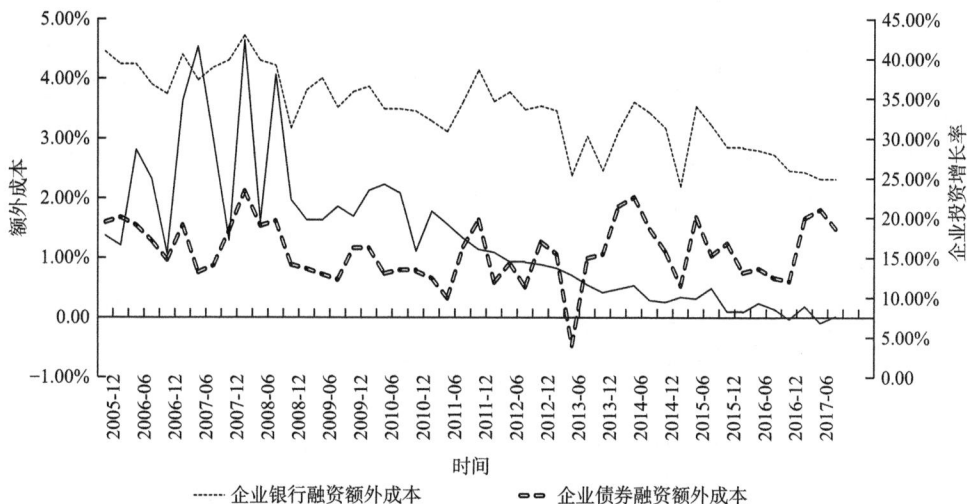

图 6.1　我国企业的外部融资代理成本估算：2005~2017 年

资料来源：Wind 数据库

**市场利率变化有中央银行货币政策调控的成分（2005~2017 年中央银行基准**

----

① 从 2008 年第二季度开始，中国人民银行开始公布每季金融机构贷款加权平均利率，金融机构贷款加权平均利率显然更准确地描述了企业的贷款成本，但基于数据长度原因，2008 年第二季度之前的数据采用官方一年期基准贷款利率代替，因为金融机构贷款加权平均利率趋势与基准贷款利率整体保持了一致，只是极个别季度出现了小幅波动。中国人民银行从 2005 年开始推动短期融资券和中期票据发行，增强了债券市场的广度和深度，短期融资券已成为发行和交易最多的企业短期债券。将每季短期融资券发行利率进行简单加权平均，作为短期债券的融资成本。

贷款利率与市场整体利率一致下滑的趋势可以看出），但是市场利率与企业投资增长率走势关联不明显，并不能说明市场利率甚至货币政策与企业投资之间的传导效应不显著，也可能是诸如宏观经济环境低迷、信贷规模较少等多种原因造成的（白鹤祥，2010a）。其中，信贷规模除了中央银行主动调控外，企业资产价格下降造成抵押品价值降低进而影响银行正常的信贷投放，也是一个重要原因。从图6.2可以看出，我国A股上市企业股票平均质押价值增速①与企业投资增长率一致向下，变化趋势比较一致，这与上一章图 5.3 所显示的企业持有的房产价值增长率与企业投资增长率走势比较一致的结果较为类似，这可能说明资产价格影响抵押品价值，进而从信贷供给方面影响了企业投资。基于以上分析，提出假设 H6.1。

H6.1：资产价格波动会造成企业投资同向变化，外部融资代理成本变动会造成企业投资反向变化，但是资产价格对企业投资的影响力度强于外部融资代理成本。

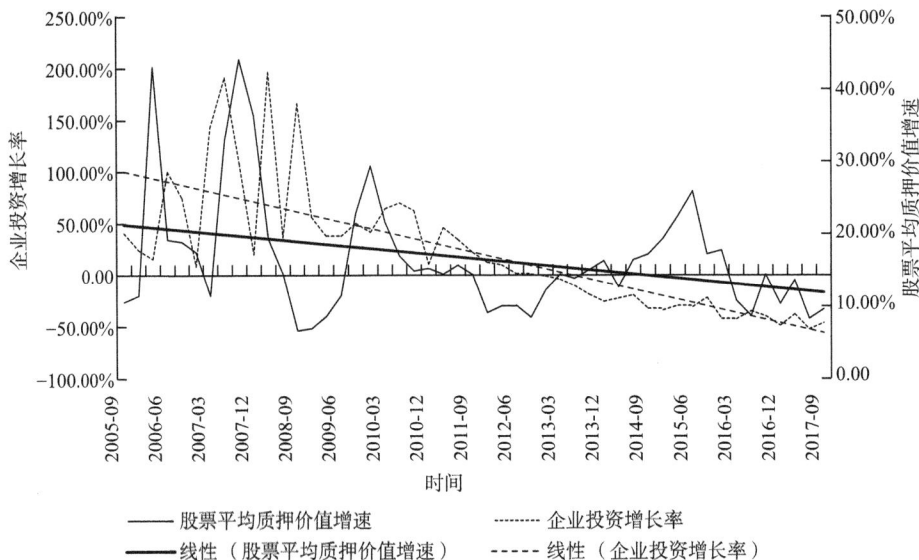

图 6.2　我国 A 股股票平均质押价值增长率与企业投资增长率季度数据
资料来源：Wind 数据库

## 6.2.2　企业性质与融资约束

许多学者从银企关系和政企关系的角度来研究我国企业属性不同而具有的融

---

　　① 股票平均质押价值是根据每个季度质押的上市公司的股票数量乘以季末对应股票的价格算出每家公司质押股票的价值，再求所有参与股票质押的上市公司的股票质押价值的算数平均值。股票平均质押价值增速，即根据股票平均质押价值求出对数增长率。

资约束特性。一方面，银企关系是指企业与银行之间的密切程度，银企关系越高，企业与银行的关系越密切。Diamond（1984）、Fama（1985）、Berlin 和 Loeys（1988）认为银行在与企业的业务联系过程中，可以掌握更多的企业信息，密切的银企关系可以降低银行与企业之间的信息不对称，这将增强企业获取银行资金的能力。杜颖洁和杜兴强（2013）结合我国数据也发现银企关系有助于企业从银行获得更多的贷款。另一方面，政企关系是指企业与地方政府或中央政府间的密切程度，政企关系越高，企业与地方政府或中央政府的关系越密切。余明桂和潘红波（2008）、洪怡恬（2014）研究发现有政治关系的企业比无政治关系的企业获得更多的银行贷款和更长的贷款期限。

从我国实际情况来看，企业从所有权性质上可以分为国有企业和非国有企业。对于国有企业，由于我国商业银行大多与国有企业一样，是由中央政府或者地方政府控股，与政府部门有着千丝万缕的联系，实际上，国有企业一般拥有较强的银企关系和政企关系，面临较低的融资约束。对于非国有企业，本身相对于国有企业而言，其外部融资则存在更多的障碍。无论是直接融资还是间接融资，非国有企业由于风险高、信用低，融资相对国有企业较为困难（洪怡恬，2014）。货币政策通过对资产价格的冲击，会影响企业面临的外部融资代理成本，进而对不同融资约束的企业投资造成不同的影响。张前程（2014）实证发现货币政策对不同产权性质企业投资的影响存在差异，对非国有企业的影响较大。所以，基于以上分析，提出如下假设。

H6.2：货币政策对国有企业的投资行为影响较小，而对非国有企业的投资行为影响较大。

## 6.3　研究方法与设计

### 6.3.1　模型设计与变量定义

参照以往对货币政策传导企业投资以及有关非国有企业与国有企业投资效率差异的研究（喻坤等，2014；刘星等，2014；Huang et al.，2012），本节从房地产价格和企业持有的房屋存量价值两个维度进行验证，设定模型具体如下：

$$\mathrm{INVRATE}_{it} = \alpha_0 + \alpha_1 \mathrm{HPRATE}_{it} + \alpha_2 \mathrm{MR}_i + \alpha_3 \mathrm{HPRATE}_{it} \times \mathrm{M1R}_i$$
$$+ \alpha_4 \mathrm{HPRATE}_{it} \times \mathrm{SB}_i + \alpha_5 \mathrm{Dummy}_{it} \times \mathrm{M1R}_i \qquad (6.1)$$
$$+ \sum_{k=1}^{n} \xi_k \mathrm{Control}_k^i + \varphi \mathrm{ind}_i \times \mathrm{HPRATE}_{it} + \delta_i + \varepsilon_{it}$$

$$\mathrm{INVRATE}_{it} = \beta_0 + \beta_1 \mathrm{HVRATE}_{it} + \beta_2 \mathrm{MR}_i + \beta_3 \mathrm{HVRATE}_{it} \times \mathrm{M1R}_i$$
$$+ \beta_4 \mathrm{HVRATE}_{it} \times \mathrm{SB}_i + \beta_5 \mathrm{Dummy}_{it} \times \mathrm{M1R}_i \qquad (6.2)$$
$$+ \sum_{k=1}^{n} \omega_k \mathrm{Control}_k^i + \varphi' \mathrm{ind}_i \times \mathrm{HVRATE}_{it} + \delta_i + \varepsilon'_{it}$$

其中，$\mathrm{INVRATE}_{it}$ 表示公司 $i$ 的投资增长率；$\mathrm{HPRATE}_{it}$ 是公司 $i$ 所在省（区、市）的房价增长率，随时间变化，它代表了房地产价格对投资的一个整体的影响；$\mathrm{HVRATE}_{it}$ 是公司 $i$ 持有的房屋市场价值增长率，与前一章定义一致，受房价影响；$\mathrm{MR}_i$ 表示市场融资成本，用企业银行融资代理成本来表示；$\mathrm{M1R}_i$ 表示狭义货币供应量增长率（第 4 章显示房价增速与狭义货币供应量增长率比较一致）；$\mathrm{SB}_i$ 表示影子银行规模增长率（第 4 章显示影子银行较货币供应量对房价增速的影响更强烈）；$\mathrm{Control}_k^i$ 是其他控制变量，$K$=1,2,3,4,5,6，分别代表包括公司 $i$ 的 TBQ、CFRATE、ROC、CRRATE（credit investment growthrate，信贷投放增速）、TOP、FCF；$\mathrm{Dummy}_{it}$ 是虚拟变量，区分国有企业和非国有企业，将非国有企业设置为 1，否则为 0；$\mathrm{ind}_i$ 表示公司 $i$ 的行业属性，根据证监会 2012 年上市公司行业分类标准，将属于制造业的上市公司设置为 1，否则为 0。货币政策对企业投资水平产生直接影响的需求效应和供给效应，即通过 MR 和 CRRATE 来控制。$\alpha_3$ 和 $\beta_3$ 反映了货币政策通过房地产价格对企业投资增长率的间接反应程度。$\alpha_4$ 和 $\beta_4$ 反映了货币政策对国有企业和非国有企业影响的差异。各相关变量的增长率分别用对数增长率来表示。本章所涉及变量的定义及度量方法，在表 6.1 中进行了详细说明与报告。

表 6.1　变量的定义及度量方法

| 变量名称 | 变量标识 | 变量度量 |
|---|---|---|
| 自变量 | | |
| 房价增长率 | HPRATE | 用全国和各省（区、市）住宅和商业用房销售价格同比增速来表示 |
| 房屋市场价值增长率 | HVRATE | 根据商业用房销售价格增速，结合第五章方法计算所得上市公司的房屋市场价值增长率 |
| 企业银行融资代理成本 | MR | 根据前文方法用实际贷款的加权平均利率减去银行间市场 7 天回购短期利率来表示企业银行融资代理成本 |
| 狭义货币供应量增长率 | M1R | 用狭义货币供给量的对数同比增速来表示 |
| 虚拟变量 | Dummy | 国有企业为 0，非国有企业为 1 |
| 因变量 | | |
| 企业投资增长率 | INVRATE | 根据企业投资=（固定资产+在建工程）计算增长率 |
| 控制变量 | | |
| 托宾 $Q$ 值 | TBQ | （股东权益市值+期初与期末负债均值）/期初与期末总资产均值，其中股东权益市值用期间上市公司股票均值表示 |
| 经营现金流增长率 | CFRATE | 现金及现金等价物增长率来衡量 |

续表

| 变量名称 | 变量标识 | 变量度量 |
|---|---|---|
| 金融机构信贷投放增速 | CRRATE | 用中国人民银行发布的金融机构各项贷款余额同比增速表示 |
| 影子银行规模增长率 | SB | 根据中国人民银行公布的全国信托贷款、委托贷款和未贴现银行承兑汇票余额合计的存量计算影子银行规模同比增长率 |
| 资本收益率 | ROE | 净利润/期初与期末总资本均值 |
| 大股东控制 | TOP | 第一大股东持股比例 |
| 自有现金流 | FCF | （经营活动现金净流量−预期投资水平）/上一期总资产 |
| 行业控制 | ind | 根据证监会行业分类标准划分到三级 |

注：相关财务数据均来自 Wind 数据库的上市公司资产负债表、利润表和现金流量表。预期投资水平根据张超（2016）的研究思路，使用 Richardson（2006）模型，利用金融危机爆发后相对稳定的"新常态"2011~2016年上市公司数据，先求得各特征变量的估计系数，再将估计系数与各样本特征变量相乘求和得到平稳预期下的预期投资

### 6.3.2　内生性问题及解决思路

在第 4 章和第 5 章研究中分别探讨了货币政策与资产价格以及企业投资与资产价格之间可能存在的内生性问题，但由于所有企业投资的总和会反映为我国整体投资状况，进而影响整体经济增长，使得货币政策被动发生调整，这样货币政策与企业投资行为之间也有可能存在内生性问题。本章在研究货币政策通过资产价格传导企业投资行为的过程中也考虑了货币政策对企业投资行为的直接影响，所以应该验证和解决可能存在的内生性问题。本章首先设计反向模型验证企业投资行为对货币政策的影响。如果没有显著影响，说明原模型（6.1）和模型（6.2）是合理的，即只存在货币政策对企业投资行为的单向传导影响；如果有显著影响，即货币政策与企业投资行为之间可能存在互为因果的内生性问题，则可以按照赵静（2017）的研究思路，采用在 1%水平下对公司的连续变量进行 winsorize 处理，对除货币政策以外的解释变量采用滞后处理以减少内生性的影响。

从理论和实践上看，企业投资行为对货币政策的反向影响是一个间接因素，即所有企业投资行为的结果合计具有一致性，导致社会整体投资发生变化后，进而影响经济增长，使得货币政策被动发生反应。同时，《中华人民共和国中国人民银行法》规定，我国的货币政策目标是保持货币币值稳定，并以此促进经济增长。所以，本章设计的企业投资行为对货币政策影响的反向验证模型主要是在第 4 章通胀水平、经济增长率等主要宏观因素对货币政策影响的基础上增加企业投资行为因素。动态面板模型设计如下：

$$\text{M1R}_{it} = \eta_0 + \eta_1\text{INVRATE}_{it} + \eta_2\text{M1R}_{i(t-1)} + \eta_3\text{KDF}_{it} + \eta_4\text{JRF}_{i(t-2)}$$
$$+ \eta_5\text{GDPR}_{it} + \eta_6\text{INF}_{it} + \eta_7\text{SB}_{it} + \varepsilon'_{it} \tag{6.3}$$

其中，各变量定义为第 4 章和第 6 章模型中对应变量的定义。

### 6.3.3 数据处理与描述性统计

本章数据与前一章相同，选取 2004~2016 年的 693 家 A 股上市公司作为研究对象，其中，国有企业（包含中央国有企业和地方国有企业）386 家，非国有企业 307 家。样本共 9 009 个观测值，采用增长率后的实际观测值为 8 316 个。

前一章涉及的相同变量已经做了描述统计分析，本章主要对其他变量进行描述统计分析（表 6.2）。企业银行融资代理成本（MR）平均值为 3.56%，与中位数 3.55%差距不大，说明企业银行融资代理成本走势整体比较平稳，且与企业投资增长率均呈下滑趋势，在一定程度上显示企业银行融资代理成本与企业投资增长率可能存在显著相关性。狭义货币供应量增速（M1RATE）标准差高达 7.31%，显示 2004~2016 年我国货币供应量增速波动较大，其平均值高于中位数 2 个百分点，也说明我国货币供应量增速在少数年份较高。影子银行规模增长率（SB）的变异系数（标准差/平均值）为 0.77，在四个变量中最高，说明影子银行规模增长率的波动性较大。金融机构 CRRATE 的峰度和偏度分别为 6.91、2.54，说明金融机构信贷投放增速具有尖峰厚尾的金融时序特征。同时，对 MR、M1RATE、SB 和 CRRATE 分别进行 ADF 平稳性检验，发现均在 10%显著性水平下显著。

**表 6.2　变量描述性统计**

| 变量 | 平均值 | 标准差 | 中位数 | 偏度 | 峰度 | ADF | 观测值 |
|---|---|---|---|---|---|---|---|
| MR | 3.56% | 0.55% | 3.55% | 0.02 | −0.76 | −3.115[**] | 12 |
| M1RATE | 14.50% | 7.31% | 12.80% | 0.34 | −1.11 | −2.634[*] | 12 |
| SB | 8.19% | 6.27% | 7.27% | 0.50 | −1.20 | −3.751[**] | 12 |
| CRRATE | 16.82% | 4.93% | 15.24% | 2.54 | 6.91 | −3.467[*] | 12 |

*表示在 10%显著性水平下显著；**表示在 5%显著性水平下显著；***表示在 1%显著性水平下显著

## 6.4　实证结果与分析

### 6.4.1 货币政策通过房地产价格对投资的影响

本章通过平衡面板计量模型进行实证分析。首先对企业投资增长率进行 Hausman 检验，显示 Chi2（4）=3.64（P 值为 0.01）在 5%显著性水平下拒绝原假设，因此采用固定效应模型进行回归分析。

　　表 6.3 描述的是 2005~2016 年货币政策通过房地产价格波动对企业投资增长率的传导效应，此外，针对每一种价格增长率，又分别估计了加入委托代理、金融机构信贷投放和部分公司层面的控制变量。从估计结果可以看出，在加入所有控制变量后，无论是采用住宅销售价格增长率还是商业用房销售价格增长率，模型整体拟合优度均为最优，但两种房地产价格增长率对企业投资增长率的直接影响均不显著。企业银行融资代理成本对企业投资增长率呈负向作用，虽然在 10% 显著性水平下不显著，但是商业用房销售价格估计下的结果较住宅销售价格估计下的结果更稳定。在两种房地产价格估计下，估计的 $\alpha_1$ 绝对值均大于 $\alpha_2$ 的绝对值，验证了假设 H6.1，即房地产价格强于市场利率对企业投资增长率的影响。从货币政策通过房地产价格对企业投资的交互影响的系数 $\alpha_3$ 来看，采用商业用房销售价格估计时，在 5% 显著性水平下是显著的，即货币供应量通过作用商业用房销售价格可以对企业投资增长率产生影响。从影子银行通过房地产价格对企业投资的交互影响的系数 $\alpha_4$ 来看，在加入其他所有控制变量后，两种房价下的影子银行规模增长率通过影响房地产价格均对企业投资造成显著影响，而且影响系数均大于 $\alpha_3$。从虚拟变量系数 $\alpha_5$ 可以看出，在加入所有控制变量后，货币政策对非国有企业较国有企业有更显著的影响，即对于非国有企业，货币供应量增长率提升 1 个百分点，企业投资增长率将分别提升约 0.28（住宅销售价格）和 0.25 个百分点（商业用房销售价格），验证了假设 H6.2。同时，采用商业用房销售价格估计模型的情况下，金融机构信贷投放增长率对企业投资增长的影响在 10% 显著性水平下显著。整体来看，与前一章部分结论类似，采用商业用房销售价格来估计模型的效果更好，但货币政策通过房地产价格对企业投资水平的影响并不特别显著。

**表 6.3　货币政策通过房价对企业投资的影响**

| 系数 | 住宅销售价格增长率 | | | | 商业用房销售价格增长率 | | | |
|---|---|---|---|---|---|---|---|---|
| $\alpha_0$ | 14.735<br>（0.210） | 5.327<br>（0.749） | 17.561<br>（0.894） | 24.807<br>（0.438） | 14.476<br>（0.329） | 9.082<br>（0.391） | 18.396<br>（0.137） | 24.858[***]<br>（0.007） |
| $\alpha_1$ | 0.752<br>（0.236） | 0.769<br>（0.647） | 0.732<br>（0.554） | 0.586<br>（0.644） | 0.627<br>（0.650） | 1.498<br>（0.627） | 1.390<br>（0.251） | 1.214<br>（0.153） |
| $\alpha_2$ | −0.584<br>（0.438） | −0.358<br>（0.864） | −0.403<br>（0.756） | −0.478<br>（0.920） | −0.681<br>（0.703） | −0.610<br>（0.712） | −0.707<br>（0.542） | −0.776<br>（0.220） |
| $\alpha_3$ | 1.875<br>（0.460） | 1.192<br>（0.792） | 0.814<br>（0.690） | 0.584<br>（0.936） | 0.934<br>（0.721） | 2.979<br>（0.645） | 2.574[*]<br>（0.098） | 1.367[*]<br>（0.057） |
| $\alpha_4$ | 2.213<br>（0.315） | 1.572<br>（0.181） | 1.920<br>（0.346） | 0.989[*]<br>（0.087） | 1.202<br>（0.693） | 3.472<br>（0.520） | 3.211[*]<br>（0.073） | 2.182[**]<br>（0.041） |
| $\alpha_5$ | 0.431<br>（0.756） | 0.320<br>（0.336） | 0.447<br>（0.289） | 0.278[*]<br>（0.092） | 0.503<br>（0.688） | 0.201<br>（0.430） | 0.213<br>（0.086） | 0.246[*]<br>（0.071） |
| $\xi_1$ | | 2.639<br>（0.508） | 2.482<br>（0.553） | 2.071<br>（0.756） | | 1.895<br>（0.827） | 2.135<br>（0.141） | 2.829[**]<br>（0.010） |

续表

| 系数 | 住宅销售价格增长率 | | | | 商业用房销售价格增长率 | | | |
|---|---|---|---|---|---|---|---|---|
| $\xi_2$ | | | 0.109<br>（0.628） | 0.145<br>（0.512） | | | 0.609**<br>（0.032） | 0.511***<br>（0.008） |
| $\xi_3$ | | | 0.356<br>（0.980） | 0.102<br>（0.982） | | | 3.720<br>（0.299） | 2.807<br>（0.145） |
| $\xi_4$ | | 0.477<br>（0.271） | 0.421<br>（0.236） | 0.482<br>（0.185） | | 0.281<br>（0.240） | 0.314<br>（0.176） | 0.657*<br>（0.060） |
| $\xi_5$ | | | | 0.056**<br>（0.032） | | | | 0.027*<br>（0.056） |
| $\xi_6$ | | | | 0.199***<br>（0.008） | | | | 0.235**<br>（0.012） |
| $\varphi$ | 0.032<br>（0.281） | 0.013<br>（0.154） | 0.045<br>（0.107） | 0.041<br>（0.126） | 0.022<br>（0.404） | 0.051<br>（0.360） | 0.016<br>（0.135） | 0.072<br>（0.589） |
| 调整的 $R^2$ | 0.247 | 0.336 | 0.562 | 0.793 | 0.236 | 0.458 | 0.690 | 0.866 |
| 观测值 | 8 316 | 8 316 | 8 316 | 8 316 | 8 316 | 8 316 | 8 316 | 8 316 |

*表示在 10%显著性水平下显著；**表示在 5%显著性水平下显著；***表示在 1%显著性水平下显著

注：$\xi_k$ 中的 k=1,2,3,4,5,6，分别代表 TBQ、CFRATE、ROC、CRRATE、TOP 和 FCF 的估计系数，括号内的数值为 P 值

## 6.4.2 货币政策通过房屋存量价值对投资的影响

表 6.4 显示的是货币政策通过住宅销售价格和商业用房销售价格计算的房屋存量价值对企业投资增长率影响程度的估计结果。从估计结果来看，货币政策通过房屋存量价值对企业投资的交互影响的系数 $\beta_3$ 在两种房地产价格估计下都是显著的，即货币政策通过对企业持有房屋价值的影响进而对企业投资增长率的作用渠道是畅通的。在考虑所有控制变量后，商业用房销售价格计算的房屋存量价值增长率对企业投资存在显著的正向直接影响，而企业银行融资代理成本则对企业投资存在负向显著影响。在考虑所有其他控制变量后，影子银行通过房地产价格对企业投资的交互影响的系数 $\beta_4$ 在两种房地产价格估计下在 5%显著性水平下均显著，且影响系数同样高于货币政策通过房屋存量价值对企业投资的影响。同样，虚拟变量系数 $\beta_5$ 在加入控制变量后均呈现显著性，说明货币政策变化对非国有企业影响相比国有企业更加显著。此外，金融机构信贷投放增长率对企业投资增长率也存在显著影响，即信贷投放增速每提高 1 个百分点，企业投资增长率将分别增加 0.86 个（住宅销售价格）和 1.06 个百分点（商业用房销售价格）。整体来看，商业用房销售价格对企业投资增长率的直接效应是显著的，代表货币政策供给效应的信贷投放增速和代表需求效应的企业银行融资代理成本均对企业投资增长率有显著影响，在控制这些直接效应后，货币政策通过作用企业持有的房

产价值，进而对企业投资增长率的影响也是显著的。

表 6.4　货币政策通过房屋存量价值对企业投资的影响

| 系数 | 住宅销售价格 | | | | 商业用房销售价格 | | | |
|---|---|---|---|---|---|---|---|---|
| $\beta_0$ | 13.931<br>（0.210） | 8.331<br>（0.792） | 16.315<br>（0.640） | 21.314<br>（0.564） | 16.918<br>（0.244） | 6.401<br>（0.108） | 18.321*<br>（0.076） | 25.670**<br>（0.035） |
| $\beta_1$ | 0.752<br>（0.236） | 0.646<br>（0.944） | 0.443<br>（0.532） | 0.163<br>（0.874） | 0.974<br>（0.588） | 0.760<br>（0.160） | 0.752<br>（0.124） | 0.447*<br>（0.080） |
| $\beta_2$ | −0.584<br>（0.438） | −0.331*<br>（0.063） | −0.279*<br>（0.051） | −0.094*<br>（0.081） | −0.090<br>（0.814） | −0.304**<br>（0.018） | −0.172**<br>（0.045） | −0.043**<br>（0.037） |
| $\beta_3$ | 1.875<br>（0.460） | 0.209**<br>（0.040） | 0.507*<br>（0.082） | 0.935**<br>（0.011） | 0.463<br>（0.606） | 0.397*<br>（0.062） | 0.442*<br>（0.071） | 0.649*<br>（0.077） |
| $\beta_4$ | 1.326<br>（0.312） | 0.287*<br>（0.054） | 1.230*<br>（0.064） | 2.067**<br>（0.026） | 0.972<br>（0.361） | 1.021<br>（0.112） | 1.574*<br>（0.052） | 2.160**<br>（0.030） |
| $\beta_5$ | 0.234<br>（0.156） | 0.202**<br>（0.036） | 0.312*<br>（0.073） | 0.199*<br>（0.061） | 0.203<br>（0.188） | 0.137**<br>（0.030） | 0.224*<br>（0.052） | 0.146<br>（0.071） |
| $\omega_1$ | | 1.119<br>（0.865） | 2.231<br>（0.452） | 1.874<br>（0.630） | | 1.500<br>（0.233） | 2.458**<br>（0.031） | 2.029**<br>（0.045） |
| $\omega_2$ | | | 0.210<br>（0.538） | 0.195*<br>（0.053） | | | 0.197<br>（0.310） | 0.202***<br>（0.008） |
| $\omega_3$ | | | 0.024<br>（0.235） | 0.010<br>（0.198） | | | 2.711<br>（0.125） | 4.454*<br>（0.062） |
| $\omega_4$ | | 0.226<br>（0.146） | 0.572<br>（0.105） | 0.860***<br>（0.007） | | 0.674*<br>（0.088） | 0.782**<br>（0.043） | 1.058**<br>（0.033） |
| $\omega_5$ | | | | 0.023*<br>（0.057） | | | | 0.042**<br>（0.032） |
| $\omega_6$ | | | | 0.104**<br>（0.021） | | | | 0.211***<br>（0.005） |
| $\varphi'$ | 0.053<br>（0.198） | 0.024<br>（0.162） | 0.040<br>（0.173） | 0.023<br>（0.135） | 0.031<br>（0.185） | 0.047<br>（0.221） | 0.065<br>（0.276） | 0.034<br>（0.202） |
| 调整的 $R^2$ | 0.085 | 0.092 | 0.380 | 0.526 | 0.048 | 0.311 | 0.722 | 0.831 |
| 观测值 | 8 316 | 8 316 | 8 316 | 8 316 | 8 316 | 8 316 | 8 316 | 8 316 |

*表示在 10%显著性水平下显著；**表示在 5%显著性水平下显著；***表示在 1%显著性水平下显著

注：$\omega_k$ 中的 $k$=1,2,3,4,5,6，分别代表 TBQ、CFRATE、ROC、CRRATE、TOP 和 FCF 的估计系数，括号内的数值为 $P$ 值

# 6.5　扩展性检验：考虑宏观审慎因素

第 3 章论述了我国正在构建"货币政策+宏观审慎政策"双支柱调控框架，物价稳定和金融稳定是我国中央银行的主要目标。虽然货币政策与宏观审慎在目标和传导机制上存在明显不同，但两者也存在诸多联系。货币政策目标是维护价

格稳定，并以此促进经济增长；货币政策也会通过风险承担渠道对宏观审慎管理的效果产生影响。宏观审慎管理目标是维护系统性金融稳定，以此促进宏观经济平稳发展；宏观审慎管理也会影响货币政策的传导机制，使得货币扩张或收缩不再是标准的乘数效应（谷慎和岑磊，2015）。由于目前我国宏观审慎政策框架体系尚未完善，各宏观审慎政策实施主管机构的协调机制还未完全建立，货币政策的微观传导效率可能会受到一些宏观审慎政策的影响。为进一步合理验证货币政策对微观企业投资行为的影响，本节将选择逆周期资本充足率作为当前宏观审慎政策因素的代表，来进一步验证宏观审慎政策因素对货币政策微观传导机制的影响。

由于银监会公布的资本充足率指标是季度数据，且资本充足率于 2009 年第一季度开始公布，所以，为了保证数据质量，本节所有变量数据均采用 2009 年以来的数据，但实际上我国从 2013 年 1 月 1 日开始正式实施逆周期资本调控，即逆周期资本充足率才是真正的宏观审慎政策。考虑到数据有效性，本节设置了虚拟变量，并将 2013 年以前的数据设为 0，2013 年及其以后的数据设为 1。根据前文研究，本节对模型做出适当修改如下：

$$
\begin{aligned}
\text{INVRATE}_{it} = {} & \alpha_0 + \alpha_1 \text{HPRATE}_{it} + \alpha_2 \text{MR}_i + \alpha_3 \text{HPRATE}_{it} \times \text{M1R}_i + \alpha_4 \text{HPRATE}_{it} \\
& \times \text{SB}_i + \alpha_5 \text{Dummy}_{it} \times \text{M1R}_i \times (\alpha_6 \text{CAR}_i \times \text{Du}_i + \text{CAR}_i) \\
& + \sum_{k=1}^{n} \xi_k \text{Control}_k^i + \varphi \text{ind}_i \times \text{HPRATE}_{it} + \delta_i + \varepsilon_{it}
\end{aligned}
$$

$$(6.4)$$

$$
\begin{aligned}
\text{INVRATE}_{it} = {} & \beta_0 + \beta_1 \text{HVRATE}_{it} + \beta_2 \text{MR}_i + \beta_3 \text{HVRATE}_{it} \times \text{M1R}_i + \beta_4 \text{HVRATE}_{it} \\
& \times \text{SB}_i + \beta_5 \text{Dummy}_{it} \times \text{M1R}_i (\beta_6 \text{CAR}_i \times \text{Du}_i + \text{CAR}_i) + \sum_{k=1}^{n} \omega_k \text{Control}_k^i \\
& + \varphi' \text{ind}_i \times \text{HVRATE}_{it} + \delta_i + \varepsilon_{it}'
\end{aligned}
$$

$$(6.5)$$

其中，$\text{CAR}_i$ 表示资本充足率；$\text{Du}_i$ 是虚拟变量，2009~2012 年取值为 0，2013~2016 取值为 1；其他系数和变量符号与前文设置一致。

估计结果显示，在加入逆周期资本充足率后，两种房价增长率对企业投资增长率的影响仍然不显著，且系数 $\alpha_5 \times \alpha_6$ 不显著，这说明我国宏观审慎政策对货币政策进而对房地产价格的直接影响并不强烈，而且逆周期资本充足率实施前后对投资增长率的影响没有显著差别。从房屋存量效应估计结果来看，在加入了所有控制变量后，$\beta_3$ 的估计值均在 10%及其以上显著性水平下显著，而且相比前文估计结果基本增加了 0.02 个百分点（表 6.5），这说明宏观审慎政策可能加深了货币政策通过资产价格对企业投资增长率的影响效果；$\beta_4$ 分别在 10%和 5%显著性水平下显著，说明影子银行通过房屋存量价值对企业投资也存在显著间接影响，但效果低于前文没有加入宏观审慎因素的情况，说明宏观审慎政策发挥了作用，在一定程度上消除了影子银行对房地产市场的影响。$\beta_5$ 在 10%显著性水平下显著，说明宏观审慎政策对货币政策直接作用企业投资也有一定影响，同样是加深了企业投资增长率对宏观政策的变化敏感性，但是估计系数 $\beta_5 \times \beta_6$ 不显著，显示宏观审慎政策实施前后对货币政策的影响没有明显差异。这说明资本充足率对货币政策的微观传导效应是显著存在的，但是作为宏观审慎政策工具之一的逆周期资本充足率并没有较好地发挥作用。

表 6.5　货币政策通过房屋存量价值对企业投资的影响

| 系数 | 住宅销售价格 | | | | 商业用房销售价格 | | | |
|---|---|---|---|---|---|---|---|---|
| $\beta_0$ | 13.578<br>(0.207) | 8.120<br>(0.665) | 16.320<br>(0.564) | 20.254<br>(0.460) | 14.882<br>(0.205) | 6.710<br>(0.136) | 18.323*<br>(0.078) | 22.301*<br>(0.055) |
| $\beta_1$ | −0.553<br>(0.244) | −0.731<br>(0.932) | 0.212<br>(0.763) | 0.181<br>(0.880) | 1.206<br>(0.575) | 0.745<br>(0.221) | 0.365<br>(0.136) | 1.108*<br>(0.072) |
| $\beta_2$ | −0.137<br>(0.358) | −0.029*<br>(0.056) | −0.045**<br>(0.031) | −0.078*<br>(0.029) | −0.112<br>(0.732) | −0.455***<br>(0.011) | −0.213*<br>(0.052) | −0.546**<br>(0.043) |
| $\beta_3$ | 1.775<br>(0.360) | 0.223*<br>(0.045) | 0.634*<br>(0.056) | 0.964**<br>(0.032) | 0.510<br>(0.457) | 0.423**<br>(0.049) | 0.451*<br>(0.053) | 0.665*<br>(0.089) |
| $\beta_4$ | 1.132<br>(0.541) | 0.756*<br>(0.053) | 1.211*<br>(0.078) | 1.760*<br>(0.064) | 0.982<br>(0.346) | 0.784*<br>(0.052) | 1.305*<br>(0.064) | 1.793**<br>(0.036) |
| $\beta_5$ | 0.212<br>(0.153) | 0.196**<br>(0.036) | 0.121**<br>(0.014) | 0.238*<br>(0.072) | 0.268<br>(0.192) | 0.185**<br>(0.041) | 0.134*<br>(0.076) | 0.153<br>(0.052) |
| $\beta_5 \times \beta_6$ | 0.032<br>(0.867) | 0.026<br>(0.544) | 0.035<br>(0.656) | 0.043<br>(0.798) | 0.021<br>(0.352) | 0.014<br>(0.563) | 0.024<br>(0.378) | 0.033<br>(0.741) |
| $\omega_1$ | | 1.291<br>(0.732) | 1.780<br>(0.501) | 1.665<br>(0.487) | | 1.788<br>(0.305) | 2.523<br>(0.362) | 2.130**<br>(0.024) |
| $\omega_2$ | | | 0.211<br>(0.102) | 0.183*<br>(0.069) | | | 0.302*<br>(0.081) | 0.219**<br>(0.013) |
| $\omega_3$ | | | 0.056<br>(0.179) | 0.023<br>(0.114) | | | 1.899<br>(0.352) | 4.121<br>(0.109) |
| $\omega_4$ | | 0.201<br>(0.137) | 0.434<br>(0.157) | 0.750**<br>(0.012) | | 0.783*<br>(0.073) | 0.566*<br>(0.083) | 1.217**<br>(0.032) |
| $\omega_5$ | | | | 0.031**<br>(0.042) | | | | 0.045**<br>(0.012) |
| $\omega_6$ | | | | 0.087**<br>(0.039) | | | | 0.113*<br>(0.067) |
| $\varphi'$ | 0.021<br>(0.113) | 0.052*<br>(0.092) | 0.026<br>(0.115) | 0.043<br>(0.105) | 0.057<br>(0.201) | 0.037<br>(0.193) | 0.040<br>(0.233) | 0.048<br>(0.256) |
| 调整的 $R^2$ | 0.065 | 0.078 | 0.36 | 0.72 | 0.032 | 0.356 | 0.699 | 0.899 |
| 观测值 | 8 316 | 8 316 | 8 316 | 8 316 | 8 316 | 8 316 | 8 316 | 8 316 |

*表示在 10%显著性水平下显著；**表示在 5%显著性水平下显著；***表示在 1%显著性水平下显著

注：$\omega_k$ 中的 $k$=1,2,3,4,5,6，分别代表 TBQ、CFRATE、ROC、CRRATE、TOP 和 FCF 的估计系数。括号内的数值为 $P$ 值

# 6.6 稳健性检验

本章首先对可能存在的内生性问题进行检验，式（6.3）的估计结果显示，系数 $\eta_1$ 在静态面板和动态面板模型中的估计结果均不显著（表 6.6），说明以固定资产及在建工程增长率为代表的企业投资行为对货币政策没有显著影响，结合前文实证结果可见，仅存在货币政策对企业投资行为的单向影响。所以，本书认为微观企业投资行为与货币政策之间互为因果的内生性问题在我国并不显著，主要还是货币政策对企业投资行为的影响。结合第 4 章和第 5 章对货币政策与资产价格以及资产价格与企业投资之间的内生性问题研究结论，可以认为本章的实证模型设计没有显著的内生性问题。

**表 6.6　企业投资对货币政策的影响**

| 系数 | 静态面板 | 动态面板 |
|---|---|---|
| $\eta_0$ | 4.318<br>（0.205） | 0.562<br>（0.311） |
| $\eta_1$ | −0.013<br>（0.382） | −0.003<br>（0.290） |
| $\eta_2$ | | 0.547***<br>（0.000） |
| $\eta_3$ | −0.164<br>（0.212） | 0.015<br>（0.357） |
| $\eta_4$ | −0.012<br>（0.965） | −0.004<br>（0.446） |
| $\eta_5$ | 0.763*<br>（0.062） | 0.018**<br>（0.043） |
| $\eta_6$ | −1.126***<br>（0.001） | −0.035**<br>（0.011） |
| $\eta_7$ | −1.034**<br>（0.041） | −0.106*<br>（0.071） |
| 调整的 $R^2$ | 0.838 | 0.902 |
| 观测值 | 8 316 | 8 316 |

*表示在10%显著性水平下显著；**表示在5%显著性水平下显著；***表示在1%显著性水平下显著
注：括号内的数值为 $P$ 值

2005 年以来，我国上市公司通过股票质押取得金融机构贷款的方式已经较为普遍，参与股票质押贷款的上市公司已经从 2005 年第二季度的 140 家增加至 2017 年第二季度的 3 668 家，质押的股票价值超过 9 000 亿元，股票价格的抵押担保效应日益显著。另外，股票价格上涨还会通过托宾 $Q$ 效应和财富效应刺激投资（王劲松和李淼，2012）。所以，本节接下来将模型（6.1）和模型（6.2）中的房地产价格增长率和持有的房产价值增长率分别选用股票价格增长率和质押的股票价值增长率来代替，进行稳健性检验。

稳健性检验结果显示，股票价格增长率在10%显著性水平下对企业投资增长率的影响不显著，这与房地产价格的估计结果比较一致，即资产价格对企业投资增长率的直接影响并不显著。根据股票抵押价值估计结果来看，在加入了所有控制变量后，反映企业银行融资代理成本系数的 $\beta_2$ 在 10%显著性水平下负向显著，即企业银行融资代理成本每提高 1 个百分点，企业投资增长率将下降 2 个百分点（表 6.7）。从货币政策与股票抵押价值的交互效应看，货币政策通过作用股票抵押价值进而影响企业投资的效果并不显著，6 个模型中仅 2 个模型显示在10%显著性水平下显著，这与第 4 章货币政策对股票价格影响显著性水平较高的研究结果有些类似。同样，估计结果也显示非国有企业受到货币政策影响更加显著，金融机构信贷投放增速也显著影响企业投资增长率。大股东持股比例显著影响企业投资决策。整体来看，通过前文模型分析股票价格估计结果与房地产价格比较一致。

表 6.7　货币政策通过股票质押价值对企业投资的影响

| 系数 | 模型 1 | 模型 2 | 模型 3 | 模型 4 | 模型 5 | 模型 6 |
|---|---|---|---|---|---|---|
| $\beta_0$ | 22.992$^*$<br>（0.087） | 13.026<br>（0.432） | 15.442$^*$<br>（0.064） | 12.414$^*$<br>（0.096） | 8.312$^*$<br>（0.065） | 6.299$^*$<br>（0.023） |
| $\beta_1$ | 0.910$^*$<br>（0.079） | 0.737$^{**}$<br>（0.038） | 0.912$^*$<br>（0.056） | 0.554$^*$<br>（0.077） | 0.335$^{**}$<br>（0.047） | 0.197$^{***}$<br>（0.002） |
| $\beta_2$ | −0.251<br>（0.795） | −0.268<br>（0.386） | −0.255<br>（0.371） | −0.256$^*$<br>（0.075） | −0.189$^*$<br>（0.065） | −0.128$^*$<br>（0.064） |
| $\beta_3$ | 1.178<br>（0.105） | 0.833<br>（0.184） | 0.873$^*$<br>（0.080） | 0.874$^*$<br>（0.075） | 0.710<br>（0.114） | 0.474<br>（0.163） |
| $\beta_4$ | 2.012<br>（0.383） | 1.799<br>（0.236） | 1.906<br>（0.117） | 2.318$^*$<br>（0.069） | 1.652$^*$<br>（0.063） | 1.321$^*$<br>（0.074） |
| $\beta_5$ | 0.313$^*$<br>（0.561） | 0.243$^*$<br>（0.051） | 0.119$^*$<br>（0.044） | 0.204$^{**}$<br>（0.045） | 0.223$^*$<br>（0.051） | 0.116$^*$<br>（0.032） |
| $\omega_1$ | | 4.490$^*$<br>（0.074） | 4.361$^*$<br>（0.039） | 3.229$^*$<br>（0.081） | 3.374$^*$<br>（0.093） | 2.160$^*$<br>（0.066） |
| $\omega_2$ | | | 0.072<br>（0.408） | 0.082<br>（0.398） | 0.142<br>（0.435） | 0.116<br>（0.372） |
| $\omega_3$ | | | | 1.033<br>（0.642） | 1.238<br>（0.710） | 1.160<br>（0.636） |
| $\omega_4$ | | | | | 0.211$^{**}$<br>（0.047） | 0.307$^{**}$<br>（0.025） |
| $\omega_5$ | | | | | | 0.022$^{**}$<br>（0.035） |

续表

| 系数 | 模型 1 | 模型 2 | 模型 3 | 模型 4 | 模型 5 | 模型 6 |
|---|---|---|---|---|---|---|
| $\omega_6$ | | | | | | 0.084** （0.047） |
| $\varphi'$ | 0.015 （0.204） | 0.032 （0.178） | 0.021 （0.135） | 0.056 （0.248） | 0.020 （0.157） | 0.024 （0.131） |
| 调整的 $R^2$ | 0.362 | 0.608 | 0.654 | 0.670 | 0.722 | 0.791 |
| 观测值 | 8 316 | 8 316 | 8 316 | 8 316 | 8 316 | 8 316 |

*表示在10%显著性水平下显著；**表示在5%显著性水平下显著；***表示在1%显著性水平下显著

注：其中，$\omega_k$ 中的 $k=1,2,3,4,5,6$，分别代表 TBQ、CFRATE、ROC、CRRATE、TOP 和 FCF 的估计系数。括号内的数值为 $P$ 值

根据第 5 章分析，制造业企业的投资与固定资产和在建工程可能相关性更大，对此，将样本数据变换为 315 家制造业上市企业进行实证检验，包括 184 家国有企业（包含中央国有企业和地方国有企业）和 131 家非国有企业。同样，去除 6.3.1 节模型中的行业控制变量再次进行实证估计。结果显示，房地产价格增长率对企业投资增长率的影响依然不显著。从持有房屋存量价值估计结果（表 6.8）来看，在加入了所有控制变量后，采用商业用房估计下的房屋存量价值对企业投资存在显著影响。货币供应量和影子银行通过房屋存量价值对企业投资的影响在两种房地产价格模式下均显著，且影子银行的间接影响系数普遍较货币政策高 0.2~0.5。通过对比 6.4.2 节的估计结果可以发现，在加入所有控制变量后，基于制造业估计货币政策和房屋存量价值的交互影响系数略小于整体样本估计结果，但房屋存量价值对企业投资的影响系数高于整体样本的估计结果。综合来看，通过前文模型对制造业上市公司的估计结果与整体样本估计结果比较一致。

表 6.8　货币政策通过房屋存量价值对制造业企业投资的影响

| 系数 | 住宅销售价格 | | | | 商业用房销售价格 | | | |
|---|---|---|---|---|---|---|---|---|
| $\beta_0$ | 17.312 （0.124） | 10.191 （0.342） | 14.242 （0.328） | 17.524 （0.630） | 13.236 （0.189） | 5.113* （0.081） | 15.108* （0.051） | 21.894** （0.020） |
| $\beta_1$ | 0.705* （0.062） | 0.582 （0.320） | 0.503 （0.236） | 0.216 （0.635） | 0.785 （0.356） | 0.514 （0.137） | 0.613 （0.227） | 0.387* （0.051） |
| $\beta_2$ | −0.164 （0.530） | −0.217* （0.052） | −0.337** （0.043） | −0.106** （0.032） | −0.143 （0.794） | −0.412** （0.025） | −0.205** （0.037） | −0.115** （0.046） |
| $\beta_3$ | 1.516 （0.145） | 0.644** （0.032） | 0.712* （0.095） | 1.542** （0.024） | 0.782 （0.541） | 0.809* （0.053） | 0.846* （0.075） | 0.731* （0.082） |
| $\beta_4$ | 2.348 （0.131） | 0.931* （0.062） | 1.350* （0.062） | 1.745** （0.037） | 1.298 （0.231） | 1.355* （0.071） | 1.423** （0.036） | 1.195** （0.022） |
| $\beta_5$ | 0.147* （0.413） | 0.185** （0.021） | 0.211* （0.051） | 0.151* （0.085） | 0.465 （0.201） | 0.216** （0.012） | 0.169* （0.075） | 0.174* （0.064） |

续表

| 系数 | 住宅销售价格 | | | | 商业用房销售价格 | | | |
|---|---|---|---|---|---|---|---|---|
| $\omega_1$ | | 1.320<br>（0.534） | 2.542<br>（0.679） | 2.032<br>（0.579） | | 1.788<br>（0.306） | 2.692**<br>（0.043） | 2.753**<br>（0.012） |
| $\omega_2$ | | | 0.147<br>（0.426） | 0.246<br>（0.105） | | | 0.301<br>（0.427） | 0.417***<br>（0.000） |
| $\omega_3$ | | | 0.106<br>（0.248） | 0.056<br>（0.376） | | | 2.195<br>（0.322） | 3.193*<br>（0.073） |
| $\omega_4$ | | 0.155<br>（0.204） | 0.358*<br>（0.083） | 0.521***<br>（0.000） | | 0.832*<br>（0.056） | 0.920**<br>（0.017） | 1.862**<br>（0.027） |
| $\omega_5$ | | | | 0.014*<br>（0.073） | | | | 0.016**<br>（0.045） |
| $\omega_6$ | | | | 0.138**<br>（0.044） | | | | 0.379***<br>（0.000） |
| 调整的 $R^2$ | 0.109 | 0.152 | 0.365 | 0.721 | 0.145 | 0.521 | 0.601 | 0.849 |
| 观测值 | 3 780 | 3 780 | 3 780 | 3 780 | 3 780 | 3 780 | 3 780 | 3 780 |

*表示在 10%显著性水平下显著；**表示在 5%显著性水平下显著；***表示在 1%显著性水平下显著

注：其中，$\omega_k$ 中的 $k$=1,2,3,4,5,6，分别代表 TBQ、CFRATE、ROC、CRRATE、TOP 和 FCF 的估计系数。括号内的数值为 $P$ 值

# 6.7　本 章 小 结

　　本章首先通过经验数据分析了我国企业外部融资代理成本与企业投资行为的关系，并结合我国实际探讨了国有企业和非国有企业具有不同的融资约束，因而具有不同的投资行为，据此提出两个假设。其次，以房地产价格和企业持有的房产价值作为中介变量，控制好货币政策传导企业投资的需求和供给效应，利用 693 家 A 股上市企业的微观数据，通过平衡面板计量模型实证研究了货币政策通过房地产价格对企业投资的传导效应。研究发现，企业银行融资代理成本对企业投资增长率呈负向作用，且商业用房销售价格估计下的结果较住宅销售价格更稳定，但企业银行融资代理成本对投资增长率的影响弱于房地产价格效应；金融机构信贷增速对企业投资增长率呈正向作用；货币政策对非国有企业投资影响更加强烈。在控制好其他因素后，货币政策通过房屋存量价值对企业投资的影响是显著的，即货币供应量通过间接作用于房地产价格可以对企业投资增长率产生影响。再次，本章将逆周期资本充足率作为宏观审慎政策因素结合前文建立新的模型，进一步验证了宏观审慎政策对货币政策微观传导效果的影响，发现资本充足率促进了货币政策对企业投资增长率的传导效果，但逆周期资本充足率实施前后对企业投资行为影响并无明显差异。最后在稳健性检验中通过股票市场和制造业

上市公司再次验证了以上结论，同时还发现货币政策通过股票价格传导企业投资的效应弱于通过房地产价格传导企业投资的效应，这与第 4 章货币政策对股票价格影响的显著性水平较高的估计结果比较一致。整体来看，我国货币政策通过资产价格（房地产价格和股票价格）影响企业投资行为的间接效应是显著存在的。

# 第7章　前瞻性货币政策对企业投资行为的影响研究

前一章从传统货币政策的角度研究了货币政策通过资产价格传导企业投资行为的影响机制，然而全球金融危机的爆发使得传统货币政策受到了挑战，一些诸如前瞻性货币政策、负利率政策等非常规货币政策得到空前重视和广泛应用，那么这些非常规货币政策对微观企业投资行为的影响到底如何，是值得深入研究的一个问题。本章将从前瞻性货币政策的角度来进一步研究货币政策对微观企业投资行为的影响。首先，通过传统泰勒规则，构建了包括企业投资因素的前瞻性利率规则；其次，通过时间序列模型和 GMM 方法估算前瞻性利率，并从整体和行业层面实证分析了企业投资因素与前瞻性利率之间的关系；最后，通过面板计量模型，利用企业微观数据，进一步实证分析了前瞻性货币政策的微观传导效率。本章主要考虑前瞻性货币政策与企业投资行为之间的关系，主要是因为：一方面，研究前瞻性货币政策的微观传导机制具有现实意义，中国人民银行自 2010年以来几乎每年工作会均提出增强政策调控的前瞻性，前瞻性货币政策自 2000年以来已经成为我国中央银行货币政策的重要思路之一；另一方面，研究前瞻性货币政策对企业投资行为的传导机制实质上是对传统货币政策微观传导机制的进一步完善和补充。

## 7.1　引　言

货币政策规则是指在货币政策实施之前确定据以操作货币政策的原则，即无论未来发生什么情况，中央银行都应按照事先确定的规则进行操作。例如，直接以通货膨胀或者通货膨胀预期为目标的货币政策规则被新西兰、英国、加拿大等国家作为一种创新性的解决货币政策时滞问题的方法采纳。美国在 1993 年明确表示将货币政策中介目标由货币供应量转向利率，同年，美国经济学家 Taylor 提出了以利率作为中介目标的简单货币规则。在此基础上，国内外经济学家展开大量研究和拓展，Batini 和 Haldane（1998）、Batini 和 Nelson（2000）、Clarida 等（1998，2000）将其拓展到包含通胀预期和产出预期的前瞻性利率规则，即中央银行基于对未来通胀和产出缺口的前瞻性考虑，相应地制定当前的利率政策，后来的经济学者（张屹山和张代强，2007；Molodtsova and Papell，2009；Hayat and Mishra，2010；肖卫国和刘杰，2014）又将其拓展到包含货币供应量、资产价格、汇率等因素的前瞻性利率规则。其中，Clarida 等（1998）的研究被认为在前瞻性货币政策研究领域具有里程碑意义，该研究表示中央银行通过当前可用信息集形成对未来经济运行状态的预期，政策利率又对通胀预期和真实产出缺口预期进行反应，这就是前瞻性货币政策反应方程的初始形态。但整体来看，基于此的大多数研究仍然集中于宏观数据和宏观经济主体层面的分析，很少从微观层面来研究前瞻性货币政策的传导机制，"规则"的微观基础依然较弱。

在国内，白鹤祥（2010b）通过向量自回归模型研究发现企业资产负债表微观传导效应在我国货币冲击引发的产出波动中发挥了重要作用，并认为货币政策调整不仅要考虑控制通货膨胀等宏观目标，也要从微观角度关注企业资产负债表的动态变化。朱新蓉和李虹含（2013）运用面板向量自回归模型对货币资金、投资资金进行了检验，发现 13 个行业的资产负债表渠道传导基本有效。中国人民银行南京分行课题组（2017）通过非平衡面板计量模型研究了去杠杆背景下的企业资产负债表与货币政策传导之间的关系，发现减少债务去杠杆方式能够降低企业资产负债率，也能够提升货币政策效果，但随着债务规模下降，企业资产负债率的下降速度和货币政策效果的改善速度均有所放缓。总体来看，货币政策的企业资产负债表传导机制是不可忽视的，而且在货币政策传导机制中可能比较重要。

但是在前瞻性框架下，货币政策与企业资产负债表变化是如何相互影响的，还缺乏系统性的探讨。2010~2017 年的中国人民银行总行工作会议均提出增强货币政策调控的前瞻性；2009 年和 2011 年的两次中美联合声明也提出采取前瞻性的货币政策，也就是说前瞻性货币政策从实务操作上已经成为主要国家的共识，而且在我国的经济系统中，整体经济产出是各企业产出的加总（姜国华和饶品贵，2011），即微观企业的生产和投资行为结果的合计又反映了宏观经济的整体走势。因此，有必要研究前瞻性货币政策的企业资产负债表传导机制，一方面可以从微观层面为前瞻性货币政策的进一步实施和效果检验做好理论和政策储备，另一方面可以更好地为微观企业投资决策提供相应的前瞻性支撑。

因此，本章将结合微观数据来研究前瞻性货币政策对企业投资行为的传导效率。本章的贡献主要在以下几点：①根据古典资本需求理论和投资行为理论以及实际余额货币效应模型，推导出包含投资率和投资需求的泰勒规则模型；②根据公司金融理论和货币政策理论，引入了新的微观经济变量，从企业资产负债表、现金流量表、利润表出发，构建一个企业综合状况指数来反映企业的投资需求和投资率，并将此指数纳入前瞻性货币政策反应函数中，用以弥补宏观数据模型无法考察货币政策传导的微观机制的缺陷；③选取了更丰富的控制变量，包含通胀缺口、产出缺口等宏观变量，以及资产价格等微观变量，将其作为控制变量，并多角度运用更适合样本数据的计量方法；④通过面板计量模型对以上估计的前瞻性利率通过资产价格对企业投资行为的影响效果进行了验证和分析。

## 7.2　前瞻性泰勒规则改进及数据选取

### 7.2.1　普通泰勒规则

泰勒规则是美国经济学家 Taylor 于 1993 年根据美国短期政策利率变化与通胀缺口、产出缺口变化的实际数据，总结出的一种经验性货币政策规则，由于符合美国当时经济现状又简洁明了的特点，先后被美联储、欧洲中央银行等货币管理部门采用，且获得很多可靠的证据。泰勒规则可以表示为以下形式：

$$i_t^* = r^* + \pi_t + \alpha_\pi \left( \pi_t - \pi^* \right) + \alpha_y \tilde{y}_t \tag{7.1}$$

其中，$i_t^*$ 为短期名义利率，$r^*$ 表示长期均衡实际利率，$\pi_t$ 为过去四期平均通货膨胀率，$\pi^*$ 表示目标通货膨胀率，$\pi_t - \pi^*$ 代表通胀缺口，$\tilde{y}_t$ 代表真实产出缺口，$\alpha_\pi$、$\alpha_y$ 为政策变量系数。根据泰勒原理，当 $\alpha_\pi > 1$ 时，通货膨胀率和短期名义利率的理性预期均衡路径是确定的；当 $\alpha_\pi < 1$ 时，利率规则将根据经济变化进行调整。Bénassy（2006）通过 DSGE 模型模拟研究发现，政策利率对通货膨胀的反应弹性与模型中的价格黏性程度、潜在冲击的自相关性及通货膨胀指标的选取均有关系，而且如果存在最优利率规则，则其在通常情况下并不一定要求 $\alpha_\pi > 1$。从实践来看，我国的货币政策长期以来是以货币供应量为中介变量，作为价格型工具的利率是近几年才频繁使用的工具，那么针对泰勒传统形式在我国的实证检验的有效性不足是理所当然的（李琼和王志伟，2009；张小宇和刘金全，2010）。从理论上看，通过货币余额效应的模型分析，加入货币供应因素的泰勒规则并不要求利率对通货膨胀的系数大于 1，因为，在以货币供应量为操作工具的环境中，利率政策很可能只需要弥补货币供应量无法调节的部分（朱培金，2013）。

### 7.2.2　考虑投资因素的泰勒规则

Woodford（2003）的研究表明泰勒规则和 IS（investment-saving）、菲利浦斯曲线共同构成了一个完整的均衡经济系统，但即使在满足泰勒稳定性（Woodford，2001）的基础上，这个系统也不能保证利率政策传导微观企业的有效性。因为在这样一个经济系统中，经济产出是企业产出的加总，泰勒规则如果要达到货币当局的政策效果，要求微观经济主体对利率的敏感性（即利率的传导机制）必须是良好的。一般来讲，货币政策影响或直接改变利率，利率的改变导致社会资本使用成本的改变，进而影响公司的投资需求和投资效率（Mojon et al.，2002；李青原和王红建，2013），反过来企业行为的"汇总"最后又作用于整体经济，影响货币政策。所以，接下来本节建立货币政策对企业投资需求和投资率的传导模型。

根据新古典资本需求理论和投资行为理论，假设企业生产符合 Cobb-Douglas 生产函数，则资本存量需求模型为（Jorgenson，1963；Eisner and Nadiri，1968）：

$$K_t^* = \alpha \frac{P_t Q_t}{c_t} \tag{7.2}$$

其中，$K_t^*$ 为净资本存量，$P_t$ 为产出价格，$Q_t$ 为产量。$c_t$ 是资本使用成本（shadow price），其与企业的经济折旧率 $\delta$、投资品价格 $q$、利率 $r$、在 $t$ 时刻预期投资品在 $t+1$ 时刻的价格变化率 $q/\dot{q}$、公司直接税率 $u$ 有关，则资本使用成本可表示为

$$c = q \left[ \left( \frac{1-uv}{1-u} \right) \delta + \left( \frac{1-uw}{1-u} \right) r - \left( \frac{1-ux}{1-u} \right) q/\dot{q} \right]$$

其中，$v$、$w$、$x$ 分别表示折旧、利率和纳税收入的资本损失（收入）的一定比例。

根据新货币数量论的剑桥方程：$M = \kappa P y$，其中，$y$ 为实际国民生产总值，本小节假设 $t$ 时刻的名义国民生产总值等于企业产出价值 $P_t Q_t$，则结合式（7.2）可以得到：$M_t = \kappa K_t^* / \alpha$，将此货币需求函数带入具有实际货币余额效应的函数可得（朱培金，2013）

$$\frac{\kappa K_t^*}{\alpha P_t} = L \left( Y_t, \frac{i_t - i_t^m}{1 + i_t}, \varepsilon_t \right) \tag{7.3}$$

将式（7.3）转变为包含投资 $I_t$ 的函数，假设所有变量均在稳态的一个微小领域内波动，且资本存量需求 $K_t^*$ 与实际资本存量 $K_t$ 一致，对此，本小节将资本存量进行一阶滞后，则式（7.3）可转换为

$$\frac{\kappa I_t / \alpha P_{t-1}}{\left(I_t / k_{t-1}\right)\left(P_t / P_{t-1}\right)} = L\left(Y_t, \frac{i_t - i_t^m}{1+i_t}, \varepsilon_t\right) \tag{7.4}$$

式（7.4）中的 $I_t / k_{t-1}$ 代表第 $t$ 期的投资率（彭方平和王少平，2007），用 $IR_t$ 表示，$P_t / P_{t-1}$ 表示通胀率，用 $\pi_t$ 表示，再将式（7.4）线性对数化可以得到：

$$\frac{\kappa}{\alpha}\hat{I}_t - \hat{IR}_t - \pi_t = L_Y \hat{Y} + L_{\frac{i_t}{1+i_t}} \hat{i}_t + \varepsilon_t \tag{7.5}$$

则根据式（7.5）得到：

$$\hat{i}_t = L_{\frac{i_t}{1+i_t}}\left(\frac{\kappa}{\alpha}\hat{I}_t - \hat{IR}_t - \pi_t - L_Y \hat{Y}_t - \varepsilon_t\right) = \alpha_1 \hat{Y}_t + \alpha_2 \pi_t + \alpha_2 \hat{IR}_t - \alpha_2 \frac{\kappa}{\alpha}\hat{I}_t + \xi_t \tag{7.6}$$

其中，$L_{i_t/1+i_t} < 0$，$\alpha_1 = -L_Y / L_{i_t/1+i_t}$，$\alpha_2 = -1 / L_{i_t/1+i_t}$，$\xi_t = -\varepsilon_t / L_{i_t/1+i_t}$，$\alpha_1$、$\alpha_2 > 0$，式（7.6）显示泰勒规则不仅是通货膨胀和产出缺口的反应函数，还是可以包含投资率和投资需求的函数，可以发现利率对通货膨胀和实际投资率的作用相反，但与投资需求相同，且加入投资率和投资需求的泰勒规则并不要求利率对通货膨胀的系数大于 1，因为，在货币政策传导微观企业的过程中，企业投资行为决策对利率传导具有"亲周期性"，利率政策很可能需要考虑这些微观主体的扰动对实际效果的放大影响。

### 7.2.3　考虑企业综合状况指数的前瞻性泰勒规则

受 20 世纪中后期的理性预期革命影响，Clarida 等（2000）认为，鉴于货币政策存在时滞效应，中央银行应该基于未来经济状况调控目前的名义利率，从而提高政策利率对未来经济状况的反应速度，有助于中央银行调控目标的实现。他们假设短期名义利率为货币政策的主要调控工具，且主要是根据未来通胀缺口和产出缺口对短期名义利率做出调整，则前瞻性泰勒规则方程可表示为

$$i_t^* = r^* + \pi^* + \alpha\left[E_t\left(\pi_{t+k} | \Omega\right) - \pi^*\right] + \beta E_t\left(\tilde{y}_{t+p} | \Omega\right) \tag{7.7}$$

其中，$i_t^*$ 表示货币政策目标利率，$r^*$ 表示长期均衡实际利率，$E_t\left(\pi_{t+k} | \Omega\right)$ 表示在 $t$ 期可得信息的情况下对 $t+k$ 期通胀水平的预期，同理 $E_t\left(\tilde{y}_{t+p} | \Omega\right)$ 表示对 $t+p$ 期产出缺口的预期，$\Omega$ 表示 $t$ 期可得信息集，$\alpha$，$\beta$ 为通胀、产出缺口预期的系数。

随着国内外一些学者研究的深入，部分研究中已考虑到货币增长、汇率、资产价格等因素对前瞻性泰勒规则的影响（Kiyotaki and Moore，2001；Ball，1999），但考虑微观企业状况的还较少。货币政策理论认为，不管是货币渠道，还是信贷渠道，货币政策对实体经济活动的影响主要体现在改变企业的融资成本

和融资环境，进而影响企业的投资行为方面。从公司金融的角度看，企业投资行为（包括投资率和投资需求）主要受企业内部融资约束和外部投资机会两方面影响（靳庆鲁等，2012；黄志忠和谢军，2013），而融资约束和外部投资机会从货币政策的货币传导渠道看都是与利率息息相关的，这也与本书前面推导的投资率和投资需求对规则利率产生反应的结果比较一致。

接下来，本小节尝试从企业资产负债表中提取反映微观主体投资状况的综合因素，来代替式（7.6）中的投资率和投资需求。一般来讲，企业净资产收益率反映了企业的借贷能力，也即融资约束，托宾 $Q$ 值反映企业的投资机会，而投资机会的实现与内部现金流相关（Duchin et al.，2010）。本小节使用主成分分析法对企业净资产收益率（ROE）、内部现金流比率（用 CF 表示）、托宾 $Q$ 值 3个指标进行主成分分析，提取企业投资相关因素的主成分来衡量企业的综合投资状况，再将企业综合状况（主成分）指数 crop 纳入扩展后的前瞻性泰勒规则，以此构建同时包含宏观和微观信息的前瞻性泰勒规则函数，可以观察中央银行货币政策对微观企业的传导机制。

企业综合状况指数的计算方法如下：

$$\text{crop} = \alpha_1 \text{ROE} + \alpha_2 \text{CF} + \alpha_3 Q \qquad (7.8)$$

其中，ROE=净利润/净资产，CF=当期经营性现金净流量/当期固定资产，$Q$=（股东权益市值+期初与期末负债均值）/期初与期末总资产均值。

考虑汇率、资产价格、货币供应量和企业综合状况指数后的货币政策反应函数如下：

$$
\begin{aligned}
i_t^* = r^* + \pi^* &+ \alpha\left[E_t\left(\pi_{t+k}|\Omega_t\right) - \pi^*\right] + \beta E_t\left(\tilde{y}_{t+p}|\Omega_t\right) + \delta E_t\left(e_{t+q}|\Omega_t\right) \\
&+ \phi E_t\left(s_{t+m}|\Omega_t\right) + \varphi E_t\left(h_{t+n}|\Omega_t\right) + \lambda M_{t+w} + \theta C_{t+u}
\end{aligned} \qquad (7.9)
$$

其中，$E_t\left(s_{t+m}|\Omega_t\right)$ 表示根据第 $t$ 期的信息对 $t+m$ 期股票价格缺口的预期；$E_t\left(h_{t+n}|\Omega_t\right)$ 表示根据第 $t$ 期的信息对 $t+n$ 期房地产价格缺口的预期值；$C_{t+u}$ 表示的是根据第 $t$ 期的信息对第 $t+u$ 期企业综合状况指数缺口[①]的预期；$M_{t+w}$ 是对 $t+w$ 期货币供应量增速的预期。结合 Orphanides（2003）研究，可得基于利率平滑的前瞻性泰勒规则：

$$
\begin{aligned}
i_t = \rho i_{t-1} + (1-\rho)\Big\{ r^* + \pi^* &+ \alpha\left[E_t\left(\pi_{t+k}|\Omega_t\right) - \pi^*\right] + \beta E_t\left(\tilde{y}_{t+p}|\Omega_t\right) + \delta E_t\left(e_{t+q}|\Omega_t\right) \\
&+ \phi E_t\left(s_{t+m}|\Omega_t\right) + \varphi E_t\left(h_{t+n}|\Omega_t\right) + \lambda M_{t+w} + \theta C_{t-u} \Big\} + v_t
\end{aligned}
$$

$$\qquad (7.10)$$

---

① 企业综合状况指数缺口用每一期的企业综合状况指数减去长期均衡企业综合状况指数表示。

其中，$\rho$ 代表利率的平滑程度，取值范围为 $(0,1)$，意味着货币当局不是完全根据目标利率设定当期利率水平，而是根据目标利率进行部分调整，即每次调整的利率幅度仅消除实际利率和目标利率差别的 $1-\rho$。对（7.10）式进行整理化简，且将（7.10）式中的不可观测的预期变量用实际变量进行替代，因此在对（7.10）式进行整理前不妨设：

$$E_t\left(e_{t+k}|\Omega_t\right)=e_{t+q}-\varepsilon_{\pi,t+q}，E_t\left(s_{t+k}|\Omega_t\right)=s_{t+m}-\varepsilon_{s,t+m}，E_t\left(h_{t+n}|\Omega_t\right)=h_{t+n}-\varepsilon_{h,t+n}$$

其中，$\varepsilon_{\pi,t+q}$、$\varepsilon_{s,t+m}$、$\varepsilon_{h,t+n}$ 分别为 $t+q$、$t+m$、$t+n$ 的随机扰动项，于是（7.10）式可变为

$$
\begin{aligned}
i_t - r^* - \pi^* = &\rho\left(i_{t-1} - r^* - \pi^*\right) + b_1\left(\pi_{t+k} - \pi\right) + b_2\tilde{y}_{t+p} + b_3 e_{t+q} + b_4 s_{t+m} \\
&+ b_5 h_{t+n} + b_6 M_{t+w} + b_7 C_{t+u} + \varepsilon_t
\end{aligned}
$$

$$（7.11）$$

其 中，$b_1 = a(1-\rho)$，$b_2 = \beta(1-\rho)$，$b_3 = \delta(1-\rho)$，$b_4 = \phi(1-\rho)$，$b_5 = \varphi(1-\rho)$，$b_6 = \lambda(1-\rho)$，$b_7 = \theta(1-\rho)$，$\varepsilon_t = v_t - \alpha(1-\rho)\varepsilon_{\pi,t+k} - \beta(1-\rho)\varepsilon_{\tilde{y},t+p} - \delta(1-\rho)\varepsilon_{\pi,t+q} - \phi(1-\rho)\varepsilon_{\pi,t+m} - \varphi(1-\rho)\varepsilon_{\pi,t+n}$，复合误差项 $\varepsilon_t$ 与 $\varepsilon_{\pi,t+k}$、$\varepsilon_{\tilde{y},t+p}$、$\varepsilon_{\pi,t+q}$、$\varepsilon_{\pi,t+m}$、$\varepsilon_{\pi,t+n}$ 都是序列无关的。由于方程（7.11）包含预期变量，因而采用 OLS 估计不是有效的，为此 GMM 方法是通常采用的一个估计方法。GMM 方法由于限制条件较少，不要求扰动项的准确分布信息，仅需要知道一些矩条件，允许随机扰动项存在异方差和序列相关，从而是目前估计前瞻性方程的一个有效方法。

### 7.2.4　变量选择

考虑到数据的可得性及 2005 年的汇率改革[①]，本小节实证样本采用 2005 年第一季度至 2017 年第二季度共 50 个季度样本点数据，所有月度数据通过算数平均计算季度数据。根据谢平和罗雄（2002）、刘明志（2006）等研究，本小节的短期利率采用当前我国同业拆借市场比重最大的银行间同业拆借 7 天利率来表示，均衡利率根据金中夏（2012）、李宏瑾等（2016）的研究取值 2.7%[②]。将

---

[①] 2005 年 7 月 21 日，我国开始实行"以市场供求为基础、参考一篮子货币进行调节、有管理的浮动汇率制度"。人民币汇率不再盯住单一美元，形成更富弹性的人民币汇率机制。

[②] 邓创等（2009，2012）根据银行间同业拆借 7 天利率估算了我国的动态均衡利率，但仅给出区间范围，没有平均值，考虑到目前均衡利率估算思路和方法的争论，以及本书的重点在于将微观因素如何引入传统前瞻性泰勒规则而非均衡利率的估算，所以，本小节结合金中夏（2012）、李宏瑾等（2016）根据隔夜质押或回购利率估算的结果取平均值约 2.7%（他们的估算平均值分别是 2.77%、2.64%）。同理，关于以下目标通货膨胀率、潜在 GDP、均衡汇率等的估算都是当前学术界尚在研究或争论的问题，考虑本章研究的重点及篇幅限制，在数据选取上将采用前人或一些简化的方法处理。

CPI 同比增长率作为通货膨胀率，目标通货膨胀率根据陆军和钟丹（2003）的做法[①]，通过交易方程测算，目标通货膨胀率约为 4%，通胀缺口为当期通胀率减目标通胀率。通过 $X$-12 加法对真实 GDP 进行季节调整，并做定基处理（设定 2000 年 = 100），再利用 H-P 滤波法估计潜在产出，最后得到产出缺口，产出缺口=（季节调整的真实 GDP-潜在 GDP）/潜在 GDP。采用人民币实际有效汇率增长率与均衡汇率增长率的差值作为汇率的缺口指标，均衡汇率增长率根据王彬（2015）的估算结果取值约为 0.9%[②]。使用全国房地产开发景气指数的实际值与 H-P 滤波法估计的潜在房价之差作为房价缺口，利用上证综合指数收盘价与 H-P 滤波法估计的潜在股票价格之差作为股价缺口的替代变量。选取 M2 季度同比增速作为货币供应量指标[③]。选取历史平均企业综合状况指数表示企业综合状况指数的长期平均值，并用当期企业综合状况指数与长期平均值之差来表示企业综合状况指数缺口。

# 7.3  前瞻性利率估计与反应函数结果分析

## 7.3.1  平稳性检验

为避免伪回归，本节利用 ADF 检验对各个经济变量进行单位根检验发现，利率和货币供应量增长率在99%的置信水平下是一阶单整的，而通胀缺口、产出缺口、汇率缺口、股价缺口、房价缺口和企业综合状况指数缺口均是平稳序列。接着，本节对残差序列与通胀缺口、产出缺口、汇率缺口、股价缺口、房价缺口和企业综合状况指数缺口进行 Johansen 检验，发现他们之间存在 6 个协整关系，其中一个是以利率为应变量，包含其他所有变量为自变量的协整关系。因此，利率、通胀缺口、产出缺口、汇率缺口、股价缺口、房价缺口、货币供应量增长率和企业综合状况指数缺口存在协整关系，可以进行回归分析。

---

① 通过 Fisher 交易方程 $P=MV/Y$ 计算目标通货膨胀率，即其中 $M$ 代表货币供应量（M2），$V$ 代表均衡货币流通速度，$Y$ 代表潜在产出，把每年实际的年平均值视为年均衡值，用 2005 ~ 2014 年的年实际流通速度的加权平均值代表这一时期的货币均衡流通速度，用每年货币供给量的加权平均值代表这一时期的货币供给量，再根据下文得出的潜在产出得到目标通货膨胀率。

② 均衡汇率采用了王彬（2015）的研究成果，由于原文没有给出具体的均衡汇率值，本书特向原作者索取了相关数据，并在此表示感谢。

③ 货币供应量是某个时点的存量数据，本小节用每个季度末的 M2 对上一年相同季度末的 M2 计算同比数据，可以消除季节性因素的扰动。

## 7.3.2　前瞻性泰勒规则反应函数估计结果

　　研究前瞻性泰勒规则的关键之一是如何选取自变量可预期的期数，即式（7.11）中 $k$，$p$，$q$，$m$，$n$，$w$ 和 $u$ 的取值。从通胀缺口来看，刘斌（2004）使用仅包含通胀缺口的前瞻性泰勒规则进行测算发现规则利率相对通胀缺口至少存在 3 个季度的滞后效应，中央银行应考虑未来 3 个季度通胀率可能出现的变化，才能使货币政策的调整对经济的稳定起到重要作用，所以，本小节选取 $k=3$；从产出缺口来看，由于 GDP 是季度数据，根据 Clarida 等（2000）的估计经验，选取产出 $p=1$；从汇率缺口和资产价格缺口来看，由于人民币汇率和股票指数每个交易日末均存在收盘价，原则上可以及时了解当前的汇率变化和股价变化，不需要根据过去数据及时对当前进行预期，所以选取 $q=0$，$m=0$，但全国房地产数据的公布一般会延迟，而且由于房地产对经济增长的重要性[①]，房价缺口预期显得非常重要，所以选取 $n=1$；从 M2 增长率来看，根据 Mehra（2000）、张屹山和张代强（2007）的研究，选取 $w=-1$；此外，考虑到企业经济数据公布的滞后性，本小节设定企业综合状况指数缺口滞后 1 期，所以反应函数中的企业综合状况指数缺口预期应该提前 1 期，即 $u=1$，反映下一期企业综合状况指数缺口预期对本期规则利率的前瞻性影响[②]。

　　接下来，本小节采用 GMM 前瞻性泰勒规则反应函数，工具变量集合包括常量、滞后 2 阶的名义短期利率、滞后 1 阶的预期通胀缺口、滞后 1 阶的产出缺口、滞后 1 阶的汇率缺口、滞后 1 阶的股价缺口、滞后 1 阶的房价缺口、滞后 1 阶的 M2 增长率和滞后 1 阶的企业综合状况指数缺口。工具变量集合与解释变量高度相关，且外生于利率。同时，由于工具变量个数大于内生变量个数，所以，本小节进行过度识别检验，$J$ 统计量为 0.005，$nJ=0.23$ 小于自由度为 1 的卡方分布临界值 3.84，所以，接受原假设，认为选择的工具变量是合理的。

　　从估计结果看，加入企业综合状况指数缺口后的前瞻性泰勒规则反应函数的调整 $R^2$ 和 DW 值均优于没有考虑企业综合状况指数缺口的模型（表 7.1）。比较模型（5）和模型（6）可以看出，加入企业综合状况指数缺口后，调整 $R^2$ 和 DW 值均有所提高，且平滑系数、通胀缺口、汇率缺口分别增加了 0.07 个百分点、0.003 个百分点、0.002 个百分点，说明利率变动在考虑企业因素的情况下对通胀预期、汇率预期更加敏感。值得注意的是，如果模型加上 M2 增长率，平滑系数

---

[①] 在实际统计项目中，新建住房和二手房折旧部分等都是作为支出法下的投资项计入了 GDP。

[②] 中央银行短期政策利率的正确调整至少要引导当前及未来企业的整体经济行为，在实际操作中，企业一般是按季度向中央银行调查统计部门或政府信息统计部门汇报相关财务信息，且存在滞后性（一般滞后时长在一个季度以内），同时，考虑到央行可以通过 MLF、SLF、SLO 等流动性工具在金融市场上快速调节短期政策利率，所以，本季度的短期政策利率从理论和操作上均可以根据下一季度企业综合状况预期进行前瞻性反应。

一般在 0.6 左右，不加上 M2 增长率，平滑系数在 0.8 左右，这说明考虑货币供应因素后，利率的反应灵敏度有所降低，这与当前我国中央银行同时使用数量型货币工具和价格型货币工具进行调控是一致的。平滑系数的大小到底预示着什么呢？Sack 和 Wieland（2000）认为，如果平滑系数较小，说明货币政策对宏观经济变化是被动反应，即货币政策根据宏观经济变化事后做出调整；反之，如果平滑系数较大，说明货币政策对宏观经济变化是主动调节，即货币政策根据宏观经济变化前瞻性做出判断。实际上，本书认为我国利率调节更多的是主动调节。例如，中央银行通过公开市场操作间接调控同业拆借利率，但同时也存在一些被动调节的成分。又如，市场资金突然吃紧，导致中央银行被动投放合理货币，干预市场利率。

**表 7.1　各扩展前瞻性泰勒规则反应函数估计结果**

| 参数 | 模型 1 | 模型 2 | 模型 3 | 模型 4 | 模型 5 | 模型 6 | 模型 7 | 模型 8 | 模型 9 | 模型 10 | 模型 11 |
|---|---|---|---|---|---|---|---|---|---|---|---|
| $\rho$ | 0.691*** (0.000) | 0.744*** (0.000) | 0.769*** (0.000) | 0.459** (0.035) | 0.507*** (0.009) | 0.671*** (0.000) | 0.706*** (0.000) | 0.746*** (0.000) | 0.756*** (0.000) | 0.534*** (0.003) | 0.788*** (0.000) |
| $b_1$ | 0.018 (0.538) | 0.011 (0.697) | 0.061* (0.051) | 0.121*** (0.012) | 0.108** (0.015) | 0.126*** (0.009) | 0.033 (0.235) | 0.027 (0.378) | 0.070*** (0.003) | 0.105*** (0.006) | 0.063** (0.022) |
| $b_2$ | 0.102*** (0.005) | 0.092** (0.012) | 0.064** (0.013) | 0.115*** (0.009) | 0.115*** (0.005) | 0.118*** (0.004) | 0.103*** (0.001) | 0.097*** (0.002) | 0.073*** (0.006) | 0.114*** (0.007) | 0.090*** (0.004) |
| $b_3$ | | 0.057 (0.148) | 0.065* (0.018) | 0.061** (0.044) | 0.062* (0.051) | 0.062*** (0.003) | | 0.045 (0.230) | 0.051* (0.056) | 0.057** (0.023) | 0.059*** (0.002) |
| $b_4$ | | | -0.009 (0.118) | -0.013* (0.069) | -0.012* (0.093) | -0.015** (0.012) | | | -0.008** (0.021) | -0.013*** (0.019) | -0.008** (0.025) |
| $b_5$ | | | | 0.081* (0.068) | 0.083** (0.075) | 0.069* (0.077) | | | | 0.064 (0.143) | |
| $b_6$ | | | | | 0.002 (0.431) | 0.003 (0.235) | | | | | 0.005 (0.651) |
| $b_7$ | | | | | | 0.023*** (0.000) | 0.021*** (0.000) | 0.020*** (0.000) | 0.021*** (0.001) | 0.019*** (0.000) | 0.022*** (0.000) |
| 调整的 $R^2$ | 0.811 | 0.845 | 0.852 | 0.825 | 0.861 | 0.896 | 0.860 | 0.858 | 0.879 | 0.885 | 0.892 |
| DW 值 | 1.916 | 1.938 | 1.981 | 1.720 | 1.639 | 1.892 | 1.933 | 1.954 | 2.050 | 1.812 | 2.012 |

*表示在 10%显著性水平下显著；**表示在 5%显著性水平下显著；***表示在 1%显著性水平下显著
注：模型 1 至模型 11 的变量均使用前瞻性函数式（7.11）数据进行估计，括号内的数值为 $P$ 值

短期利率对通胀缺口的反应系数随着解释变量的增加而增大，且越大越显著，反映的实际情况是随着通胀预期增加，利率将提升。最高为加入企业综合状况指数缺口后的 0.126，即预期下个季度的通胀缺口偏离均衡值 1 个单位，利率将偏离平均值 0.126 个单位。同时，这也说明在考虑微观企业因素后，中央银行货币政策对预期通胀缺口的反应更为充足。根据 Woodford（2003）的启示，如果（$\rho+b_1$）大于 1，那么局部均衡将是确定的，但实际上，所有模型估计结果显

示均小于 1，这与前文加入企业投资需求和投资率因素的模型推导结果是一致的，即中央银行利率政策需要考虑微观企业对利率变动的"过度反应"，同时，在我国仍以货币供应量为中介目标的情况下，中央银行利率政策很可能只是替代了货币供应量的部分调节职能。

短期利率对产出缺口的反应系数为 0.073~0.118，11 个模型的估计结果均显著，且估计系数大于静态泰勒规则反应函数[1]。系数为正，表明利率与未来产出缺口同方向变化，即在预期产出缺口加大、经济出现过热的情形时，应提高利率以收紧货币政策，同时这也说明我国利率政策对产出的调整是较为充分的。

短期利率对汇率缺口的反应系数在 0.06 左右，即汇率缺口变动 1 个单位，短期利率将变动 0.06 个单位。当实际有效汇率缺口减少时，人民币呈贬值趋势，意味着国内出口将进一步增加，经常项下盈余增加，我国外汇储备已经处于较高水平，货币当局可能会通过降低利率的方式减少国际短期资本流入。

短期利率对股价缺口的反应系数在 -0.01 左右，且均显著，即股价缺口缩小 1 个单位，短期利率将增加 0.01 个单位。由于利率和股价是同期数据，实际上从行为金融学的角度看，这反映了中央银行货币政策对股价的直接影响，且股价对利率变动具有显著的敏感性，即利率提高，收紧货币政策有助于减少股价向上波动；利率降低，放松货币政策，将加大股价向上波动。

短期利率对房价缺口的反应系数为 0.06~0.08，这表明下一期房价缺口变化与本期利率调整呈正相关关系，即预期下一期房价景气指数增加，缺口扩大时，本期短期利率将上升；预期下一期房价景气指数减少，缺口变小时，本期短期利率将下跌。这说明中央银行的利率政策对房价的调控可以起到短期抑制作用，但是由于反应系数较小，利率干预的成本是非常大的，而且货币政策与资产价格之间并没有直接的联系[2]以及货币政策主要管理总需求的目标[3]，所以，在成本-收益框架下，前瞻性货币政策并不适宜直接针对资产价格。

短期利率对货币供给增长率的反应系数较小，而且均不显著，这说明当前货币供给变化对利率的影响不大。一方面，由于利率市场化没有完全实现，这可能限制了货币供应量发挥中介目标的功能；另一方面，在之前利率管制条件下，中央银行在控制货币供应量使货币总量达到调控目标之外，还要维持利率稳定，但是中央银行可能无力同时非常有效地控制利率和货币总量，因为当货币市场受到

---

① 由于篇幅有限，传统泰勒规则等静态泰勒规则模型估计结果在此省略，如果需要，可向作者索取。

② 2007 年 12 月，周小川行长在《财经》年会上发表讲话，认为回顾历史数据和历史政策调整，并不能看出货币政策对资产价格产生了直接效果。

③ 2013 年 3 月，周小川行长在全国人大记者会上表示，货币政策主要是管理总需求，主要是根据 CPI 这样的消费物价指数及生产资料价格指数来调整货币政策。

货币需求冲击时，为了稳定管制利率，就必须相应地变动货币供应量，造成利率与货币供应量关联性的下降。

短期利率对企业综合状况指数缺口的反应系数在0.02左右，且所有模型的估计结果在99%置信水平下均显著，这说明微观企业综合状况能影响短期政策利率的制定，且存在逆周期影响。当企业整体投资环境持续良好时，则中央银行可提升利率，给企业过热投资降温；当企业整体投资环境持续恶化时，则中央银行可降低利率，改善企业投资环境。同时，加入企业综合状况指数缺口后，通胀缺口和产出缺口的估计系数在所有扩展的前瞻性模型中均为最高，且（$\rho+b_1$）最大，在一定程度上显示宏观变量和微观变量的综合效应在我国前瞻性货币政策反应函数中的适用性。

整体来看，加入企业综合状况指数缺口后的前瞻性泰勒规则反应函数能更准确预测规则利率，说明微观企业投资状况能影响利率制定，也间接说明前瞻性规则利率能够有效传导微观企业。将考虑了汇率缺口、股价缺口、房价缺口、货币供给增长率和企业综合状况指数缺口后的前瞻性泰勒规则利率（模型6）、传统泰勒规则利率与现实的短期名义利率通过 $T$ 检验和非参数检验中的威尔科克森符号等级检验（wilcoxon signed-rank test）方法进行比较，其检验的原假设为

$H_0$：前瞻性泰勒规则利率/短期名义利率=1

传统泰勒规则利率/短期名义利率=1

前瞻性泰勒规则利率/传统泰勒规则利率=1

通过估计结果（表7.2）可以发现，前瞻性泰勒规则利率与短期名义利率比较一致，但传统泰勒规则利率与前瞻性泰勒规则利率和短期名义利率在10%显著性水平下显著不同，所以，本书认为考虑企业综合状况的前瞻性泰勒规则利率对短期名义利率的预测更精确。

表 7.2　前瞻性泰勒规则利率、传统泰勒规则利率与短期名义利率的相关统计检验

| 关系类型 | $T$ 统计量（$P$ 值） | $W$ 统计量（$P$ 值） | $S$ 统计量（$P$ 值） |
|---|---|---|---|
| 前瞻性泰勒规则与短期名义利率 | −0.056<br>（0.963） | −0.411<br>（0.689） | 0.798<br>（1.000） |
| 传统泰勒规则与短期名义利率 | 2.911<br>（0.073） | −2.079<br>（0.082） | 2.607<br>（0.015） |
| 前瞻性泰勒规则与传统泰勒规则 | 2.361<br>（0.085） | 2.178<br>（0.071） | 2.423<br>（0.073） |

### 7.3.3　分行业的前瞻性泰勒规则反应函数估计结果

考虑到不同行业对经济周期的适应性不同，其可能对货币政策的反应是不一样的。例如，在经济上行期间，虽然货币政策开始紧缩，但由于预期经济前景依

然较好，房地产价格将持续攀升，导致房地产投资增长；同时，一些耐用消费行业由于收益率相对较低，其投资持续下滑。为了进一步检验前文的推导模型和估计结果，本小节接下来将按证监会分类的 17 个不同行业①的 3 083 家上市公司检验前瞻性泰勒规则利率的反应。

从估计结果看，各行业调整 $R^2$ 基本在 0.85 以上，DW 值在 1.7~2.0，估计情况较好（表7.3 和表7.4）。从平滑系数看，17 个行业的平滑系数均显著，其中，14 个行业均大于 0.5，显示中央银行货币政策对这些行业的主动影响更多，但科学研究和技术服务业，教育业，文化、体育和娱乐业 3 个行业的平滑系数在 0.5 以下，说明中央银行利率政策主动针对科研、文化、教育产业的调整较少，这些产业可能更多受市场利率自身波动的影响。

**表 7.3　分行业扩展前瞻性泰勒规则利率的相关统计检验（一）**

| 参数 | 农、林、牧、渔业 | 采矿业 | 制造业 | 电力、热力、燃气及水生产和供应业 | 建筑业 | 批发和零售业 | 交通运输、仓储和邮政业 | 住宿和餐饮业 |
|---|---|---|---|---|---|---|---|---|
| $\rho$ | 0.611*** (0.000) | 0.589*** (0.000) | 0.512*** (0.005) | 0.513*** (0.004) | 0.512* (0.085) | 0.521** (0.021) | 0.513** (0.011) | 0.548*** (0.005) |
| $b_1$ | 0.098* (0.023) | 0.095** (0.012) | 0.102*** (0.003) | 0.088** (0.031) | 0.061 (0.137) | 0.103** (0.033) | 0.106** (0.021) | 0.112** (0.013) |
| $b_2$ | 0.098*** (0.005) | 0.092** (0.013) | 0.115*** (0.000) | 0.131*** (0.000) | 0.152*** (0.000) | 0.112*** (0.005) | 0.132* (0.007) | 0.125** (0.000) |
| $b_3$ | 0.044** (0.032) | 0.109** (0.016) | 0.051 (0.153) | 0.022*** (0.000) | 0.09*** (0.000) | 0.078** (0.025) | 0.053 (0.212) | 0.083** (0.017) |
| $b_4$ | −0.006 (0.265) | −0.059 (0.210) | −0.012* (0.056) | −0.015* (0.089) | −0.010 (0.122) | −0.012* (0.031) | −0.013** (0.034) | −0.014** (0.021) |
| $b_5$ | 0.052 (0.146) | 0.063 (0.151) | 0.086* (0.052) | 0.072* (0.089) | 0.078 (0.103) | 0.089* (0.073) | 0.086 (0.111) | 0.071 (0.143) |
| $b_6$ | 0.031** (0.045) | 0.003 (0.263) | 0.004 (0.365) | 0.003 (0.445) | 0.002 (0.344) | 0.002 (0.413) | 0.002 (0.509) | 0.004 (0.188) |
| $b_7$ | 0.063** (0.032) | 0.020** (0.025) | 0.029** (0.018) | 0.048*** (0.002) | 0.052*** (0.000) | 0.034* (0.051) | 0.031 (0.244) | 0.041* (0.072) |
| 调整的 $R^2$ | 0.877 | 0.851 | 0.842 | 0.854 | 0.861 | 0.857 | 0.911 | 0.852 |
| DW 值 | 1.945 | 1.899 | 1.852 | 1.844 | 1.731 | 1.799 | 1.878 | 1.836 |

*表示在 10%显著性水平下显著；**表示在 5%显著性水平下显著；***表示在 1%显著性水平下显著

---

① 证监会行业分类包含农、林、牧、渔业，制造业，采矿业，房地产产业，金融业，教育业，综合类行业等 19 个行业，但是居民服务、修理和其他服务业这一类还未有上市公司，且综合类行业定位较模糊，所以本小节考察的是剔除以上两个行业后其余 17 个行业对前瞻性规则利率的反应。

**表 7.4　分行业扩展前瞻性泰勒规则利率的相关统计检验（二）**

| 参数 | 信息传输、软件和信息技术服务业 | 金融业 | 房地产业 | 租赁和商务服务业 | 科学研究和技术服务业 | 水利、环境和公共设施管理业 | 教育业 | 卫生和社会工作 | 文化、体育和娱乐业 |
|---|---|---|---|---|---|---|---|---|---|
| $\rho$ | 0.540*** (0.000) | 0.531*** (0.001) | 0.545*** (0.000) | 0.552*** (0.003) | 0.443*** (0.003) | 0.544*** (0.000) | 0.489* (0.012) | 0.572*** (0.005) | 0.473* (0.010) |
| $b_1$ | 0.081*** (0.008) | 0.112*** (0.003) | 0.084 (0.213) | 0.103** (0.031) | 0.115*** (0.006) | 0.106** (0.013) | 0.126** (0.022) | 0.111** (0.007) | 0.092* (0.065) |
| $b_2$ | 0.122*** (0.000) | 0.157*** (0.000) | 0.121*** (0.005) | 0.134*** (0.000) | 0.112** (0.031) | 0.096* (0.055) | 0.107*** (0.002) | 0.103*** (0.008) | 0.123*** (0.000) |
| $b_3$ | 0.039* (0.078) | 0.061** (0.031) | 0.112*** (0.000) | 0.084*** (0.003) | 0.065* (0.054) | 0.121*** (0.002) | 0.072** (0.011) | 0.063** (0.034) | 0.065** (0.032) |
| $b_4$ | −0.011 (0.144) | −0.010** (0.032) | −0.008 (0.230) | −0.021* (0.052) | −0.013** (0.025) | −0.012* (0.063) | −0.008* (0.057) | −0.021** (0.043) | −0.011* (0.076) |
| $b_5$ | 0.073 (0.145) | 0.089** (0.030) | 0.077 (0.142) | 0.085* (0.063) | 0.064 (0.172) | 0.061* (0.091) | 0.081* (0.090) | 0.083 (0.114) | 0.091* (0.064) |
| $b_6$ | 0.001 (0.536) | 0.003 (0.112) | 0.005* (0.062) | 0.004 (0.413) | 0.002 (0.335) | 0.003 (0.396) | 0.002 (0.235) | 0.002 (0.375) | 0.003 (0.443) |
| $b_7$ | 0.024*** (0.000) | 0.003*** (0.000) | 0.021** (0.015) | 0.032 (0.114) | 0.023** (0.012) | 0.029*** (0.001) | 0.092*** (0.028) | 0.012* (0.074) | 0.011 (0.433) |
| 调整的 $R^2$ | 0.886 | 0.893 | 0.856 | 0.887 | 0.831 | 0.895 | 0.863 | 0.868 | 0.856 |
| DW 值 | 1.935 | 1.987 | 2.011 | 1.834 | 1.765 | 1.912 | 1.754 | 2.007 | 1.873 |

*表示在 10%显著性水平下显著；**表示在 5%显著性水平下显著；***表示在 1%显著性水平下显著
注：括号内的数值为 $P$ 值

　　15 个行业的通胀缺口系数显著，17 个行业的产出弹性系数均显著，分别占行业个数的 88.24%、100%，这说明从细分行业来看，通胀预期和产出预期同样是前瞻性利率参考制定的重要标准，且 11 个行业的产出缺口对利率的敏感性高于通胀缺口对利率的敏感性。从细分行业看，金融业的产出缺口和通胀缺口对利率的反应最为显著敏感，而农、林、牧、渔业，水利、环境和公共设施管理业的产出缺口和通胀缺口对利率的反应较差；房地产业和建筑业对通胀缺口不敏感，在一定程度上说明以房地产价格为代表的资产价格与 CPI 的相对独立性，同时也说明利率政策干预房地产价格的效率恐将受限。

　　15 个行业的汇率缺口系数、12 个行业的股价缺口系数均显著，分别占所有行业的 88.24%、70.59%，这说明中央银行可以通过规则利率来有效应对实际有效汇率变动和股价变动对经济造成的影响，但不同行业的影响存在非对称性。10 个行业的房价预期缺口系数不显著，占比 58.82%，显示房价对政策利率制定的影响不大，这与前文模型（11）的估计结果比较类似。只有农、林、牧、渔业和房地产业 2 个行业的估计结果显示短期利率对货币供给增长率的反应系数显著，说明前瞻性利率对货币供应量的反应并不充分，这与前文模型（5）、模型（6）和模型（11）的估计结果相似（表 7.1）。

14 个行业的短期利率对企业综合状况指数缺口的反应系数显著，占行业个数的 82.35%，这说明大部分上市公司的综合状况能影响短期政策利率的制定，中央银行可以通过包含微观因素的前瞻性规则利率来影响宏观经济环境。但不同行业系数差异较大，在 0.003~0.092，教育业，建筑业，农、林、牧、渔业的综合状况对利率影响较大，卫生和社会工作业以及文化、体育和娱乐业的综合状况对利率影响较小，这说明各行业投资状况对利率的反应是不同的，中央银行可以实施一些差异化的货币政策。整体来看，短期利率对企业综合状况比较稳定的行业反应较小，对企业综合状况波动较大的行业反应较充分。

## 7.4　前瞻性货币政策通过资产价格影响企业投资行为的实证分析

根据前一节研究，前瞻性利率对房地产价格的反应程度明显大于其对股票价格的反应程度（$b_5 > b_4$），而且，第 4 章分析结果显示，我国住房价格增速与银行间同业拆借 7 日加权平均利率的走势较为一致，均呈周期性波动。因此，本节接下来主要以房地产价格为例，研究前瞻性货币政策通过资产价格对企业投资行为的影响。

### 7.4.1　前瞻性货币政策通过房地产价格对企业投资行为的影响

参照前一章的模型设计，本节根据 7.3.2 节估计的模型（6）的系数计算前瞻性利率 $i_t^*$，代替前一章模型（模型 6.1 和模型 6.2）中的变量 $M1R_t$，其余控制变量和自变量均不变。本节继续从房地产价格和企业持有的房屋价值两个维度进行验证，设定模型具体如下：

$$\text{INVRATE}_{it} = \alpha_0 + \alpha_1 \text{HPRATE}_{it} + \alpha_2 \text{MR}_i + \alpha_3 \text{HPRATE}_{it} * i_t^* + \alpha_4 \text{HPRATE}_{it} * \text{SB}_i$$

$$+ \alpha_5 \text{Dummy}_{it} * i_t^* + \sum_{k=1}^{n} \xi_k \text{Control}_k^i + \varphi \text{ind}_i * \text{HPRATE}_{it} + \delta_i + \varepsilon_{it}$$

$$(7.12)$$

$$INVRATE_{it} = \beta_0 + \beta_1 HVRATE_{it} + \beta_2 MR_i + \beta_3 HVRATE_{it} * i_t^* + \beta_4 HVRATE_{it} * SB_i$$

$$+ \beta_5 Dummy_{it} * i_t^* + \sum_{k=1}^{n} \omega_k Control_k^i + \varphi' ind_i * HVRATE_{it} + \delta_i + \varepsilon_{it}'$$

$$（7.13）$$

其中，$\xi_k$ 和 $\omega_k$ 中的 $k$=1,2,3,4,5,6，分别代表 TBQ、CFRATE、ROE、CRRATE、TOP 和 FCF 的估计系数。本节经过 Fisher 面板单位根检验，发现前瞻性利率是平稳的，经过 Hausman 检验，认为固定效应优于随机效应，因此采用固定效应模型进行 OLS 回归。为了保持数据连贯性，所有数据按照前一章选取 693 家上市公司 2005~2016 年共 8 316 个观测值。

表 7.5 描述的是前瞻性货币政策在 2005~2016 年通过房地产价格对企业投资增长率的传导效应。从估计结果可以看出，在加入所有控制变量后，与第 6 章估计结果类似，即无论是采用住宅销售价格增长率还是商业用房销售价格增长率，模型整体拟合优度均为最优，但系数 $\alpha_1$ 在两种情况下均不显著，显示房地产价格增长率对企业投资增长率的直接影响不显著，这与前文估计结果也比较一致。从前瞻性货币政策通过房地产价格对企业投资的交互影响的系数 $\alpha_3$ 来看，采用住宅销售价格和商业用房销售价格估计时，分别在 10%、5% 显著性水平下显著为负，即前瞻性利率通过作用两种房地产价格均可以对企业投资增长率产生显著影响，前瞻性利率每提高 1 个百分点，通过房价的交互影响，将分别降低企业投资增长率约 0.42（住宅销售价格）、1.02 个百分点（商业用房销售价格）。从虚拟变量系数 $\alpha_5$ 可以看出，在加入所有控制变量后，前瞻性货币政策对非国有企业较国有企业有更显著的影响，即对于非国有企业，前瞻性利率提升 1 个百分点，企业投资增长率将分别下滑 0.06（住宅销售价格）和 0.02 个百分点（商业用房销售价格）。整体来看，采用商业用房销售价格来估计模型的效果更好。

表 7.5　前瞻性货币政策通过房价对企业投资的影响

| 系数 | 住宅销售价格 | | | | 商业用房销售价格 | | | |
|---|---|---|---|---|---|---|---|---|
| $\alpha_0$ | 10.442<br>（0.130） | 6.173<br>（0.385） | 12.372<br>（0.749） | 16.236<br>（0.340） | 9.327<br>（0.226） | 7.125<br>（0.465） | 14.241<br>（0.332） | 17.290*<br>（0.085） |
| $\alpha_1$ | 0.453<br>（0.412） | 0.230<br>（0.457） | 0.423<br>（0.604） | 0.421<br>（0.209） | 0.403<br>（0.548） | 1.182<br>（0.370） | 1.870<br>（0.463） | 2.376<br>（0.289） |
| $\alpha_2$ | −0.376<br>（0.231） | −0.216<br>（0.553） | −0.311<br>（0.590） | −0.292<br>（0.631） | −0.319<br>（0.244） | −0.394<br>（0.530） | −0.432<br>（0.226） | −0.516<br>（0.135） |
| $\alpha_3$ | −1.014<br>（0.357） | −0.807<br>（0.671） | −0.821<br>（0.425） | −0.442*<br>（0.073） | −0.732<br>（0.566） | −1.321<br>（0.538） | −1.872**<br>（0.034） | −1.020**<br>（0.043） |
| $\alpha_4$ | 1.342<br>（0.127） | 1.116<br>（0.218） | 1.063<br>（0.255） | 0.852*<br>（0.073） | 2.313<br>（0.450） | 2.429<br>（0.319） | 2.767<br>（0.153） | 1.235**<br>（0.032） |

续表

| 系数 | 住宅销售价格 | | | | 商业用房销售价格 | | | |
|---|---|---|---|---|---|---|---|---|
| $\alpha_5$ | −0.058<br>（0.625） | −0.036<br>（0.264） | −0.031<br>（0.250） | −0.057*<br>（0.063） | −0.019<br>（0.403） | −0.040<br>（0.151） | −0.017<br>（0.114） | −0.019*<br>（0.065） |
| $\xi_1$ | | 3.092<br>（0.645） | 1.098<br>（0.322） | 3.136<br>（0.641） | | 1.237<br>（0.525） | 1.245<br>（0.383） | 1.732**<br>（0.022） |
| $\xi_2$ | | | 0.054<br>（0.289） | 0.098<br>（0.425） | | | 0.712**<br>（0.045） | 0.286***<br>（0.003） |
| $\xi_3$ | | | 0.122<br>（0.732） | 0.084<br>（0.627） | | | 4.080<br>（0.317） | 1.348<br>（0.354） |
| $\xi_4$ | | 0.390<br>（0.451） | 0.147<br>（0.164） | 0.305<br>（0.210） | | 0.097<br>（0.343） | 0.225<br>（0.541） | 0.490**<br>（0.043） |
| $\xi_5$ | | | | 0.031***<br>（0.000） | | | | 0.061*<br>（0.078） |
| $\xi_6$ | | | | 0.106**<br>（0.012） | | | | 0.309**<br>（0.031） |
| $\varphi$ | 0.119<br>（0.423） | 0.043<br>（0.262） | 0.032*<br>（0.098） | 0.005*<br>（0.053） | 0.136<br>（0.378） | 0.062<br>（0.431） | 0.031<br>（0.210） | 0.072<br>（0.589） |
| 调整的 $R^2$ | 0.301 | 0.554 | 0.607 | 0.805 | 0.422 | 0.558 | 0.721 | 0.805 |
| 观测值 | 8 316 | 8 316 | 8 316 | 8 316 | 8 316 | 8 316 | 8 316 | 8 316 |

*表示在10%显著性水平下显著；**表示在5%显著性水平下显著；***表示在1%显著性水平下显著

### 7.4.2　前瞻性货币政策通过房屋存量价值对投资行为的影响

接下来，本小节继续通过房屋存量价值来估计以上模型结果（表7.6）。从估计结果来看，系数 $\beta_3$ 在两种房地产价格估计下都是显著为负，即前瞻性货币政策通过对企业持有房屋价值的影响进而对企业投资增长率的作用渠道是畅通的，前瞻性利率每提高 1 个百分点，通过房屋存量价值的交互影响，将分别降低企业投资增长率约0.62个百分点（住宅销售价格）、0.45 个百分点（商业用房销售价格）。与前文估计结果对比，显示前瞻性货币政策变动通过住房存量价值对企业投资的间接传导效应强于通过住宅价格的传导效应。虚拟变量系数 $\beta_5$ 在加入控制变量后均呈现显著性，说明前瞻性货币政策变化也对非国有企业影响更明显。同样，金融机构信贷投放增长率对企业投资增长率也存在显著影响，即信贷投放增长率每提高 1 个百分点，企业投资增长率将分别增长约0.54个百分点（住宅销售价格）和0.71个百分点（商业用房销售价格）。整体来看，在控制好信贷投放增长率等直接效应后，前瞻性货币政策通过作用企业持有的房产价值，进而对企业投资增长率的影响也是显著的。

表 7.6　前瞻性货币政策通过房屋存量价值对企业投资的影响

| 系数 | 住宅销售价格 | | | | 商业用房销售价格 | | | |
|---|---|---|---|---|---|---|---|---|
| $\beta_0$ | 8.463<br>（0.365） | 5.109<br>（0.682） | 10.436<br>（0.221） | 13.064<br>（0.378） | 10.235<br>（0.311） | 4.379<br>（0.301） | 11.906*<br>（0.051） | 14.390**<br>（0.041） |
| $\beta_1$ | 0.421<br>（0.118） | 0.379<br>（0.810） | 0.305<br>（0.289） | 0.231<br>（0.546） | 0.376<br>（0.450） | 0.258<br>（0.419） | 0.428<br>（0.210） | 0.364*<br>（0.072） |
| $\beta_2$ | −0.467<br>（0.283） | −0.205<br>（0.192） | −0.231*<br>（0.064） | −0.117*<br>（0.079） | −0.131<br>（0.782） | −0.243**<br>（0.042） | −0.084**<br>（0.013） | −0.065**<br>（0.010） |
| $\beta_3$ | −1.225<br>（0.320） | −0.543*<br>（0.052） | −0.324*<br>（0.078） | −0.621**<br>（0.034） | −0.510<br>（0.425） | −0.216*<br>（0.058） | −0.209*<br>（0.059） | −0.451**<br>（0.047） |
| $\beta_4$ | 0.597<br>（0.225） | 0.134*<br>（0.071） | 0.872*<br>（0.056） | 1.935**<br>（0.032） | 0.776<br>（0.452） | 0.912<br>（0.216） | 1.116*<br>（0.083） | 1.806**<br>（0.042） |
| $\beta_5$ | −0.026<br>（0.207） | −0.021**<br>（0.036） | −0.035**<br>（0.041） | −0.015*<br>（0.078） | −0.098<br>（0.394） | −0.049**<br>（0.014） | −0.050*<br>（0.079） | −0.018*<br>（0.056） |
| $\omega_1$ | | 1.452<br>（0.726） | 1.898<br>（0.273） | 2.312<br>（0.479） | | 1.063<br>（0.168） | 2.842**<br>（0.040） | 3.116**<br>（0.021） |
| $\omega_2$ | | | 0.106<br>（0.441） | 0.257*<br>（0.053） | | | 0.256<br>（0.766） | 0.297***<br>（0.001） |
| $\omega_3$ | | | 0.009<br>（0.650） | 0.012<br>（0.232） | | | 1.079<br>（0.230） | 2.554*<br>（0.074） |
| $\omega_4$ | | 0.331<br>（0.259） | 0.376<br>（0.211） | 0.539***<br>（0.002） | | 0.731*<br>（0.054） | 0.524**<br>（0.021） | 0.712***<br>（0.004） |
| $\omega_5$ | | | | 0.010**<br>（0.049） | | | | 0.035**<br>（0.014） |
| $\omega_6$ | | | | 0.162**<br>（0.035） | | | | 0.309***<br>（0.000） |
| $\varphi'$ | 0.042<br>（0.210） | 0.033<br>（0.215） | 0.024<br>（0.119） | 0.021<br>（0.174） | 0.023<br>（0.265） | 0.036<br>（0.109） | 0.037<br>（0.191） | 0.031<br>（0.117） |
| 调整的 $R^2$ | 0.091 | 0.137 | 0.421 | 0.696 | 0.152 | 0.430 | 0.639 | 0.829 |
| 观测值 | 8 316 | 8 316 | 8 316 | 8 316 | 8 316 | 8 316 | 8 316 | 8 316 |

*表示在10%显著性水平下显著；**表示在5%显著性水平下显著；***表示在1%显著性水平下显著
注：括号内的数值为 P 值

# 7.5　本章小结

本章通过前瞻性预期的形式研究货币政策与微观企业投资行为的关系，实证发现短期利率调整对微观企业资产负债表的反应是显著的，扩展后的动态泰勒规则相对更适合我国实情。无论是从整体模型还是分行业的模型均可以发现，反映微观企业整体资产负债表的企业综合状况指数对中央银行货币政策的反应基本都是显著的，但是从反应系数大小看，中央银行货币政策对企业综合状况的反应系数较小，而短期利率对通胀缺口和产出缺口的反应系数相对较高，这说明中央银行关注通胀水平和产出水平甚于微观企业投资水平，货币当局调整利率可能更多的是针对通胀缺口和产出缺口反应；且不同行业的企业综合状况指数对利率的反应系数差距较大，说明企业对中央银行前瞻性货币政策的反应应该根据所属行业特征做出相应调整。此外，将估计的前瞻性利率作为货币政策的替代变量带入第6 章模型进行实证研究，发现前瞻性利率通过作用房地产价格和房屋存量价值均可以对企业投资增长率产生负向显著影响，即如果前瞻性利率提高，将通过房价或房屋存量价值的交互影响，降低企业投资增长率。

# 第8章 结论与展望

## 8.1 主要研究结论

货币政策的企业资产负债表传导机制揭示了货币政策如何通过影响企业的投资变化进而影响诸如通货膨胀、经济增长等宏观经济变量，特别是在全球金融危机后，各国实务界和学术界开始关注货币政策通过资产价格进而对微观企业和实体经济的影响渠道，然而较多的文献主要从宏观主体和宏观变量的角度对"货币政策—资产价格—宏观投资"渠道进行研究，然而无法揭示货币政策通过资产价格传导企业投资的微观机理，企业投资行为对货币政策的反应仍有待进一步检验。基于此，本书以国内外相关经典理论为基础，通过经验事实分析、理论模型构建和实证检验相结合的方法，从微观主体和微观变量的角度探究了我国货币政策通过房地产价格或股票价格影响企业投资行为的作用机理和实施效果。主要研究结论如下。

第一，由于影子银行具有较强的类银行特征，其对我国货币政策传导机制产生了重要影响；通过回顾国内外主要国家中央银行货币政策对资产价格的态度，并结合货币政策自身具有的特性，认为货币政策在一定程度上会对资产价格和微观主体行为的变化做出反应；通过梳理分析影响企业资产负债表结构的主要因素，并结合我国实际数据发现，资产负债率会影响企业的融资能力，其融资能力又会进一步影响投资能力；鉴于全球金融危机后经济金融形势、金融管理政策和货币政策的变化，分析了宏观审慎政策在全球主要经济体和我国的重要性，指出"货币政策+宏观审慎政策"双支柱将是我国未来宏观经济金融管理领域的重大变化。

第二，在分析我国货币政策对股票价格和房地产价格两种资产价格影响的事实基础上，建立动态面板计量模型和静态面板计量模型，并利用GMM方法对模型进行了估计。研究发现：货币供应量增长率提高会相应导致房地产价格增长率的提升，房价增速也同样负向影响货币供应量增长率，但影响程度非常小；货币供应量增长率变动也会显著影响股票价格增长率，但是股票价格增长率对货币政策没有显著影响。所以，资产价格与货币政策存在相互影响，但这种相互影响并非对称，更为显著的是货币政策对资产价格的正向作用，且房地产价格对货币政策的反应效果远显著于股票价格对货币政策的反应效果。

第三，根据企业持有的房产特点和财务统计特点，构造了企业持有的房屋市场价值，以企业持有的房地产及建筑物的价格的波动代表企业所拥有的不动产抵押品价值的变化，通过省际面板模型研究了房地产价格对企业投资行为的直接影响和房地产价格通过房屋存量价值对企业投资的间接影响。研究结果显示，房地产价格通过房地产存量价值作用于企业投资行为的间接效应是显著的，而住宅销售价格增长率和商业用房销售价格增长率分别作用于企业投资增长率的直接效应不明显。对于非国有上市公司，企业持有的房产市场价值对企业投资行为的影响效应强于所有上市企业。对于制造业上市公司，企业持有的房产价值对企业投资行为的影响效应强于整体样本企业和非国有样本企业。所以，整体来看，我国企业存在显著的房地产抵押担保效应，即房地产价格对企业投资行为的影响是畅通的。

第四，以房地产价格、股票价格、质押的股票价值以及第 5 章估计的企业持有的房产价值分别作为中介变量，通过平衡面板计量模型实证研究了货币政策通过资产价格对企业投资行为的传导效应，并通过加入逆周期资本充足率进一步验证了宏观审慎政策对货币政策微观传导机制的影响效果。研究发现，货币政策通过房地产价格和房屋存量价值对企业投资行为的传导效应是显著的，即货币供应量通过作用于房地产价格（直接或间接）可以影响企业投资增长率，且传导效应强于货币政策通过股票价格对企业投资增长率的影响；货币政策通过资产价格对非国有企业投资的影响程度强于对国有企业的影响程度；资本充足率增强了货币政策的传导效果，且基于宏观审慎的逆周期资本充足率对货币政策微观传导机制的影响与传统资本充足率并无显著差别。综上，我国中央银行货币政策可以通过作用于资产价格进而影响企业投资行为。

第五，在宏观审慎管理背景下，通过前瞻性预期的形式研究了货币政策与微观企业投资行为的关系，并将估计的前瞻性利率通过微观面板计量模型进行实证分析发现：短期利率调整对微观企业资产负债表的反应是显著的，无论是从整体模型还是分行业的模型均可以发现，反映微观企业整体资产负债表的企业综合状况指数对中央银行货币政策的反应基本都是显著的，但反应系数较小；不同行业的企业综合状况指数对利率的反应系数差距较大，说明企业对中央银行前瞻性货币政策的反应应该根据所属行业特征做出相应调整；前瞻性利率通过作用于房地产价格和房屋存量价值进而对企业投资增长率的间接影响是负向显著的，即如果前瞻性利率上升，将通过传导房地产价格或房屋存量价值，进而间接降低企业投资增长率。

# 8.2 研究启示与政策建议

根据以上所述的主要研究结论，本书从以下几个方面总结了相关研究启示。

## 8.2.1 对微观企业的启示

第一，微观企业要合理利用抵押担保效应，积极调整投资决策。研究发现，无论是房地产价格还是股票价格都会影响微观企业持有的房地产价值或股票价值，通过资产价格的间接抵押担保效应，投资增速发生变化，即较高的房产价值和股票价值均会减小企业的外部融资约束，从而促进企业投资。所以，微观企业在房地产价格或股票价格高涨时，要主动积极抓住融资机会，通过持有的资产抵押（或质押）向银行借贷，然后根据市场合理需求，加大企业投资力度。

第二，企业投资决策时必须关注外部的货币环境，特别是非国有企业更应该引起重视。研究表明，微观企业投资不仅会受到货币政策直接的需求和供给效应影响，还会受到货币政策通过银行信贷和资产价格传导的间接冲击，特别是非国有企业受到货币影响的程度相对国有企业更严重。所以，微观企业必须理性研究货币政策对企业所属行业影响的敏感性，合理判断货币环境的变化趋势和行业发展趋势，充分考察货币政策变化对各个融资渠道与融资方式的影响，进而在当下的风险–收益框架下做出最优化的投资决策。

第三，微观企业应充分利用资产价格变化，对未来宏观环境和投资增速做出预判。货币政策关注的是所有微观主体的行为合计，而不是单个微观企业，所以，微观企业无法根据自身或所属行业的变化去判断未来整体的货币环境变化，但是"货币政策—资产价格—企业投资"渠道的证实，说明企业可以通过资产价格走势来判断宏观货币环境，进而对企业自身的未来投资决策提早谋划。特别是在当前中央着重关注金融风险的情况下，以房地产价格为代表的资产价格风险已成为影响金融风险的主要因素之一。微观企业可以根据资产价格的变化，合理考量未来货币环境的变化，从而对投资增速做出预判，充分控制企业经营风险，稳步加大投资，满足社会有效需求。

## 8.2.2　对中央银行的启示

第一，中央银行货币政策对不同类别的资产价格应分类关注。研究发现，股票等虚拟资产价格与房地产等实物类资产价格对经济增长的贡献程度和贡献方式是不同的。股票等虚拟资产价格对经济增长的直接贡献主要体现在一级市场的融资方面，由于我国股价的信号作用有待提高，二级市场对要素资源合理配置的导向作用尚不能充分发挥；而房地产等实物类资产的价格本身就成为经济增加值核算的一个要素，其带动的相关产业发展对经济增长的贡献也是非常明显的。所以，货币政策应高度关注房地产等实物类资产价格，适度关注股票等虚拟资产价格。中央银行可以探索建立更加细分的货币流向统计制度，通过加大力度监测货币主要流向，建立包括资本市场、房地产市场、消费市场、大宗商品市场等大类市场流向的货币统计口径和相关统计制度，充分有效发挥货币政策对经济金融的调控作用。

第二，货币政策要关注微观企业传导路径，将企业资产负债表渠道的传导效应纳入前瞻性货币政策的决策体系。中央银行在制定和实施货币政策时不仅要关注宏观经济因素，还要考虑微观因素的可能"过度反应"，结合整体与局部，创新前瞻性货币政策决策方式，利用全方位信息充分评估货币政策执行力度，提高货币政策调控的科学性和预见性。加强对企业投资数据的分类收集，从企业规模、行业类别等角度分别建立企业综合状况指标监测体系，随时监测货币政策传导的企业微观渠道。同时，中央银行也可以实施一些具有产业差异化特征的货币政策，对利率敏感性较差的行业适用相对较强烈的货币政策，对利率敏感性较好的行业适用相对较弱的货币政策。

第三，完善"货币政策+宏观审慎政策"双支柱框架体系，规范资本市场和房地产市场行为。随着我国资本市场和房地产市场的发展壮大，相关资产在社会经济总资本中的比例越来越大，由于抵押担保效应渠道的存在，资产价格的剧烈波动将不可避免地影响货币政策效果，特别是在当前人民币国际化的背景下，资本流入流出的大幅波动会对资产价格产生非对称性冲击，进而威胁金融体系乃至经济体系的安全。同时，一些诸如逆周期资本充足率等传统宏观审慎政策工具与货币政策工具配合尚未完善。因此，亟待完善货币政策与宏观审慎政策的协调搭配机制，加强金融监管，规范资本市场和房地产市场行为，坚决抑制资产价格"泡沫"，防范市场风险的传染。

# 8.3　研究局限与未来展望

由于受到篇幅、时间以及作者研究水平所限,仍有很多相关问题没有展开充分的论证,并且本书在实证方法和研究深度等上还存在一定的缺陷,主要表现为以下几个方面。

第一,缺乏针对不同企业类型实际利率差异的考虑。事实上,我国企业呈现出显著的二元结构,即国有企业和非国有企业的区别,由于预算软约束、政府隐性担保等影响,两者的贷款利率实际上是内外有别的。一般而言,国有企业享受事实上的融资优待,其贷款利率相对较低,非国有企业的贷款利率相对较高。这种利率差别会造成货币政策传导国有企业和非国有企业的非对称性,影响宏观和微观调控效果。本书在研究中虽然考察了货币政策对国有企业和非国有企业的不同影响,但是在模型设计中没有考虑不同融资利率的非对称性。因此,在未来的研究中,需要考虑货币政策通过资产价格对国有企业和非国有企业传导的二元性,进而考察货币政策对不同类型企业投资行为传导机制的变化。

第二,内生性问题的处理技巧有待提高。实证研究中可能还存在尚未克服的内生性问题。例如,房价变量可能与企业所在地区的房地产周期相关。如果房地产市场繁荣传递到其他行业从而促进企业投资,那么房价对企业投资的影响为正,但是本书的模型设计并没有包括这一机制,因而在进行回归时可能出现内生性问题。虽然本书使用了一些控制变量来缓解该问题,但无法完全解决内生性问题。因此,在未来研究中,完善不同区域房地产价格与企业投资的内生性处理方法值得进一步研究。同时,本书考虑了上市企业持有的所有房地产的市场价值,但是没有估算出上市企业持有的仅用于银行抵押的房地产的市场价值,这对本书估计结果的精确性也会有影响。鉴于用于银行抵押的房地产价值是非常微观且不易大量获得的数据,所以在后续研究中可以持续跟踪、搜集、汇总相关数据进行更深入的研究。

第三,缺乏更加切合我国实际的政策和制度演化。本书主要通过单独的货币政策来研究其对企业投资行为的影响,但现在我国已经在着手完善“货币政策+宏观审慎政策”双支柱框架体系,而且我国中央银行既负责货币政策又负责宏观审慎管理,这就必然关系到货币政策与宏观审慎政策的协调问题,因为货币政策的效应可能会受到宏观审慎政策的影响。同时,除了正式的国家制度和政策安排,一些诸如家族因素、地方保护主义等非正式的制度安排对企业投资行为的影响还没有考虑。所以,在未来的研究中,还应该更多考虑宏观审慎政策和一些非正式制度对企业投资行为产生作用及其影响的效应。

# 参 考 文 献

白鹤祥. 2010a. 中国货币政策传导微观机制研究[M]. 北京：中国金融出版社.

白鹤祥. 2010b. 关注货币政策传导的企业资产负债表效应[J]. 中国金融，（18）：52-54.

蔡键，孙丹，李宏瑾. 2015. 利率市场化与企业融资约束——基于北京市企业数据的实证分析[J]. 上海金融，（11）：113-117.

陈丽兰，刘广平. 2018. 房价变动对制造业上市公司投资的影响研究[J]. 技术经济与管理研究，（4）：3-11.

程凤朝，叶依常. 2014. 资本充足率对宏观经济的影响分析[J]. 管理世界，（12）：1-11.

崔百胜. 2017. 中国货币政策应兼顾资产价格与人民币汇率目标吗——基于 LT-TVP-VAR 模型的实证分析[J]. 国际贸易问题，（8）：165-176.

崔光灿. 2006. 资产价格、金融加速器与经济稳定[J]. 世界经济，（11）：59-69.

邓创，李玉梅，孙皓. 2009. 基于自然利率对我国货币政策反应函数的实证分析[J]. 吉林大学社会科学学报，49（3）：152-158.

邓创，吴泰岳，石柱鲜. 2012. 我国潜在产出、自然利率与均衡汇率的联合估计及其应用[J]. 数理统计与管理，31（3）：398-408.

邓富民，王刚. 2012. 货币政策对房地产价格与投资影响的实证分析[J]. 管理世界，（6）：177-179.

丁守海. 2006. 托宾 q 值影响投资了吗？——对我国投资理性的另一种检验[J]. 数量经济技术经济研究，（12）：146-155.

丁毅. 2015. 股票价格高估对中国上市企业投资规模和效率的影响研究[D]. 吉林大学博士学位论文.

董大勇，肖作平. 2011. 证券信息交流家乡偏误及其对股票价格的影响：来自股票论坛的证据[J]. 管理世界，（1）：52-61.

董亮. 2008. 中国货币政策资产价格传导效应的理论与实证研究[D]. 上海交通大学硕士学位论文.

窦炜，马莉莉，刘星. 2016. 控制权配置、权利制衡与公司非效率投资行为[J]. 管理评论，

28（12）：101-115.

杜颖洁，杜兴强. 2013. 银企关系、政治联系与银行借款——基于中国民营上市公司的经验证据[J]. 当代财经，（2）：108-118.

杜勇，胡海鸥. 2016. 转轨经济、金融加速器与货币政策资产负债表渠道[J]. 现代管理科学，（9）：27-29.

范文燕. 2005. 股票价格波动对投资影响的实证分析[J]. 广东金融学院学报，20（2）：56-60.

方先明，权威. 2018. 影子银行规模变动的金融资产价格效应[J]. 经济理论与经济管理，（2）：39-50.

冯根福，吴林江，刘世彦. 2000. 我国上市公司资本结构形成的影响因素分析[J]. 经济学家，（5）：59-66.

冯根福，郑冠群. 2016. 中国货币政策非对称干预资产价格波动的宏观经济效应——基于分段线性新凯恩斯动态随机一般均衡模型的模拟和评价[J]. 中国工业经济，（10）：5-22.

冯雷，马谌宸. 2016. 我国货币政策对房地产价格调控的省际差异化效应分析[J]. 西安交通大学学报（社会科学版），36（4）：30-36.

冯用富. 2003. 货币政策能对股价的过度波动做出反应吗？[J]. 经济研究，（1）：37-44，93.

高洪民. 2005. 资产负债表的直接传染———一种银行与企业信用链上的信贷冲击乘数效应[J]. 财经研究，31（11）：5-16.

龚斌恩. 2012. 我国货币政策的房地产价格传导效应研究[D]. 复旦大学博士学位论文.

谷慎，岑磊. 2015. 宏观审慎监管政策与货币政策的配合——基于动态随机一般均衡分析[J]. 当代经济科学，37（6）：26-33.

郭丽虹，金德环. 2007. 企业投资与企业的流动性——基于中国制造业的面板数据分析[J]. 财经研究，33（3）：123-133.

郭田勇. 2006. 资产价格、通货膨胀与中国货币政策体系的完善[J]. 金融研究，（10）：23-35.

韩克勇，王劲松. 2013. 股票价格对投资的影响：资产负债表效应分析[J]. 财经理论与实践，34（185）：43-46.

韩鑫韬. 2009. 货币政策能盯住资产价格吗？——以房地产价格为例[D]. 西南财经大学硕士学位论文.

韩鑫韬，刘星. 2016. 资产价格波动与货币政策反应：基于投资性货币与交易性货币框架[J]. 预测，35（4）：63-68.

韩鑫韬，刘星. 2017. 汇率变化对房价波动存在溢出效应吗？——来自 1997—2015 年中国房地产市场的证据[J]. 中国管理科学，25（4）：7-17.

韩鑫韬，王擎. 2011. 我国房地产价格波动与中央银行货币政策调控——来自货币供应量、汇率和利率的证据[J]. 南方金融，（11）：4-10，55.

汉森. 1963. 凯恩斯学说指南[M]. 徐宗士译. 北京：商务印书馆.

郝颖，刘星. 2009. 股权融资依赖与企业投资行为——基于行为公司财务视角[J]. 经济与管理研究，（5）：32-40.

贺妍. 2016. 货币政策对企业投资行为的影响机制研究[D]. 苏州大学博士学位论文.

洪怡恬. 2014. 银企和政企关系、企业所有权性质与融资约束[J]. 宏观经济研究，（9）：115-125.

洪永淼，林海. 2006. 中国市场利率动态研究——基于短期国债回购利率的实证分析[J]. 经济学（季刊），5（2）：511-532.

胡海鸥，虞伟荣. 2003. 货币政策的信贷传导——信息不对称、金融加速器效应[J]. 山西财经大学学报，25（5）：76-79.

胡振华，石悦. 2017. 影子银行、货币供应与股市市值关系的实证研究[J]. 金融理论与实践，（8）：7-12.

扈文秀，王锦华，黄胤英. 2013. 美联储量化宽松货币政策实施效果及对中国的启示——基于托宾Q理论的货币政策传导机制视角[J]. 国际金融研究，（12）：4-13.

花贵如，刘志远，许骞. 2011. 投资者情绪、管理者乐观主义与企业投资行为[J]. 金融研究，（9）：178-191.

黄志忠，谢军. 2013. 宏观货币政策、区域金融发展和企业融资约束——货币政策传导机制的微观证据[J]. 会计研究，（1）：63-69, 96.

姜国华，饶品贵. 2011. 宏观经济政策与微观企业行为——拓展会计与财务研究新领域[J]. 会计研究，（3）：9-18.

姜永盛. 2017. 影子银行发展、中小企业融资约束与企业投资[D]. 北京交通大学博士学位论文.

金中夏. 2012. 寻找中国的均衡利率[Z]. 中国人民银行总行工作论文.

靳庆鲁，孔祥，侯青川. 2012. 货币政策、民营企业投资效率与公司期权价值[J]. 经济研究，（5）：96-106.

来志勤. 2010. 货币政策的股票市场传导机制：框架与途径[J]. 时代金融（上旬），（11）：57-59.

李波，伍戈. 2011. 影子银行的信用创造功能及其对货币政策的挑战[J]. 金融研究，（12）：77-84.

李博，赵树宽，余海晴. 2017. 政府补贴、过度投资与产能过剩——基于国有、非国有工业上市公司的实证研究[J]. 预测，36（6）：50-55.

李浩，王璞. 2010. 资产价格波动、货币政策反应与实体经济牵扯[J]. 改革，（8）：69-75.

李宏瑾，苏乃芳，洪浩. 2016. 价格型货币政策调控中的实际利率锚——基于状态空间模型的中国自然利率估算[J]. 国际货币评论，（10）：25-45.

李锦成. 2018. 中国影子银行与股票市场的动态结构相关性——基于小波分析法的实证分析及金融风险防控启示[J]. 西部论坛，28（4）：77-85.

李亮. 2010. 资产价格波动与货币政策应对——基于结构向量自回归模型的实证分析[J]. 上海经济研究，（4）：45-56.

李宁. 2017. 制度环境、终极控制与债务融资行为研究[D]. 重庆大学博士学位论文.

李青原, 王红建. 2013. 货币政策、资产可抵押性、现金流与公司投资——来自中国制造业上市公司的经验证据[J]. 金融研究, （6）: 31-45.

李琼, 王志伟. 2009. 泰勒规则与中国宏观经济波动——1994-2006 的实证检验[J]. 经济科学, （2）: 9-22.

李香梅. 2013. 控制权私有收益对企业投资行为影响研究——来自中国上市公司的数据[D]. 山东大学博士学位论文.

李向前, 诸葛瑞英, 黄盼盼. 2013. 影子银行系统对我国货币政策和金融稳定的影响[J]. 经济学动态, （5）: 81-87.

李小荣, 田粟源, 王田力. 2017. 同行公司股价崩盘风险影响公司投资行为吗? [J]. 投资研究, 36（12）: 97-118.

李晓西, 余明. 2000. 货币政策传导机制与国民经济活力[J]. 金融研究, （7）: 1-9.

梁云芳, 高铁梅. 2006. 我国商品住宅销售价格波动成因的实证分析[J]. 管理世界, （8）: 76-82.

廖海勇, 陈璋. 2015. 房地产二元属性及财富效应的区域差异研究[J]. 财贸研究, （1）: 47-54.

刘斌. 2004. 最优前瞻性货币政策规则的设计与应用[J]. 世界经济, （4）: 12-18.

刘斌. 2005. 资本充足率对我国贷款和经济影响的实证研究[J]. 金融研究, （11）: 18-30.

刘金全, 徐宁, 刘达禹. 2017. 资产价格错位与货币政策规则——基于修正 Q 理论的重新审视[J]. 国际金融研究, 361（5）: 25-35.

刘力, 王汀汀. 2003. 不应忽略股票的流通权价值——兼论中国股票市场的二元股权结构问题[J]. 管理世界, （9）: 46-51.

刘明志. 2006. 货币供应量和利率作为货币政策中介目标的适应性[J]. 金融研究, （1）: 51-63.

刘霞辉. 2002. 资产价格波动与宏观经济稳定[J]. 经济研究, （4）: 11-18.

刘星, 韩鑫韬. 2018. 前瞻性货币政策的微观传导机制有效吗——来自中国上市企业资产负债表的证据[J]. 经济理论与经济管理, （5）: 71-83.

刘星, 张超, 郝颖. 2014. 货币政策对企业投资存在需求影响吗? ——一项投资-现金流敏感性的研究[J]. 经济科学, （4）: 62-79.

刘行, 建蕾, 梁娟. 2016. 房价波动、抵押资产价值与企业风险承担[J]. 金融研究, （3）: 107-123.

刘一楠. 2016. 企业杠杆、企业投资与供给侧改革——基于面板双门限回归模型的微观证据[J]. 上海经济研究, （12）: 120-129.

陆军, 钟丹. 2003. 泰勒规则在中国的协整检验[J]. 经济研究, （8）: 76-93.

陆正飞, 杨德明. 2011. 商业信用: 替代性融资, 还是买方市场? [J]. 管理世界, （4）:

6-14，45.

罗时空，周亚虹. 2013. 房价影响企业投资吗：理论与实证[J]. 财经研究，39（8）：133-144.

吕江林. 2005. 我国的货币政策是否应对股价变动做出反应？[J]. 经济研究，（3）：80-90.

马君潞，李泽广，王群勇. 2008. 金融约束、代理成本假说与企业投资行为——来自中国上市公司的经验证据[J]. 南开经济研究，（1）：3-18.

马歇尔. 1985. 货币、信用与商业[M]. 叶元龙，郭家麟译. 北京：商务印书馆.

马亚明，贾月华，侯金丹. 2018. 影子银行对我国房地产市场的影响：基于监管套利视角[J]. 广东财经大学学报，（1）：39-48，71.

聂学峰，刘传哲. 2005. 我国货币政策影响房地产市场的实证分析[J]. 河南金融管理干部学院学报，（4）：63-65.

欧阳志刚，薛龙. 2017. 新常态下多种货币政策工具对特征企业的定向调节效应[J]. 管理世界，（2）：53-66.

彭方平，王少平. 2007. 我国货币政策的微观效应——基于非线性光滑转换面板模型的实证研究[J]. 金融研究，（9）：31-41.

裘翔，周强龙. 2014. 影子银行与货币政策传导[J]. 经济研究，（5）：91-105.

屈文洲，叶震南，闫丽梅. 2016. 股价泡沫真的会影响公司资本投资吗？——基于股权融资机制和迎合机制的实证检验[J]. 证券市场导报，（6）：33-41.

瞿强. 2001. 资产价格与货币政策[J]. 经济研究，（7）：60-67.

饶品贵，岳衡，姜国华. 2017. 经济政策不确定性与企业投资行为研究[J]. 世界经济，（2）：27-51.

盛松成. 2011. 价格总水平稳定与利率市场化改革[J]. 资本市场，（2）：64-67.

盛松成，吴培新. 2008. 中国货币政策的二元传导机制——"两中介目标，两调控对象"模式研究[J]. 经济研究，（10）：37-51.

孙国峰，贾君怡. 2015. 中国影子银行界定及其规模测算——基于信用货币创造的视角[J]. 中国社会科学，（11）：92-110.

谭娜. 2010. 投资机会、融资约束与现金持有价值——来自中国上市公司的经验证据[J]. 嘉应学院学报，28（6）：38-43.

谭跃，夏芳. 2011. 股价与中国上市公司投资——盈余管理与投资者情绪的交叉研究[J]. 会计研究，（8）：30-39.

田祥宇，闫丽瑞. 2012. 银行信贷、货币渠道与资产价格——兼论货币政策中介工具的选择[J]. 财贸经济，（9）：70-75.

童盼，陆正飞. 2005. 负债融资、负债来源与企业投资行为——来自中国上市公司的经验证据[J]. 经济研究，（5）：75-84，126.

王彬. 2015. 人民币汇率均衡、失衡与贸易顺差调整[J]. 经济学（季刊），14（4）：1277-1302.

王丹. 2009. 中国货币政策区域效应研究[D]. 浙江大学博士学位论文.

王虎, 周耿, 陈峥嵘. 2009. 股票市场财富效应与消费支出研究[J]. 证券市场导报, （11）: 48-57.

王劲松, 李淼. 2012. 股票价格对消费和投资的影响: 财富效应与托宾 Q 效应分析[J]. 经济问题, （12）: 75-78.

王培辉. 2010. 货币冲击与资产价格波动: 基于中国股市的实证分析[J]. 金融研究, （7）: 59-70.

王擎, 韩鑫韬. 2009. 货币政策能盯住资产价格吗? ——来自中国房地产市场的证据[J]. 金融研究, （8）: 114-123.

王云清, 朱启贵, 谈正达. 2013. 中国房地产市场波动研究——基于贝叶斯估计的两部门 DSGE 模型[J]. 金融研究, （3）: 101-113.

王振, 曾辉. 2014. 影子银行对货币政策影响的理论与实证分析[J]. 国际金融研究, 32（12）: 58-67.

王志刚. 2015. 企业负债率与融资困境研究——基于山西企业负债情况的调查[J]. 金融监管研究, （10）: 66-78.

魏克赛尔. 1997. 利息与价格[M]. 蔡受百, 程伯撝译. 北京: 商务印书馆.

肖卫国, 刘杰. 2014. 前瞻性、后顾性与混合型泰勒规则政策效果的动态模拟[J]. 金融经济学研究, 29（3）: 3-12.

谢德仁. 1999. 国有企业负债率悖论: 提出与解读[J]. 经济研究, （9）: 72-79.

谢军, 黄志忠. 2014. 宏观货币政策和区域金融发展程度对企业投资及其融资约束的影响[J]. 金融研究, （11）: 64-78.

谢平, 焦谨璞. 2002. 中国货币政策争论[M]. 北京: 中国金融出版社.

谢平, 罗雄. 2002. 泰勒规则及其在中国货币政策中的检验[J]. 经济研究, （3）: 3-12, 92.

徐光伟, 孙铮. 2015. 货币政策信号、实际干预与企业投资行为[J]. 财经研究, 41（7）: 54-67.

徐妍, 郑冠群, 沈悦. 2015. 房地产价格与我国货币政策规则——基于多部门 NK-DSGE 模型的研究[J]. 南开经济研究, （4）: 136-152.

许少强, 颜永嘉. 2015. 中国影子银行体系发展、利率传导与货币政策调控[J]. 国际金融研究, （11）: 58-68.

杨丹, 王宁, 叶建明. 2011. 会计稳健性与上市公司投资行为——基于资产减值角度的实证分析[J]. 会计研究, （3）: 27-33, 94.

杨熠, 林仁文, 金洪飞. 2013. 信贷市场扭曲与中国货币政策的有效性——引入非市场化因素的随机动态一般均衡分析[J]. 金融研究, （9）: 1-15.

叶彦. 2018. 儒家文化与企业过度投资行为[J]. 财经问题研究, （2）: 115-123.

易纲, 王召. 2002. 货币政策与金融资产价格[J]. 经济研究, （3）: 13-20, 92.

易宪容. 2009. 房地产：投资品还是消费品？[J]. 现代商业银行，（8）：21-23.

殷剑锋，王增武. 2013. 影子银行与银行的影子[M]. 北京：社会科学文献出版社.

余静文，谭静. 2015. 房价、流动性效应与企业融资约束[J]. 产业经济研究，（4）：91-101.

余明桂，潘红波. 2008. 政治关系、制度环境与民营企业银行贷款[J]. 管理世界，（8）：9-21，39，187.

喻坤，李治国，张晓蓉，等. 2014. 企业投资效率之谜：融资约束假说与货币政策冲击[J]. 经济研究，（5）：106-120.

袁申国，刘兰凤. 2009. 中国货币政策金融加速器效应的行业差异性分析[J]. 上海金融，（3）：36-39，95.

曾繁华，彭中，崔连翔，等. 2014. 我国货币政策资产价格渠道传导有效性分析[J]. 统计与决策，（9）：155-158.

曾海舰. 2012. 房产价值与公司投融资变动——抵押担保渠道效应的中国经验证据[J]. 管理世界，（5）：125-136.

张宝林，潘焕学. 2013. 影子银行与房地产泡沫：诱发系统性金融风险之源[J]. 现代财经（天津财经大学学报），（11）：33-44.

张超. 2016. 政府经济政策与企业资本投资及配置效率研究——金融危机背景下的实证分析[D]. 重庆大学博士学位论文.

张凤，黄登仕. 2008. 上市公司现金持有量对投资行为及动机的影响[J]. 系统工程，26（6）：45-51.

张敏，吴联生，王亚平. 2010. 国有股权、公司业绩与投资行为[J]. 金融研究，（12）：115-130.

张前程. 2014. 金融发展、货币政策与企业投资——来自中国上市公司的经验证据[J]. 上海金融，（1）：3-9.

张润宇，余明阳，张梦林. 2017. 社会资本是否影响了上市家族企业过度投资？——基于社会资本理论和高阶理论相结合的视角[J]. 中国软科学，（9）：114-126.

张西征，刘志远，王静. 2012. 货币政策影响公司投资的双重效应研究[J]. 管理科学，25（5）：108-119.

张先治，晏超. 2018. 会计准则变革、资本成本与企业投资行为——基于资本资产定价模型的理论分析[J]. 管理评论，30（4）：206-218.

张小宇，刘金全. 2010. "泰勒规则"在中国经济运行中的经验证据[J]. 财经研究，36（11）：127-134.

张晓慧. 2009. 关于资产价格与货币政策问题的一些思考[J]. 金融研究，（7）：1-6.

张亦春，李晚春. 2015. 货币政策与上市企业投资效率——基于未预期的风险投资和机构投资者的研究[J]. 厦门大学学报（哲学社会科学版），（1）：90-98.

张屹山，张代强. 2007. 前瞻性货币政策反应函数在我国货币政策中的检验[J]. 经济研究，

42（3）：20-32.

赵进文，高辉. 2009. 资产价格波动对中国货币政策的影响——基于 1994—2006 年季度数据的实证分析[J]. 中国社会科学，（2）：98-114.

赵静. 2017. 货币政策对企业投资的影响——产权特征视角分析[J]. 重庆大学学报（社会科学版），23（2）：30-39.

赵胜民，何玉洁. 2018. 影子银行对货币政策传导与房价的影响分析——兼论宏观审慎政策与货币政策协调[J]. 经济科学，（1）：83-95.

赵顺. 2013. 我国货币政策传导渠道的分析[J]. 中国外资（下半月），（7）：31.

赵杨，张屹山，赵文胜. 2011. 房地产市场与居民消费、经济增长之间的关系研究——基于1994—2011 年房地产市场财富效应的实证分析[J]. 经济科学，（6）：30-41.

中国人民银行南京分行课题组. 2017. 资产负债表衰退、去杠杆与货币政策传导[J]. 上海金融，（10）：3-13.

中国指数研究院. 2010-01-25. 年终解读：房地产业作为经济支柱产业作用几何[EB/OL]. https://land.3fang.com/news/2010-01-25/3050548.htm.

钟凯，程小可，张伟华. 2016. 货币政策适度水平与企业"短贷长投"之谜[J]. 管理世界，（3）：87-98，114，118.

周京奎. 2006. 1998~2005 年我国资产价格波动机制研究——以房地产价格与股票价格互动关系为例[J]. 上海经济研究，（4）：21-29.

周京奎，吴晓燕. 2009. 房地产市场对区域经济增长的动态影响机制研究——以京津冀都市圈为例[J]. 财贸经济，（2）：131-135.

周莉萍. 2011. 影子银行体系的信用创造：机制、效应和应对思路[J]. 金融评论，（4）：37-53.

周小川. 2011. 宏观审慎政策框架的形成背景、内在逻辑、相关理论解释和主要内容[J]. 西部金融，（3）：4-12.

周业安，宋翔. 2010. 股票市场波动与公司投资[J]. 经济管理，32（12）：118-126.

朱培金. 2013. 扩展的泰勒规则及其在中国的适用性研究[D]. 吉林大学博士学位论文.

朱磊. 2008. 负债对企业投资行为影响的理论与实证研究——来自中国制造业上市公司的数据[D]. 山东大学博士学位论文.

朱新蓉，李虹含. 2013. 货币政策传导的企业资产负债表渠道有效吗？——基于 2007~2013 中国数据的实证检验[J]. 金融研究，（10）：15-27.

Abarbanell J S, Bushee B J. 1997. Fundamental analysis, future earnings, and stock prices[J]. Journal of Accounting Research, 35（1）：1-24.

Acharya V V, Schnabl P, Suarez G. 2013. Securitization without risk transfer[J]. Journal of Financial Economics, 107（3）：515-536.

Adelino M, Schoar A, Severino F. 2015. House prices, collateral, and self-employment[J].

Journal of Financial Economics, 117（2）: 288-306.

Adrian T, Shin H S. 2009. Prices and quantities in the monetary policy transmission mechanism[J]. International Journal of Central Banking, 5（4）: 131-142.

Aivazian V, Ge Y, Qiu J P. 2005. The impact of leverage on firm investment: Canadian evidence[J]. Journal of Corporate Finance, 11（1）: 277-291.

Akerlof G A. 1970. The market for "lemons": quality, uncertainty and the market mechanism[J]. Quarterly Journal of Economics, 84（3）: 488-500.

Alchian A A, Klein B. 1973. On a correct measure of inflation[J]. Journal of Money, Credit and Banking, 5（1）: 173-191.

Almeida H, Campello M, Weisbach M S. 2004. The cash flow sensitivity of cash[J]. Journal of Finance, 59（4）: 1777-1804.

Angelini P, Neri S, Panetta F. 2010. Grafting macroprudential policies in a macroeconomic framework: choice of optimal instruments and interaction with monetary policy[R]. Conference on "Financial Stability: Towards a Macroprudential Approach". Mimeo, Banca d'Italia.

Angelopoulou E, Gibson H D. 2009. The balance sheet channel of monetary policy transmission: evidence from the UK[J]. Economica, 76（304）: 675-703.

Arrow K, Chenery H B, Minhas B S, et al. 1961. Capital labor substitution and economic efficiency[J]. Review of Economics and Statistics, 43（3）: 225-251.

Baba Y, Engle R F, Kraft D F, et al. 1990. Multivariate simultaneous generalized ARCH[R]. Department of Economics, University of California, San Diego, Mimeo.

Ball L. 1999. Efficient rules for monetary policy[J]. International Finance, 2（1）: 63-83.

Barro R J. 1989. Interest rate targeting[J]. Journal of Monetary Economics, 23（1）: 3-30.

Batini N, Haldane A G. 1998. Forward-looking rules for monetary policy[J]. Bank of England Working Papers, 31（35）: 171-192.

Batini N, Nelson E. 2000. Optimal horizons for inflation targeting[J]. Journal of Economic Dynamics & Control, 25（6/7）: 891-910.

Baumol W J. 1959. On professor neisser on magnification[J]. Review of Economics & Statistics, 41（1）: 69-70.

Bean C. 2007. Asset prices, financial imbalances and monetary policy: are inflation targets enough?[R]. BIS Working Papers, No. 140.

Bénassy J P. 2006. Interest rate rules, inflation and the Taylor principle: an analytical exploration[J]. Economic Theory, 27（1）: 143-162.

Berlin M, Loeys J. 1988. Bond covenants and delegated monitoring[J]. Journal of Finance, 43（2）: 397-412.

Bernanke B S. 1983. Non-monetary effects of the financial crisis in the propagation of the great depression[J]. The American Economic Review, 73（3）: 257-276.

Bernanke B S, Blinder A S. 1992. The federal funds rate and the channels of monetary transmission[J]. American Economic Review, 82（4）: 901-921.

Bernanke B S, Gertler M. 1989. Agency costs, net worth, and business fluctuations[J]. American Economic Review, 79（1）: 14-31.

Bernanke B S, Gertler M. 1995. Inside the black box: the credit channel of monetary policy transmission[J]. The Journal of Economic Perspectives, 9（4）: 27-48.

Bernanke B S, Gertler M. 1999. Monetary policy and asset price volatility[J]. Federal Reserve Bank of Kansas City Economic Review, （4）: 17-52.

Bernanke B S, Gertler M. 2001. Should central banks respond to movements in asset prices?[J]. The American Economic Review, 91（2）: 253-257.

Bernanke B S, Gertler M, Gilchrist S. 1996. The financial accelerator and the flight to quality[J]. The Review of Economics and Statistics, 78（1）: 1-15.

Bernanke B S, Gertler M, Gilchrist S. 1999. The financial accelerator in a quantitative business cycle framework[J]. Handbook of Macroeconomics, 1（1）: 1341-1393.

Bernanke B S, Gertler M, Watson M. 1997. Systematic monetary policy and the effects of oil price shocks[J]. Brookings Papers on Economic Activity, 1997（1）: 91-157.

Blanchard O J, Rhee C, Summers L. 1993. The stock market, profit, and investment[J]. The Quarterly Journal of Economics, 108（1）: 115-136.

Bollerslev T, Engle R F, Wooldridge J M. 1988. A capital asset pricing model with time-varing covariances[J]. Journal of Political Economy, 96（1）: 116-131.

Bordo M, Jeanne O. 2002. Monetary policy and asset prices: does "benign neglect" make sense?[J]. International Finance, 5（2）: 139-164.

Borio C. 2006. Monetary and prudential policies at a crossroads? New challenges in the new century[R]. BIS Working Papers, No. 216.

Borio C, Drehmann M. 2009. Assessing the risk of banking crisis-revisited[J]. BIS Quarterly Review, 29（4）: 257-261.

Borio C, Lowe P. 2002. Assessing the risk of banking crises[J]. BIS Quarterly Review, 12（1）: 43-54.

Carpenter R E, Fazzari S M, Petersen B C. 1998. Financing constraints and inventory investment: a comparative study with high-frequency panel data[J]. The Review of Economics and Statistics, 80（4）: 513-519.

Caruana J. 2010. Macroprudential policy: working towards a new consensus[R]. Remarks at the High-level Meeting on "The Emerging Framework for Financial Regulation and Monetary

Policy" Jointly.

Case K E, Quigley J M, Shiller R J. 2005. Comparing wealth effects: the stock market versus the housing market[J]. Advances in Macroeconomics, 5（1）: Article 1.

Cecchetti S, Genberg H, Lipsky J, et al. 2000. Asset prices and central bank policy[R]. International Centre for Monetary and Banking Studies, London.

Chaney T, Sraer D, Thesmar D. 2012. The collateral channel: how real estate shocks affect corporate investment[J]. American Economic Review, 102（6）: 2381-2409.

Chen T, Harford J, Lin C. 2014. Financial flexibility and corporate cash policy[R]. SSRN Working Paper.

Claessens S, Ratinovski L. 2014. What is shadow banking? [R]. IMF Working Papers, No. WP/14/25.

Clarida R, Gali J, Gertler M. 1998. Monetary policy rules in practice: some international evidence [J]. European Economic Review, 42（6）: 1033-1067.

Clarida R, Gali J, Gertler M. 2000. Monetary policy rules and macroeconomics stability: evidence and some theory [J]. Quarterly Journal of Economics, 115（1）: 147-180.

Coval J D, Moskowitz T J. 1999. Home bias at home: local equity preference in domestic portfolios[J]. Journal of Finance, 54（6）: 2045-2073.

Cvijanovic D. 2014. Real estate prices and firm capital structure[J]. Review of Financial Studies, 27（9）: 2690-2735.

Detken C, Smets F. 2003. Asset price booms and monetary policy[J]. Paper Presented at the ECB Conference and ECB Workshop, （7）: 11-12.

Diamond D W. 1984. Financial intermediation and delegated monitoring[J]. Review of Economic Studies, 51（3）: 393-414.

Diaye P N. 2009. Countercyclical macro prudential policies in a supporting role to monetary policy[R]. IMF Working Papers, No. 09/257.

Dittmar A, Thakor A. 2007. Why do firms issue equity?[J]. Journal of Finance, 62（1）: 1-54.

Duchin R, Ozbas O, Sensoy B A. 2010. Costly external finance, corporate investment, and the subprime mortgage credit crisis [J]. Journal of Financial Economics, 97（3）: 418-435.

Durnev A. 2012. The real effects of political uncertainty: elections and investment sensitivity to stock prices[R]. University of Iowa Working Paper.

Earl D B, Hansen J L, Schwartz A, et al. 1999. Canadian/U.S. exchange rates and nonresident investors: their influence on residential property values[J]. Journal of Real Estate Research, 18（3）: 433-462.

Edison H, Slok T. 2001. New economy stock valuations and investment in the 1990s[R]. IMF Working Papers.

Eisner R, Nadiri M I. 1968. Investment behavior and neo-classical theory [J]. Review of Economics and Statistics, 50（3）: 369-382.

Engle R F, Kroner K F. 1995. Simultaneous generalized arch[J]. Econometric Theory, 11（1）: 122-150.

Épaulard A, Loisel O, Pommeret A, et al. 2006. Monetary policy and asset prices in an economy with private information and social learning [R]. Mimeo, Bank of France, Ongoing Research, Preliminary Draft, September.

Fama E F. 1985. What's different about banks?[J]. Journal of Monetary Economics, 15（1）: 29-39.

Faulkender M, Wang R. 2006. Corporate financial policy and the value of cash[J]. Journal of Finance, 61（4）: 1957-1990.

Fazzari S M, Hubbard R G, Peterson B C. 1988. Financing constraints and corporate investment[R]. NBER Working Papers, No. 2387.

Fazzari S M, Hubbard R G, Peterson B C. 2000. Investment-cash flow sensitivities are useful: a comment on Kaplan and Zingales[J]. The Quarterly Journal of Economics, 115（2）: 695-705.

Fazzari S M, Petersen B C. 1993. Working capital and fixed investment new evidence on financing constraints[J]. The RAND Journal of Economics, 24（3）: 328-342.

Filardo A J. 2000. Monetary policy and asset prices[J]. Federal Reserve Bank of Kansas City Economic Review, 85（3）: 11-37.

Finocchiaro D, Heideken V Q. 2013. Do central banks reacts house prices?[J]. Journal of Monetary Credit and Banking, 45（8）: 1659-1683.

Fischer S, Merton R C. 1984. Macroeconomics and finance: the role of the stock market[J]. Carnegie-Rochester Conference Series on Public Policy, 21（1）: 57-108.

Fisher I. 1911. The Purchasing Power of Money [M]. New York: Macmillan Press.

Frankel D M. 2008. Adaptive expectations and stock market crashes[J]. International Economic Review, 49（2）: 595-619.

French K R, Poterba J M. 1991. Investor diversification and international equity markets[J]. American Economic Review, 81（2）: 222-226.

Friedman M. 1956. The quantity theory of money: a restatement[C]//Friedman M. Studies in the Quantity Theory of Money. Chicago: University of Chicago Press: 1-12.

Friedman M. 1957. A Theory of the Consumption Functions[M]. Princeton: Princeton University Press.

FSB. 2011a. Shadow banking: scoping the issues[R]. A Background Note of the Financial Stability Board.

FSB. 2011b. Shadow banking: scoping the issues: a background note of the Financial Stability

Board [R]. FSB Working Papers.

FSB. 2013. Policy framework for addressing banking risks in securities lending and repos [R]. FSB Working Papers.

Gaiotti E, Generale A. 2002. Does monetary policy have asymmetric effects? A look at the investment decisions of Italian firms[J]. Giornale Degli Economisti E Annali Di Economia, 61（1）: 29-59.

Gan J. 2007. Collateral, debt capacity and corporate investment: evidence from a natural experiment[J]. Journal of Financial Economics, 85（3）: 709-734.

Gerlach S, Ramaswamy S, Scatigna M. 2006. 150 years of financial market volatility[J]. BIS Quarterly Review, 9（1）: 77-91.

Gerlach S, Smets F. 2000. MCIs and monetary policy in open economics under floating rate[J]. European Economic Review, 44（9）: 1677-1700.

Ghossoub E A, Reed R R. 2014. The costs of capital, asset prices, and the effect of monetary policy[J]. Journal of Macroeconomics, 42（12）: 211-228.

Gilson S C. 1997. Transaction costs and capital structure choice: evidence from financially distressed firms[J]. Journal of Finance, 52（1）: 161-195.

Goergen M, Renneboog L. 2001. Investment policy, internal financing and ownership concentration in the UK[J]. Journal of Corporate Finance, 7（3）: 257-284.

Goodfriend M. 2003. Interest rate policy should not react directly to asset prices[R]. HKP, Chapter 31.

Goodhart C, Hofmann B. 2001. Asset prices, financial conditions, and the transmission of monetary policy[R]. Paper Presented at the Conference on Asset Prices, Exchange Rate, and Monetary Policy, Stanford University, March.

Gorton G, Lewellen S, Metrick A. 2012. The safe-asset share[J]. American Economic Review: Papers and Proceedings, 102（3）: 101-106.

Gorton G, Metrick A. 2010. Haircuts[R]. Yale ICF Working Paper, No. 09-15.

Gorton G, Pennacchi G. 1990. Financial intermediaries and liquidity creation[J]. The Journal of Finance, 45（1）: 49-71.

Grabowski H G, Mueller D C. 1972. Managerial and stockholder welfare models of firm expenditures[J]. Review of Economics and Statistics, 54（1）: 9-24.

Grande G. 2006. Asset prices and central bank policy: an overview of recent research and policy analysis at the bank of Italy[R]. Paper Presented at the BIS Autumn Economists' Meeting, 30-31 October, Basel.

Greenspan A. 2002. Opening remarks[R]. In the Symposium of Rethinking Stabilization Policy, Sponsored by the Federal Reserve Bank of Kansas City, Jackson Hole, Wyoming, USA.

Greenwald B, Stiglitz J E, Weiss A. 1984. Informational imperfections in the capital market and macro-economic fluctuations[R]. NBER Working Papers, No. 1335.

Grossman S J, Hart O. 1982. Corporate financial structure and managerial incentives[C]//McCall J J. The Economics of Information and Uncertainty. Chicago: University of Chicago Press: 107-140.

Guariglia A. 1999. The effects of financial constraints on inventory investment: evidence from a panel of UK firms[J]. Economica, 66 (261): 43-62.

Gulen H, Ion M. 2016. Policy uncertainty and corporate investment[J]. Review of Financial Studies, 29 (3): 523-564.

Hadlock C J, Pierce J R. 2010. New evidence on measuring financial constraints: moving beyond the KZ index[J]. Review of Financial Studies, 23 (5): 1909-1940.

Harris M, Raviv A. 1990. Capital structure and the informational role of debt[J]. Journal of Finance, 45 (2): 321-349.

Hayat A, Mishra S. 2010. Federal reserve monetary policy and the nonlinearity of the Taylor rule[J]. Economic Modelling, 27 (5): 1292-1301.

Hicks J R. 1937. Mr. Keynes and the "classics": a suggested interpretation[J]. Econometrica, 5 (2): 147-159.

Hordahl P, Packer F. 2006. Understanding asset prices: an overview[R]. BIS Working Papers, No.34.

Hoshi T, Kashyap A, Seharfstein D. 1991. Corporate structure, liquidity and investment: evidence from Japanese industrial groups[J]. Quarterly Journal of Economics, 106 (1): 33-60.

Huang Y S, Song F M, Wang Y Z. 2012. Monetary policy and corporate investment: evidence from Chinese micro data[J]. China &World Economy, 20 (5): 1-20.

Hubbard R G. 1998. Capital-market imperfections and investment[J]. Journal of Economic Literature, 36 (1): 193-225.

Iacoviello M, Minetti R. 2008. The credit channel of monetary policy: evidence from the housing market [J]. Journal of Macroeconomics, 30 (1): 69-96.

IMF. 2002. Three essays on how financial markets affect real activity[R]. World Economic Outlook, Chapter 2.

IMF. 2008. Financial stress and deleveraging: macro-financial implications and policy[R]. Global Financial Stability Report.

IMF. 2014. Risk taking, liquidity, and shadow banking: curbing excess while promoting growth[R]. Global Financial Stability Report.

Jaffee D M, Russell T. 1976. Imperfect information, uncertainty, and credit rationing[J]. Quarterly Journal of Economics, 90 (4): 651-666.

Jensen M C, Meckling W. 1976. Theory of the firm: managerial behavior, agency costs, and ownership structure[J]. Journal of Financial Economics, 3（4）: 305-360.

Jorgenson D W. 1963. Capital theory and investment behavior[J]. American Economic Review, 53（2）: 247-259.

Jorgenson D W. 1967. The theory of investment behavior[R]. A Chapter in Determinants of Investment Behavior, NBER: 129-175.

Jorgenson D W, Siebert C D. 1968. Optimal capital accumulation and corporate investment behavior[J]. Journal of Political Economy, 76（6）: 1123-1151.

Kaplan S N, Zingales L. 1995. Do financing constraints explain why investment is correlated with cash flow?[J]. Quarterly Journal of Economics, 112（1）: 169-215.

Karim Z A, Azman-Saini W N W. 2013. Firm-level investment and monetary policy in Malaysia: do the interest rate and broad credit channels matter? [J]. Journal of the Asia Pacific Economy, 18（3）: 396-412.

Kashyap A K, Stein J C, Wilcox D W. 1993. Monetary policy and credit conditions: evidence from the composition of external finance[J]. The American Economic Review, 83（1）: 78-98.

Keynes J M. 1936. The General Theory of Employment, Interest and Money[M]. New York: Harcourt Brace and Company.

Kiyotaki N, Moore J. 1997. Credit cycles[J]. Journal of Political Economy, 105（2）: 211-248.

Kiyotaki N, Moore J. 2001. Inside money and liquidity[R]. Clarendon Lectures, University of Oxford.

Kiyotaki N, Moore J. 2002. Balance-sheet contagion[J]. The American Economic Review, 92（2）: 46-50.

Kocjan J, Ogilvie D, Schneider A, et al. 2012. The deloitte shadow banking index: shedding light on banking's shadows[R]. Deloitte Development LLC. Deloitt Center for Financial Services, New York.

Koo R C. 2001. The Japanese economy in balance sheet recession[J]. Business Economics, 36（2）: 15-23.

Korajczyk R A, Levy A. 2003. Capital structure choice: macroeconomic conditions and financial constraints[J]. Journal of Financial Economics, 68（1）: 75-109.

Lorenzoni G, Walentin K. 2007. Financial frictions, investment and Tobin's q[R]. Sveriges Riksbank Working Paper Series.

Marris R L. 1998. Managerial Capitalism in Retrospect[M]. New York: Palgrave Macmillan Press.

McCarthy J, Peach R W. 2001. Monetary policy transmission to residential investment[R]. Forthcoming in Federal Reserve Bank of New York, Economic Policy Review, Conference on

Financial Innovation and Monetary Transmission.

Mehra Y P. 2000. A forward-looking monetary policy reaction function[J]. Federal Reserve Bank of Richmond Economic Quarterly, 85（2）: 33-53.

Mishkin F S. 1976. Illiquidity, consumer durable expenditure, and monetary policy[J]. American Economic Review, 66（4）: 642-654.

Mishkin F S. 1977. What depressed the consumer? The household balance-sheet and the 1973-75 recession[J]. Brookings Papers on Economic Activity, Economic Studies Program, the Brookings Institution, 8（1）: 123-174.

Mishkin F S. 2001. The transmission mechanism and the role of asset prices in monetary policy[R]. NBER Working Papers, No. 8617.

Mishkin F S. 2007. Housing and the monetary transmission mechanism[R]. Paper Presented at the Federal Reserve Bank of Kansas City 31st Economic Policy Symposium, August 31-September 1.

Mizen P, Vermeulen P. 2005. Corporate investment and cash flow sensitivity: what drives the relationship[R]. European Central Bank Working Papers, No. 485.

Modigliani F, Ando A. 1963. The "life cycle" hypothesis of saving: aggregated implications and tests [J]. American Economic Review, 53（1）: 55-84.

Modigliani F, Miller M H. 1958. The cost of capital, corporation finance and the theory of investment[J]. The American Economic Review, 49（4）: 261-297.

Moe T G. 2015. Shadow banking: policy challenges for central banks[J]. Journal of Financial Perspectives, 3（2）: 31-42.

Mojon B, Smets F, Vermeulen P. 2002. Investment and monetary policy in the Euro area[J]. Journal of Banking and Finance, 26（11）: 2111-2129.

Molodtsova T, Papell D H. 2009. Out-of-sample exchange rate predictability with Taylor rule fundamentals[J]. Journal of International Economics, 77（2）: 167-180.

Morck R, Shleifer A, Vishny R W, et al. 1990. The stock market and investment: is the market a sideshow?[J]. Brookings Papers on Economic Activity, 21（2）: 157-215.

Murphy K J. 1985. Corporate performance and managerial remuneration: an empirical analysis[J]. Journal of Accounting and Economics, 7（1/3）: 11-42.

Myers S C. 1977. Determinants of corporate borrowing[J]. Journal of Financial Economics, 5（2）: 147-175.

Myers S C, Majluf N S. 1984. Corporate financing and investment decisions when firms have information that investors do not have[J]. Journal of Financial Economics, 13（2）: 187-221.

Ogawa K. 2002. Monetary transmission and inventory: evidence from Japanese balance-sheet data by firm size[J]. The Japanese Economic Review, 53（4）: 425-443.

Oliner S D, Rudebusch G D. 1996. Is there a broad credit channel for monetary policy?[J]. Economic Review of Federal Reserve Bank of San Francisco, （1）: 3-13.

Orphanides A. 2003. Monetary policy evaluation with noisy information[J]. Journal of Monetary Economics, 50（3）: 605-631.

Panousi V, Papanikolaou D. 2012. Investment, idiosyncratic risk, and ownership[J]. Journal of Finance, 67（3）: 1113-1148.

Park S J. 2006. Asset prices and monetary policy-Korean experience[R]. Paper Presented at the BIS Autumn Economists' Meeting, 30-31 October, Basel.

Pigou A C. 1917. The value of money[J]. The Quarterly Journal of Economics, 32（1）: 38-65.

Polk C, Sapienza P. 2009. The stock market and corporate investment: a test of catering theory[J]. Review of Financial Studies, 22（1）: 187-217.

Richardson S. 2006. Over-investment of free cash flow[J]. Review of Accounting Studies, 11（2/3）: 159-189.

Rigobon R, Sack B. 2003. Measuring the reaction of monetary policy to the stock market[J]. Quarterly Journal of Economics, 118（2）: 639-669.

Ross S A. 1977. The determination of financial structure: the incentive signaling approach[J]. Bell Journal of Economics, 8（1）: 23-40.

Rothschild M, Stiglitz J E. 1976. Equilibrium in competitive insurance markets: an essay on the economics of imperfect information[J]. Quarterly Journal of Economics, 90（4）: 629-649.

Rudebuseh G D. 1995. Federal reserve interest rate targeting, rational expectations and the term strueture[J]. Joumal of Monetary Economies, 35（2）: 245-274.

Sack B, Wieland V. 2000. Interest-rate smoothing and optimal monetary policy: a review of recent empirical evidence[J]. Journal of Economics and Business, 52（1/2）: 205-228.

Schwartz A J. 2002. Asset price inflation and monetary policy[R]. NBER Working Papers, No. 9321.

Shin H, Park Y S. 1999. Financing constraints and internal capital markets: evidence from Korean "chaebols" [J]. Journal of Corporate Finance, 5（2）: 169-191.

Smets F. 1997. Financial asset prices and monetary policy: theory and evidence[R]. BIS Working Papers, No. 47.

Stein J C. 2003. Agency, information and corporate investment[C]//Constantinides G M, Harris M, Stulz R M. Handbook of the Economics of Finance. Amsterdam: Elsevier: 111-165.

Stein J C, Wurgler J, Baker M. 2003. When does the market matter? Stock prices and the investment of equity dependent firms[J]. Quarterly Journal of Economics, 118（3）: 969-1005.

Stiglitz J E, Weiss A. 1981. Credit rationing in markets with imperfect information[J]. The

American Economic Review，71（3）：393-410.

Taylor J B. 1993a. Macroeconomic Policy in a World Economy: From Econometric Design to Practical Operation[M]. New York: W. W. Norton & Company.

Taylor J B. 1993b. Discretion versus policy rules in practice[J]. Carnegie-Rochester Conference Series on Public Policy，39（1）：195-214.

Taylor J B. 1995. The monetary transmission mechanism: an empirical framework[J]. Journal of Economic Perspectives，9（4）：11-26.

Tease W. 1993. The stock market and investment[J]. OECD Economic Studies，（20）：41-63.

Titman S，John Wei K C，Xie F. 2004. Capital investment and stock returns[J]. Journal of Financial and Quantitative Analysis，39（4）：677-700.

Tobin J. 1969. A general equilibrium approach to monetary theory[J]. Journal of Money，Credit and Banking，1（1）：15-29.

Trichet J C. 2002. Asset price bubbles and their implications for monetary policy and financial stability[R]. Keynote Address，Federal Reserve Bank of Chicago，April.

Trichet J C. 2009. Credible alertness revisited[R]. Intervention at the Symposium on "Financial Stability and Macroeconomic Policy". Sponsored by the Federal Reserve Bank of Kansas City，Jackson Hole，22 August.

Trojanowski G，Renneboog L. 2005. Patterns in payout policy and payout channel choice of UK firms in the 1990s[R]. ECGI-Finance Working Paper，No. 70.

Voutsinas K，Werner R A. 2011. Credit supply and corporate capital structure: evidence from Japan[J]. International Review of Financial Analysis，20（5）：320-334.

Wang R，Hou J，He X B. 2017. Real estate price and heterogeneous investment behavior in China[J]. Economic Modelling，60：271-280.

Williamson O E. 1963. Managerial discretion and business behavior[J]. The American Economic Review，53（5）：1032-1057.

Williamson O E. 1988. Corporate finance and corporate governance[J]. Journal of Finance，43（3）：567-591.

Woodford M. 2001. The Taylor rule and optimal monetary policy[J]. The American Economic Review，91（2）：232-237.

Woodford M. 2003. Interest and Prices: Foundations of a Theory of Monetary Policy[M]. Princeton: Princeton University Press.

Zoltan P，Adrian T，Ashcraft A B，et al. 2010. Shadow banking[R]. Federal Reserve Bank of New York Staff Report，No. 458.